반드시 알아야 할

고사성어

반드시 알아야 할
고사성어

편집부 엮음

시간과공간사

머리말

 한자가 얼마나 중요한 화두로 떠올랐는지는 도두가 잘 알 것이다. 각종 한자 관련 시험은 날로 인기를 더해가고 있으며, 수능이나 논술, 취업 시험에서도 한자 문제가 빠지지 않고 출제되고 있다. 특히 고사성어는 시험뿐 아니라 개인의 상식을 평가하는 기준이 되기도 한다.
 하지만 한자, 나아가 고사성어는 너무 어려운 것으로 인식되고 있는데 이는 무조건적으로 암기하려고 하기 때문이다. 고사성어의 유래와는 상관없이 단어의 본래 뜻만으로 암기하니, 당연히 어려울 수밖에 없다. 따라서 고사성어를 외우기 위해서는 먼저 각 단어의 유래와 그 뿌리를 알아야 한다. 그래야 보다 쉽게 외울 수 있다.
 이 책은 실생활에서 많이 사용하는 고사성어를 쉽게 암기할 수 있도록 유래를 설명해 놓아 이해가 보다 빠르게 했다. 천천히 읽어 그 고사성어의 뿌리를 풀어가다 보면 저절로 머릿속에 남게 될 것이다. 또 각 단어들을 세 단계로 구분해 놓아 변별력을 더했다. 각 단어 앞에 표기해 둔 별표에 따라 중점적으로 암기해야 할 단어가 무엇인지 알 수 있다.

많이 들어 음은 익히 알고 있으나 그 뜻이 무엇인지 알쏭달쏭한 고사성어, 본문에 소개된 고사성어를 한 글자 한 글자 공부하다 보면 어렵게만 느껴지던 고사성어가 아주 가깝게 다가올 것이다. 부디 열심히 익혀 학업 성적은 물론 상식을 넓히는 데 많은 도움이 되기를 바란다.

편집부

차례

ㄱ

佳人薄命 가인박명 ………… 13
苛政猛於虎 가정맹어호 …… 14
刻舟求劍 각주구검 ………… 15
肝膽相照 간담상조 ………… 16
姜太公 강태공 ……………… 17
改過遷善 개과천선 ………… 18
乾坤一擲 건곤일척 ………… 19
格物致知 격물치지 ………… 20
結草報恩 결초보은 ………… 21
傾國之色 경국지색 ………… 22
敬遠 경원 …………………… 23
鷄口牛後 계구우후 ………… 24
鷄肋 계륵 …………………… 25
鷄鳴狗盜 계명구도 ………… 26
季布一諾 계포일낙 ………… 27
鼓腹擊壤 고복격양 ………… 28
孤城落日 고성낙일 ………… 29

高枕安眠 고침안면 ………… 30
古稀 고희 …………………… 31
曲學阿世 곡학아세 ………… 32
空中樓閣 공중누각 ………… 33
過猶不及 과유불급 ………… 34
管鮑之交 관포지교 ………… 35
刮目相對 괄목상대 ………… 36
巧言令色 교언영색 ………… 37
狡兎死良狗烹 교토사량구팽 … 38
狡□三窟 교토삼굴 ………… 39
口蜜腹劍 구밀복검 ………… 40
九死一生 구사일생 ………… 41
九牛一毛 구우일모 ………… 42
國士無雙 국사무쌍 ………… 43
群鷄一鶴 군계일학 ………… 44
群盲撫象 군맹무상 ………… 45
君子三樂 군자삼락 ………… 46
勸善懲惡 권선징악 ………… 47

捲土重來 권토중래 ············ 48
金蘭之交 금란지교 ············ 49
錦上添花 금상첨화 ············ 50
琴瑟相和 금슬상화 ············ 51
錦衣夜行 금의야행 ············ 52
起死回生 기사회생 ············ 53
杞憂 기우 ··················· 54
騎虎之勢 기호지세 ············ 55
奇貨可居 기화가거 ············ 56

ㄴ

洛陽紙貴 낙양지귀 ············ 57
難兄難弟 난형난제 ············ 58
南柯一夢 남가일몽 ············ 59
男兒一言重千金 남아일언중천금 ··· 60
囊中之錐 낭중지추 ············ 61
內憂外患 내우외환 ············ 62
老馬之智 노마지지 ············ 63
綠林 녹림 ··················· 64
累卵之危 누란지위 ············ 65
能書不擇筆 능서불택필 ······ 66

ㄷ

多岐亡羊 다기망양 ············ 67
多多益善 다다익선 ············ 68
斷腸 단장 ··················· 69
螳螂之斧 당랑지부 ············ 70
大器晩成 대기만성 ············ 71
大同小異 대동소이 ············ 72
大義滅親 대의멸친 ············ 73

道不拾遺 도불습유 ············ 74
度外視 도외시 ··············· 75
桃園結義 도원결의 ············ 76
道聽塗說 도청도설 ············ 77
塗炭之苦 도탄지고 ············ 78
東家食西家宿 동가식서가숙 ··· 79
同病相憐 동병상련 ············ 80
登龍門 등용문 ··············· 81
得隴望蜀 득롱망촉 ············ 82
得魚忘筌 득어망전 ············ 83

ㅁ

磨斧作針 마부작침 ············ 84
馬耳東風 마이동풍 ············ 85
莫逆之友 막역지우 ············ 86
輓歌 만가 ··················· 87
萬事休矣 만사휴의 ············ 88
亡國之音 망국지음 ············ 89
望洋之嘆 망양지탄 ············ 90
麥秀之嘆 맥수지탄 ············ 91
孟母斷機 맹모단기 ············ 92
孟母三遷 맹모삼천 ············ 93
明鏡止水 명경지수 ············ 94
矛盾 모순 ··················· 95
猫項懸鈴 묘항현령 ············ 96
武陵桃源 무릉도원 ············ 97
巫山之夢 무산지몽 ············ 98
無用之物 무용지물 ············ 99
無爲而化 무위이화 ············ 100

墨翟之守 묵적지수 ·········· 101	駙馬 부마 ················· 128
刎頸之交 문경지교 ·········· 102	夫婦有別 부부유별 ·········· 129
聞一知十 문일지십 ·········· 103	焚書坑儒 분서갱유 ·········· 130
門前成市 문전성시 ·········· 104	不俱戴天之讎 불구대천지수 ··· 131
門前雀羅 문전작라 ·········· 105	不入虎穴不得虎子 불입호혈부득호자 ··· 132
未亡人 미망인 ············· 106	不惑 불혹 ················ 133
彌縫策 미봉책 ············· 107	鵬程萬里 붕정만리 ·········· 134
尾生之信 미생지신 ·········· 108	髀肉之嘆 비육지탄 ·········· 135
ㅂ	貧者一燈 빈자일등 ·········· 136
反骨 반골 ················ 109	氷炭不相容 빙탄불상용 ······ 137
盤根錯節 반근착절 ·········· 110	**ㅅ**
跋扈 발호 ················· 111	四面楚歌 사면초가 ·········· 138
傍若無人 방약무인 ·········· 112	似而非 사이비 ············· 139
背水陣 배수진 ············· 113	獅子吼 사자후 ············· 140
杯中蛇影 배중사영 ·········· 114	蛇足 사족 ················ 141
白面書生 백면서생 ·········· 115	四知 사지 ················ 142
百年河淸 백년하청 ·········· 116	四海兄弟 사해형제 ·········· 143
百聞而不如一見 백문이불여일견 ··· 117	殺身成仁 살신성인 ·········· 144
百發百中 백발백중 ·········· 118	三顧草廬 삼고초려 ·········· 145
白眉 백미 ················ 119	三十六計走爲上計 삼십육계주위상계 ··· 146
白髮三千丈 백발삼천장 ······ 120	三人成虎 삼인성호 ·········· 147
伯牙絶絃 백아절현 ·········· 121	喪家之狗 상가지구 ·········· 148
白眼視 백안시 ············· 122	桑田碧海 상전벽해 ·········· 149
百戰百勝 백전백승 ·········· 123	塞翁之馬 새옹지마 ·········· 150
栢舟之操 백주지조 ·········· 124	西施矉目 서시빈목 ·········· 151
病入膏肓 병입고황 ·········· 125	先始於隗 선시어외 ·········· 152
覆水不返盆 복수불반분 ······ 126	先卽制人 선즉제인 ·········· 153
不得要領 부득요령 ·········· 127	誠中形外 성중형외 ·········· 154

小心翼翼 소심익익 ………… 155
小人輩 소인배 …………… 156
宋襄之仁 송양지인 ………… 157
首丘初心 수구초심 ………… 158
首鼠兩端 수서양단 ………… 159
水魚之交 수어지교 ………… 160
水滴石穿 수적석천 ………… 161
守株待兔 수주대토 ………… 162
壽則多辱 수즉다욕 ………… 163
脣亡齒寒 순망치한 ………… 164
食言 식언 ………………… 165

ㅇ

眼中之釘 안중지정 ………… 166
暗中摸索 암중모색 ………… 167
良禽擇木 양금택목 ………… 168
羊頭狗肉 양두구육 ………… 169
梁上君子 양상군자 ………… 170
良藥苦口 양약고구 ………… 171
漁父之利 어부지리 ………… 172
掩耳盜鈴 엄이도령 ………… 173
餘桃之罪 여도지죄 ………… 174
逆鱗 역린 ………………… 175
緣木求魚 연목구어 ………… 176
五里霧中 오리무중 ………… 177
五十步百步 오십보백보 …… 178
吳越同舟 오월동주 ………… 179
吳下阿蒙 오하아몽 ………… 180
烏合之衆 오합지중 ………… 181

屋上架屋 옥상가옥 ………… 182
玉石混淆 옥석혼효 ………… 183
溫故而知新 온고이지신 …… 184
臥薪嘗膽 와신상담 ………… 185
蝸牛角上之爭 와우각상지쟁 … 186
完璧 완벽 ………………… 187
龍頭蛇尾 용두사미 ………… 188
愚公移山 우공이산 ………… 189
運籌帷幄 운주유악 ………… 190
遠交近攻 원교근공 ………… 191
月下氷人 월하빙인 ………… 192
泣斬馬謖 읍참마속 ………… 193
疑心生暗鬼 의심생암기 …… 194
二桃殺三士 이도살삼사 …… 195
以心傳心 이심전심 ………… 196
李下不整冠 이하부정관 …… 197
人生如朝露 인생여조로 …… 198
一擧兩得 일거양득 ………… 199
一網打盡 일망타진 ………… 200
日暮途遠 일모도원 ………… 201
一葉落天下之秋 일엽낙천하지추 … 202
一以貫之 일이관지 ………… 203
一字千金 일자천금 ………… 204
一敗塗地 일패도지 ………… 205

ㅈ

自暴自棄 자포자기 ………… 206
賊反荷杖 적반하장 ………… 207
戰戰兢兢 전전긍긍 ………… 208

輾轉反側 전전반측 ·········· 209
轉禍爲福 전화위복 ·········· 210
切磋琢磨 절차탁마 ·········· 211
井中之蝸 정중지와 ·········· 212
糟糠之妻 조강지처 ·········· 213
朝三暮四 조삼모사 ·········· 214
朝聞道夕死可矣 조문도석사가의 215
酒池肉林 주지육림 ·········· 216
竹馬故友 죽마고우 ·········· 217
衆寡不敵 중과부적 ·········· 218
指鹿爲馬 지록위마 ·········· 219
知彼知己百戰不敗 지피지기백전불패 ··· 220

ㅊ

創業易守成難 창업이수성난 ··· 221
天高馬肥 천고마비 ·········· 222
千里眼 천리안 ········· 223
天衣無縫 천의무봉 ·········· 224
千載一遇 천재일우 ·········· 225
鐵面皮 철면피 ············· 226
靑雲之志 청운지지 ·········· 227
靑天白日 청천백일 ·········· 228
靑天霹靂 청천벽력 ·········· 229
靑出於藍 청출어람 ·········· 230
寸鐵殺人 촌철살인 ·········· 231
痴人說夢 치인설몽 ·········· 232

ㅌ

他山之石 타산지석 ·········· 233
泰山北斗 태산북두 ·········· 234

推敲 퇴고 ··················· 235

ㅍ

破鏡 파경 ··················· 236
破竹之勢 파죽지세 ·········· 237
暴虎馮河 포호빙하 ·········· 238
風聲鶴唳 풍성학려 ·········· 239
匹夫之勇 필부지용 ·········· 240

ㅎ

涸轍鮒魚 학철부어 ·········· 241
邯鄲之夢 한단지몽 ·········· 242
邯鄲之步 한단지보 ·········· 243
偕老同穴 해로동혈 ·········· 244
解語之花 해어지화 ·········· 245
懸梁刺股 현량자고 ·········· 246
螢雪之功 형설지공 ·········· 247
狐假虎威 호가호위 ·········· 248
浩然之氣 호연지기 ·········· 249
胡蝶之夢 호접지몽 ·········· 250
紅一點 홍일점 ············· 251
畵龍點睛 화룡점정 ·········· 252
華胥之夢 화서지몽 ·········· 253
畵虎類狗 화호유구 ·········· 254

佳人薄命
가인박명

아름다운 여자는 명이 짧다는 말로 여자가 너무 아름다우면 그 운명이 박복하다는 뜻이다.

佳 아름다울 **가** | 人 사람 **인** | 薄 엷을 **박** | 命 목숨 **명**

우연히 산중 절에서 비구니가 된 아름다운 여승을 보고 그녀의 애처로운 운명을 그린 시가 바로 「박명가인」인데, 실제로는 소식(蘇軾) 자신의 기박한 운명을 한탄하면서 읊은 시처럼 보인다.

「적벽부(赤壁賦)」 등의 명작을 남긴 소식은 문장으로는 따를 사람이 없는 사람이었으나, 관운(官運)은 그다지 좋지 못했다. 줄곧 변방의 초라한 관직으로만 돌다가 정적(政敵)과의 싸움 끝에 귀양살이까지 했다. 마침내 66세가 되었을 때 겨우 귀양살이에서 풀려났으나 돌아오는 도중 병으로 한 많은 세상을 등진다.

> 우윳빛 뽀얀 뺨에 칠흑 같은 머리
> 눈빛이 발로 들어와 구슬처럼 빛나네.
> 하이얀 비단으로 선녀 옷을 지었더니
> 본바탕 더럽힐까 입술연지도 바르지 않았네.
> 오나라 말소리는 애교로 넘치고 앳되기만 한데
> 한없는 근심 전혀 알 수 없어라.
> 예부터 아름다운 여인의 운명 기박하다 하더니
> 문 닫히고 봄날 다하니 버들꽃 떨어지네.

한 폭의 동양화를 보는 듯한 아름다운 시(詩)이다. 봄날 떨어지는 꽃들을 보며 자신의 꿈을 접어야 하는 아픈 마음을 이 시로 달랜 것이 아닌가 생각된다.

출전: 소식(蘇軾)이 지은 「동파집(東坡集)」의 「박명가인(薄命佳人)」

苛政猛於虎
가정맹어호

가혹한 정치는 호랑이보다 더 무섭다는 뜻으로, 그릇된 정치의 폐단을 말할 때 자주 사용한다.

苛 매울 **가** | 政 정사 **정** | 猛 사나울 **맹** | 於 어조사 **어** | 虎 호랑이 **호**

춘추시대(春秋時代) 말엽, 공자가 제자들과 함께 태산(泰山)의 산길을 가고 있었다. 그때 어디선가 한 여자의 울음소리가 들려왔다. '이 깊은 산속에 웬 여인의 곡성인가?' 하고 이상하게 생각한 공자 일행은 그 울음소리가 나는 곳을 찾았다.

길가 풀숲 사이에 무덤이 세 기가 있는데, 그 앞에서 젊은 여인이 울고 있었다. 공자는 제자인 자로(子路)에게 무슨 사연으로 그렇게 슬피 우는지 그 까닭을 물어보라고 했다. 이에 자로가 가서 물었다.

"무슨 일로 그렇게 슬피 우십니까?"

여인은 잠시 울음을 멈추고, 눈물을 닦으며 말했다.

"여기는 호랑이가 많은 무서운 곳입니다. 오래 전에 저의 시아버님이 호랑이에게 물려 돌아가시고, 얼마 전에는 제 남편이, 그리고 이번에는 자식마저 죽었습니다."

"아니, 그렇게 위험한 줄 알면서 왜 다른 곳으로 이사 가지 않고 여기에 사십니까?"

"그래도 이곳에는 세금을 혹독하게 거두어 가는 관리들은 찾아오지 않으니까요."

이 말을 들은 공자는 길게 탄식하며 제자들에게 말했다.

"모두들 잘 들어라. 가혹한 정치는 호랑이보다 더 무섭다는 것을."

출전: 「예기(禮記)」의 「단궁(檀弓)」

刻舟求劍
각주구검

배에 표시를 해서 강에 빠진 칼을 찾는다는 뜻으로 미련하고 융통성이 없음을 나타낸다.

刻 새길 **각** | 舟 배 **주** | 求 구할 **구** | 劍 칼 **검**

춘추전국 시대 때, 양자강을 건너는 배가 있었다. 언제나 바다 같이 사나운 강이었지만, 그날만은 파도도 없이 잔잔했다. 사람들은 재미있는 이야기를 나누면서 무료한 시간을 달래고 있었다. 마침 그 배에는 초(楚)나라 사람이 타고 있었는데 여러 사람들의 재미있는 이야기에 정신이 팔렸는지, 강 한복판에 이르렀을 때 소중하게 여기고 있던 칼을 그만 물에 빠뜨리고 말았다.

"앗, 큰일났다!"

그 사람은 뱃전에서 몸을 일으켰지만, 칼은 이미 강 속으로 빠지고 있었다. 당황한 그는 가지고 있던 작은 주머니칼을 꺼내 배에다 표시를 하기 시작했다.

그의 행동을 보고 이상하게 생각한 사람들이 물었다.

"지금 뭘 하고 있는 겁니까?"

그러자 그는 껄껄 웃으면서 대답했다.

"칼이 떨어진 곳을 표시하는 것입니다. 이따 배가 멎으면 찾으려고요."

얼마 후, 배는 반대편 기슭에 닿았다. 그는 강물로 뛰어들어 칼을 찾았지만, 당연히 칼을 찾을 수는 없었다. 사람들은 '배에 표시해서 칼을 찾는다.(刻舟求劍)'고 하면서 그의 어리석음을 비웃었다.

출전: 「여씨춘추(呂氏春秋)」

肝膽相照
간담상조

간과 쓸개를 서로 꺼내 보인다는 말로, 서로 마음을 터놓고 지내는 절친한 사이라는 뜻이다.

肝 간 **간** | 膽 쓸개 **담** | 相 서로 **상** | 照 비출 **조**

당송팔대가의 한 사람인 당(唐)나라의 문인 한유는 맹교(孟郊)나 가도(賈島) 같은 좋은 친구가 많았다. 그러면서도 그는 경박한 교제를 싫어하고, 진실한 교제를 원했다. 역시 당송팔대가의 한 사람인 유종원(柳宗元)도 그의 친구 중 한 사람이었다.

유종원은 관료사회의 혁신을 위한 일에 온 힘을 기울였으나 보수파에게 밀려서 두 번이나 유주(柳州)자사로 좌천되었다. 그가 두 번째로 유주자사가 되었을 때의 일이다. 당시 그의 친구인 유우석(劉禹錫)도 파주(播州)자사로 좌천되었는데 파주는 국경에 가까운 궁벽한 두메산골로 몸이 허약한 유우석이 가서 살기에는 적당치 않은 곳이었다. 더구나 그에게는 늙은 어머니까지 있었다.

그 소식을 들은 유종원이 울면서 말했다.

"안 갈 수도 없고, 또 어머니에게 변방인 파주로 가게 되었다고 사실을 말할 수도 없을 테니, 우석이 얼마나 난처하겠는가? 조정에 간청하여 차라리 내가 대신 파주로 가겠다고 자원해야겠다."

유종원의 간청으로 결국 유우석은 사정이 약간 나은 연주로 가게 되었다.

한유는 유종원의 이와 같은 우정에 깊이 감동하여 훗날 「유자후 묘지명」에 다음과 같은 글을 썼다.

보통 때는 농담이나 우스갯소리를 하며 즐거워하고, 간과 쓸개를 서로 꺼내 보이고, 하늘을 가리키며 눈물을 흘리면서 배반하지 않겠다고 맹세한다. 그러나 일단 이해관계가 생기면 언제 그랬냐는 듯 거들떠보지도 않으려 한다.

출전: 한유(韓愈)가 지은 「유자후 묘지명(柳子厚 墓地銘)」

姜太公
강태공

낚시꾼, 또는 '세월을 기다리는 사람'이란 뜻으로 자주 쓰인다.

姜 성강 | **太** 클태 | **公** 공변될공

태공망(太公望), 여상(呂尙)이라는 별칭을 갖고 있는 강상(姜尙)은 「육도(六韜)」라는 병법서의 저자이기도 하다.

어느 날 문왕이 이상한 꿈을 꾸고 사관(史官)에게 점을 쳐보게 했더니 다음과 같은 점괘가 나왔다.

"사냥을 가시면 대단히 좋습니다. 그러나 산으로 가지 말고 강으로 가셔야 합니다. 잡히는 것은 용도 아니고, 이무기도 아니고, 큰 곰도 아니고, 표범도 아닙니다. 오직 패왕의 보필이라고 나왔습니다."

문왕이 그 말을 듣고 사냥을 떠나 위수(渭水)에 이르렀을 때, 백발이 성성한 노인이 낚시를 하고 있었다. 문왕은 꿈에 가르쳐 준 인물이 저 노인임에 틀림없다고 생각하여 가까이 가서 말을 걸었다. 그러나 아무리 여러 번 말을 걸어도 노인은 눈썹 하나 움직이지 않고 여전히 낚싯줄만 바라보고 있었다. 어느덧 해가 서산에 걸리고 수면이 어두워지기 시작했는데, 문왕은 그때까지도 예를 취한 채 노인이 뒤돌아보기만 기다렸다.

그런데 이상한 것은 그때까지 노인이 물고기를 한 마리도 낚지 못한 것이다. 날씨가 어두워지자 노인이 낚싯대를 걷어 올리는데 낚싯줄에 바늘이 없었다. 그때서야 노인이 문왕을 돌아보자 문왕이 어째서 바늘이 없느냐고 물었다.

"군자는 자기의 이상이 실현되는 것을 기뻐하고, 소인은 눈앞에 하는 일이 이루어지는 것을 기뻐하지요. 지금 내가 낚시질 하는 것은 그런 것과 흡사합니다."

그리고 강태공은 문왕의 스승이 되기로 하여 문왕을 따라 궁중으로 들어간다. 당시 강태공은 세월을 낚고 있었던 것이다.

출전: 사마천이 지은 「사기(史記)」

改過遷善
개과천선

지난 과오를 뉘우치고 새롭게 착한 사람이 된다는 뜻이다.

改 고칠 **개** | 過 지날·허물 **과** | 遷 옮길 **천** | 善 착할·잘할 **선**

진나라 해제 때의 일이다. 양흠이라는 곳에 주처(周處)라는 사람이 살고 있었다. 그는 열 살 때 태수 벼슬에 있던 아버지가 세상을 떠난 뒤로 방탕한 생활을 했다. 마침내 그 포악한 성격으로 마을사람들로부터 남산의 호랑이, 장교에 사는 교룡(蛟龍)과 더불어 세 가지 큰 해악이라는 평을 듣기에 이르렀다.

어느 날 문득, 그는 깨달은 바가 있어, 새사람이 되겠다는 각오를 하고 남산에 올라 호랑이를 죽이고, 죽을 고비를 넘기면서 장교의 교룡을 죽이고 마을로 갔다. 그러나 그를 반갑게 맞아주는 사람은 아무도 없었다. 실망하여 마을을 떠난 그는 동오에 가서 대학자 육기(陸機)와 육운(陸運)을 만난다. 주처가 지난 일을 털어놓자, 두 사람은 다음과 같이 말했다.

"지난날의 잘못을 깨닫고 굳은 각오로 새롭게 착한 사람이 된다면(改過遷善), 자네의 앞날은 활짝 열릴 것이네."

이에 힘을 얻은 주처는 그 뒤 10여 년 동안 학문과 덕을 익혀 마침내 큰 학자가 되었다.

출전: 「진서(晉書)」, 「본전(本傳)」

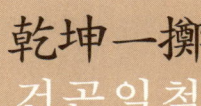
乾坤一擲
건곤일척

천하를 걸고 주사위를 한 번 던진다는 말로, 운명과 흥망을 단판으로 승부를 겨룬다는 뜻이다.

乾 하늘 건 | 坤 땅 곤 | 一 한 일 | 擲 던질 척

당나라 때의 대문장가인 한유는 홍구(鴻溝) 강가를 지나다가 다음과 같은 시를 지었다.

> 용은 지치고 호랑이는 곤하여 강을 경계로 나누니
> 만천하 백성들의 목숨이 보존되도다.
> 누가 군왕에게 말머리를 돌리도록 권하여
> 모든 것을 한 번에 던져 천하를 건 도박을 하게 하였던가.

홍구는 진(秦)나라가 망하고, 천하가 아직 통일되지 않았을 무렵 항우와 유방이 이를 경계로 대치하던 곳이다. 일진일퇴의 공방전이 지루하게 계속된 끝에 강동은 항우가 차지하여 초(楚)나라라고 이름 짓고, 서쪽은 유방이 차지하여 한(漢)나라라고 불렀다.

이렇게 되어 천하가 조용해지는 듯 보였으나 유방의 참모인 장량과 진평이 그를 부추겨 항우와 천하를 놓고 한 판 승부를 벌이게 했다.

"한은 천하를 거의 차지하고, 제후들도 복종하고 있으나, 초는 군사들이 몹시 지쳐 있는데다가 군량마저 부족합니다. 이는 초를 멸망시키라는 하늘의 뜻이니, 당장 쳐부수어야 합니다. 그렇지 않으면 호랑이를 길러 후환을 남기는 꼴이 될 것입니다."

이 말을 듣고 결심한 유방은 이듬해 초군을 추격하여 드디어 한신과 팽월 등의 군과 함께 항우를 해하(垓下)에서 포위하기에 이른다.

한유는 이 일을 회상하면서 이 시를 지은 것이다.

출전: 한유(韓愈)가 지은 시(詩) 「과홍구(過鴻溝)」

格物致知
격물치지

사물의 이치를 근거로 하여 지식을 명확히 한다는 뜻이다.

格 바로잡을 **격** | **物** 만물 **물** | **致** 이를 **치** | **知** 알 **지**

원래「대학」은 오경(五經) 가운데 하나인「예기(禮記)」중의 한 편이다.「송학(宋學)」을 대성시킨 것으로 알려진 남송(南宋)의 주자(朱子)가 같은「예기」가운데 한 편인「중용(中庸)」과 함께 분리시켰다고 한다. 그래서「논어」,「맹자」,「중용」과 함께 '사서(四書)'라고 이름을 붙여 초심자가 반드시 읽어야 할 책으로 권장되었다.

이 말 '격물치지'는「대학」에 실려 있는 말이다. 제1장에서 다음과 같은 3가지 강령을 제시하고 있다.

> 대학의 도는 밝은 덕을 밝히는 데 있으며,
> 백성들을 새롭게 하는 데 있으며,
> 지극한 선함에 이르는 데 있다.
> (大學之道 在明明德 在親(新)民 在止至善)

그리고 이어서 8조목을 제시하고 있다.

> 명덕(明德)을 천하에 밝히려는 이는 먼저 그 나라를 다스렸고,
> 그 나라를 다스리려는 이는 먼저 그 집안을 바로 잡았고,
> 그 집안을 바로 잡으려는 이는 먼저 그 몸을 닦았고,
> 그 몸을 닦으려는 이는 먼저 그 마음을 바르게 했고,
> 그 마음을 바르게 하려는 이는 먼저 그 뜻을 성실하게 했고,
> 그 뜻을 성실하게 하려는 이는 먼저 그 앎을 투철히 했나니
> 앎을 투철히 함은 사물을 구명함에 있다.

출전:「대학(大學)」

結草報恩
결초보은

풀을 엮어서 은혜를 갚는다는 말로 살아생전에 은혜를 갚지 못하면 죽어 혼령이 되어서라도 갚는다는 뜻이다.

結 맺을 결 | 草 풀·거칠·초잡을 초 | 報 갚을·알릴 보 | 恩 은혜 은

춘추시대 진(晋)나라에 위무자(魏武子)라는 사람이 있었다. 그는 사랑하는 젊은 첩을 갖고 있었다. 병이 들자, 그는 본처의 아들 과(顆)를 불렀다.

"내가 죽거든 네 서모는 반드시 개가시키도록 하여라."

그러나 병세가 더욱 악화되어 위독한 상태에 이르자 위무자는 다시 아들을 불러 이렇게 당부했다.

"내가 죽으면 네 서모는 반드시 순장(殉葬, 남편과 함께 장사지내는 것)하도록 하라."

그 뒤 얼마 안 되어 위무자가 죽자, 아들 과는 사람은 병이 위중하면 혼란스러운 정신을 갖게 마련이니 맑은 정신일 때 한 말이 아버지의 진심일 거라고 판단하여 서모를 개가시켰다.

그 뒤 진(秦)나라의 환공(桓公)이 위무자가 살고 있던 곳으로 쳐들어왔다. 아들 과는 왕명을 받들어 싸움에 나가 힘센 장수 두회(杜回)와 일전을 벌이게 되었다. 싸움에 진 과가 두회에게 쫓길 때 한 노인이 풀을 엮어 두회가 탄 말이 걸려 넘어지게 함으로써 두회를 사로잡을 수 있게 했다. 그날 밤 과의 꿈에 그 노인이 나타나 말했다.

"나는 당신이 개가시켜 준 서모의 아비 되는 사람이오. 당신 덕분에 내 딸이 목숨을 부지하고 잘 살고 있으므로 내가 그 은혜에 보답한 것이오."

출전: 좌전(左傳) 선공(宣公) 15년조(年條)

傾國之色
경국지색

나라를 위태롭게 할 정도의 미인이란 뜻으로, 대단한 미인을 가리키는 말이다.

傾 기울 **경** | 國 나라 **국** | 之 갈 **지** | 色 빛 **색**

한(漢)나라 무제(武帝) 때의 일이다. 당시 궁중 예인(藝人)으로 있던 이연년(李延年)은 음악적 재능이 풍부하여 노래와 춤은 물론, 작사, 작곡까지 솜씨가 매우 뛰어났다. 어느 날 궁중에서 잔치가 벌어졌을 때 다음과 같은 노래를 불렀다.

> 북방에 한 아름다운 여인이 있으니
> 절세의 미인이로다.
> 한 번 돌아보면 성이 기울고,
> 두 번 돌아보면 나라가 기울어지네.
> 성이 기울고, 나라가 기우는 것을 어찌 모르리요만
> 가인은 두 번 다시 얻기 어려우리.

무제는 노래를 듣고서 곁에 있던 누이 평양공주에게 말했다.
"이 세상에 그렇게 아름다운 여인이 있을까?"
평양공주는 이연년의 누이동생이라면 그럴지도 모른다고 대답했다. 무제는 곧 그녀를 불러들였다. 과연 그녀는 절제의 미인으로 춤도 잘 추었다. 그녀가 바로 이 부인(李夫人)이다. 한 번 보고 완전히 매혹된 무제는 그녀를 곁에 두고 매우 총애했다. 그러나 그녀는 아깝게도 젊은 나이에 세상을 떠나고 말았다.

경국(傾國)의 본뜻은 '나라를 위태롭게 한다.'로 미인의 뜻은 없었다. 「사기」 중 「항우본기」에서 후공이 항우를 설득하여 사로잡힌 유방의 처자를 찾아오자, '변설로 나라를 위태롭게 한다.'라는 말이 나온다.

출전: 「한서(漢書)」의 「이부인전(李夫人傳)」

敬遠
경원

공경하되 멀리한다는 뜻이다. 오늘날에는 겉으로 존경하는 체하면서 속으로는 기피할 때 사용한다. '경이원지(敬而遠之)'라고도 한다.

敬 공경할 **경** | 遠 멀 **원**

제자 자로가 귀신 섬김에 대해서 공자에게 묻자 이렇게 대답했다.
"산 사람도 능히 섬기지 못하면서 어찌 귀신을 섬긴단 말이냐?"
"그렇다면 죽음이란 무엇입니까?"
"아직 삶도 모르면서 어찌 죽음을 알 수 있단 말이냐?"
「논어」를 보면 이런 대목도 있다.
'공자는 괴이한 것, 초인적인 완력, 반란, 무질서 그리고 귀신에 대해서 말하지 않았다.'
이 두 가지 예는 공자의 가르침이 얼마나 현실적인가를 잘 말해 주고 있다. 공자는 이상하고, 초자연적인 것에 대해 흥미와 관심을 가지지 않았다. 그렇다고 공자가 신을 부정한 것은 아니다. 「논어」는 이렇게 말하고 있다.
'공자는 선조의 제사를 지낼 때 선조가 제상에 와 계시듯이 모시며, 신을 제사할 때는 신이 제석에 와 있는 듯이 하셨다. 공자가 말하기를 제사에 참여치 못하면 제사를 아니함과 같도다.'
공자의 가르침은 이처럼 추상도 사변도 아니고, 일상생활을 통한 윤리적이자 합리적인 것이었다.
제자 번지가 지혜에 대해 묻자 공자는, "백성들이 의를 존중하도록 힘쓰고, '귀신을 공경하면서도 멀리하면(敬鬼神而遠之)' 지혜롭다 할 만하다."고 말했다.

이처럼 귀신은 공경할 대상이지, 친근하게 대할 대상은 아니라는 말에서 '경원'이 나왔지만, 오늘날은 '꺼리어 기피한다.'는 뜻으로 쓰이고 있다.

출전: 「논어(論語)」의 「옹야편」

鷄口牛後
계구우후

닭의 부리가 될지언정 소의 꼬리는 되지 말라는 말로 큰 집단의 꼬리보다 작은 집단의 우두머리가 낫다는 뜻이다.

鷄 닭 계 | 口 입 구 | 牛 소 우 | 後 뒤 후

전국시대 말엽, 진(秦)나라가 부국강병에 웬만큼 성공하고, 동쪽의 위(魏)나라를 쳐부수자 정치가들은 천하를 통일하는 문제를 둘러싸고, 합종책(合縱策)이냐 연횡책(連橫策)이냐를 놓고 치열한 논쟁을 벌이고 있었다.

그 무렵 동주(東周)의 도읍 낙양에 소진(蘇秦)이라는 사람이 있었다. 그는 동방의 여섯 나라가 동맹을 맺는데 큰 역할을 담당한 인물이었다. 그가 쓴 계책은 합종책였는데, 그것은 여러 나라가 남북, 즉 종(縱)으로 동맹해서 진나라에 대적하자는 것이었다. 합종책의 결성을 위해 여섯 나라를 순방하던 중 한(韓)나라에 이른 소진은 혜선왕(惠宣王)에게 말했다.

"한나라는 땅이 기름지고, 성곽은 견고합니다. 더구나 용맹스런 군사는 수십만에 이르고, 대왕은 현명하십니다. 이와 같이 유리한 조건을 갖춘 한나라가 진나라를 섬긴다면, 이는 천하의 웃음거리가 될 것입니다. 일단 약한 면을 보이면, 진나라는 계속해서 더 많은 것을 요구할 것입니다. 이는 화를 자초하는 일입니다. 속담에 '닭의 부리는 될지언정 소의 꼬리는 되지 말라.'는 말이 있습니다. 지금 대왕께서 진나라와 손을 잡는다면, 그것은 소의 꼬리가 되는 수치스러운 일이 될 것입니다."

이렇게 혜선왕을 설득시킨 소진은 계속 위, 제, 초나라 등으로 유세를 다니면서 군왕들을 설득, 마침내 합종책을 성립시킨다.

출전: 「사기(史記)」

鷄肋
계륵

먹을 것이 없는 닭갈비라는 뜻으로, 이러지도 저러지도 못하는 것을 가리킨다.

鷄 닭 계 | 肋 갈비 륵

후한(後漢) 말엽, 촉(蜀)나라의 유비가 익주(益州)를 점령하고, 한중(漢中)을 평정한 다음 위(魏)나라 조조(曹操)의 군대를 맞아 한중 쟁탈전을 벌이고 있을 때였다. 익주를 근거지로 하고 있던 유비는 유리하게 전세를 장악하고 있었다. 제갈량(諸葛亮)의 용의주도한 계책을 따라 만반의 준비를 갖추었던 유비에 비해, 조조의 군사는 너무 먼 거리를 온데다가 군량마저 떨어져 더 이상 버티기가 어려웠다. 배고픔을 못 이긴 탈영병이 속출하여 공격도 수비도 불가능한 상태가 되었다.

이럴 수도 없고, 저럴 수도 없어 난감한 처지에 빠진 조조가 전군에 '계륵(鷄肋)'이라는 말을 암호명을 내린다. 다들 그 뜻을 몰라 어리둥절하고 있을 때 단 한 사람 주부(主簿) 양수(楊修)가 그 뜻을 알아차리고, 곧 장안으로 철수할 준비를 서둘기 시작했다. 다른 참모들이 놀라 그 까닭을 묻자, 양수는 부지런히 짐을 꾸리면서 이렇게 말했다.

"닭의 갈비는 고기가 별로 없어서 먹으려 하면 먹을 것이 없고, 그렇다고 내버리기도 아까운 것이오. 승상께서는 한중의 땅을 거기에 비유한 것이오. 좀 아쉽지만, 그리 대단하지는 않다고 생각하여 곧 군대를 철수하기로 결정하실 것이오."

과연 양수의 예상대로 조조는 그 이튿날 철수명령을 내렸다. 그러나 양수는 나중에 오해를 받아 목숨을 잃는다.

출전: 「후한서(後漢書)」의 「양수전(楊修傳)」

鷄鳴狗盜
계명구도

행세하는 사람이 천한 재주를 가진 것을 가리키기도 하고, 천한 기능을 가진 사람도 때로는 쓸모가 있다는 뜻으로도 쓰인다.

鷄 닭 **계** | 鳴 울음 **명** | 狗 개 **구** | 盜 훔칠 **도**

전국시대 제(齊)나라에 맹상군(孟嘗君)이라고 하는 뛰어난 인물이 있었다. 설(薛) 땅의 영주가 된 그는 널리 인재를 모으는 일에 힘썼다. 한 가지 재주를 가진 사람이라면 누구라도 식객(食客)으로 불러 들였으므로 그의 집에는 온갖 재주꾼들이 다 모였다. 그중에는 도둑질로 이름 높은 사람, 목소리 흉내를 잘 내는 사람까지 있었다.

당시 천하통일을 꿈꾸던 진나라 소왕(昭王)은 맹상군을 재상으로 삼아 더 국력을 키워야겠다고 생각했다. 소왕의 부름을 받은 맹상군은 식객 몇 명을 데리고 진나라로 갔다. 소왕을 알현한 자리에서 맹상군은 흰 여우의 겨드랑이 털로 만든 가죽옷(호백구)을 예물로 바쳤다. 그러나 막상 소왕이 중용하려 하자 중신들이 거세게 반대했다. 자기 조국을 위해 일할 거라는 이유에서였다. 결국 애초의 약속이 깨졌을 뿐만 아니라, 한술 더 떠 맹상군을 그대로 보내면 원수가 될 것이므로 아예 죽여야 한다는 주장까지 나왔다.

생명에 위협을 느낀 맹상군은 소왕의 애첩에게 사람을 보내 진나라를 안전하게 빠져나갈 수 있도록 도와달라고 은밀히 부탁했다. 그녀는 호백구를 자기에게 주면 도와주겠다고 했다. 그러나 호백구는 이미 소왕의 수중에 있지 않은가?

이 사실을 알고 식객 중 한 사람이 개 흉내를 내면서 궁전에 숨어 들어 소왕에게 바친 호백구를 감쪽같이 훔쳐냈다. 그리고 호백구를 손에 넣은 애첩이 왕에게 간청하여 맹상군이 귀국하도록 도와주었다. 또한 국경의 관문을 지나가야 하는데, 닭이 울어야만 문을 열 수 있다고 하여 이번에는 닭 우는 흉내를 내는 식객이 활약해 무사히 탈출할 수 있었다.

출전: 「사기(史記)」의 「맹상군열전」

季布一諾
계포일낙

계포가 승낙한 한마디 말이란 뜻으로, 일단 약속한 이상 꼭 지키는 것을 말한다.

季 끝 계 | 布 베 포 | 一 한 일 | 諾 대답할 낙

초나라 사람인 계포(季布)는 의협심이 강하고 신중한 사람으로 일단 약속한 것은 무슨 일이 있어도 반드시 지켰다.

항우가 유방과 천하를 건 싸움을 할 때 그는 초나라 장수로서 몇 차례 유방을 괴롭혔다. 항우가 패하고 유방이 천하를 통일하자 그의 목에는 현상금이 걸리고, 쫓기는 몸이 되었다. 그러나 그를 아는 사람은 아무도 그를 현상금에 팔려고 하지 않고, 오히려 유방에게 적극적으로 천거하여 사면이 되도록 노력했고, 결국 낭중 벼슬을 하다가 혜제(惠帝)가 즉위하자 중랑장이 되었다.

당시 초나라 사람으로 변설에 능하고, 권세와 금전욕이 강한 조구(曹丘)라는 사람이 있었다. 그는 권세가에게 아부하여 재물을 모으고, 세력을 키우기에 혈안이 되어 있었다. 이전부터 그런 소문을 듣고 있던 계포는 그를 노골적으로 싫어했다. 그러나 조구는 황제의 숙부인 두 장군에게 계포를 만나고 싶다고 소개장을 써달라고 부탁했다. 두 장군은 할 수 없이 소개장을 써 주었다. 조구가 계포를 찾아가자 계포는 드러내놓고 언짢은 얼굴을 했다. 조구가 말했다.

"초나라 사람들 사이에 황금 백 근을 얻는 것보다 계포의 한마디 승낙을 얻는 것이 낫다는 말이 있습니다. 어떻게 그렇게 유명해질 수 있는지 그 비법을 알려 주십시오. 만일 제가 당신을 자랑하고 다닌다면 양나라와 초나라뿐만 아니라, 온 천하에 그 이름을 떨치게 될 것입니다."

그의 말에 계포도 마음이 풀려 조구를 손님으로 극진히 대접했다.

출전: 「사기(史記)」의 「계포전」

鼓腹擊壤
고복격양

배를 두드리고 구른다는 뜻으로, 나라가 안정되어 살기에 편안하며, 먹고 입는 데 부족함이 없는 태평성대를 이르는 말이다.

鼓 북 고 | 腹 배 복 | 擊 부딪칠 격 | 壤 흙 양

옛날 중국의 요(堯)임금은 나라를 잘 다스린 임금으로 알려졌는데, 그는 어느 날, 정말로 백성들의 생활이 편안한지 살펴보기 위해 평복으로 갈아입고 대궐 밖으로 나갔다. 요임금이 어느 길목에 이르렀을 때 아이들이 손을 잡고 노래 부르며 놀고 있었다.

우리가 이렇게
즐겁게 살아가는 것은
모두 임금님 덕이라네.
우리가 이렇게
근심걱정 없이 살아가는 것은
임금님의 올바른 정치 덕이라네.

아이들의 순진한 노랫소리를 들으면서 요임금은 흐뭇했다. 그러나 한편으로는 어른들이 시킨 것이 아닐까 하는 의구심이 들었다. 그런 생각을 하며 마을 끝에 이르렀을 때 한 백발노인이 팽이치기 놀이인 격양놀이를 하면서 노래를 불렀다.

날이 새면 일하고, 해가 지면 잠잔다네.
우물 파서 물마시고, 논밭 갈아 먹는다네.
임금님이 있거나 말거나 우리 사는 데는 아무 상관이 없다네.

백성들이 아무 불만 없이 배를 두드리고 발을 구르며 흥겨워하고 있으니 그야말로 정치가 잘 되고 있다는 증거였다. 요임금은 그제야 비로소 안심했다.

출전: 「십팔사략(十八史略)」

孤城落日
고성낙일

고립된 성과 낙조를 가리키는 것으로, 혼자가 되어 마음이 극도로 허탈한 상태에 빠져 있는 것을 말한다.

孤 외로울 **고** | **城** 성 **성** | **落** 떨어질 **낙** | **日** 날 **일**

이 말은 왕유의 칠언절구(七言絶句) 「송 위평사 - 위평사를 보냄」에 나오는 시 중 한 구절이다. 왕유는 이백(李白), 두보(杜甫)와 더불어 당나라 시절 대표적인 시인이다. 동양화 같은 고요함과 그윽한 자연시를 잘 표현한 인물이기도 하다.

장군을 따라 우현(右賢)을 생포하려고 하는데,
모래밭으로 말을 달려 거연(居延)으로 가고 있네.
멀리 한나라의 사자가 소관 밖에 오는 것을 아는데,
근심스러워 보이는구나.
고성낙일의 가여!

시의 내용을 보면 우현왕을 생포하기 위해 의기양양하게 쫓는데, 그는 사막을 달려 거연을 향하고 있다. 그러나 멀리 보이는 소관 밖에는 한나라의 사자가 오고 있는 상태였다. 자연히 사막에 우뚝 서 있는 외로운 성곽과 그 일대에 떨어지고 있는 낙조, 그것을 근심에 잠긴 눈으로 볼 수밖에 없는 병사의 심정을 노래하고 있다. 다시 말하면, 요새 밖의 쓸쓸한 풍경을 노래로 읊은 것으로, 그곳에 가 있는 친구의 안타까운 기분을 위로해 주기 위한 시이다.

'고성낙일(孤城落日)'은 세력이 완전히 쇠퇴했지만, 아무도 도와주지 않는 것을 뜻한다.

출전: 왕유(王維)의 시(詩) 「송위평사(送韋評事)」

高枕安眠
고침안면

베개를 높이 베고 편히 잠, 즉 무척 마음이 한가하고 여유가 있어 아무런 근심이 없이 잘 수 있는 편안한 상태를 말한다.

高 높을 고 | 枕 베개 침 | 安 편안할 안 | 眠 잠잘 면

전국시대 때의 일이다. 국력이 강한 나라로서 위세를 떨치고 있는 진(秦)나라와 동맹을 맺어 그의 휘하에 들어갈 것인가, 아니면 여섯 약소국 곧 진, 위, 조, 연, 제, 초나라가 힘을 합쳐 대항할 것인가를 결정하지 못하고 있었다. 당시 여섯 약소국 가운데 하나인 위(魏)나라에 장의(張儀)라는 책략가가 있었다. 원래 진나라의 재상이었던 장의는 남몰래 진나라의 세력을 등에 업고 위나라의 재상 자리에 올라 있었는데, 그 위세를 이용하여 위나라를 진나라에 팔아넘길 속셈이었다.

진나라의 대군이 한나라로 쳐들어가서 무려 6만 명에 이르는 한나라 군사들을 쳐 죽였다는 소식이 위나라에 전해지자, 위나라의 애왕(哀王)은 물론, 모든 제후들이 불안해했다. 그러자 이때를 놓칠세라, 장의가 애왕을 설득했다.

"위나라는 땅도 좁고, 군사도 적습니다. 그런데다가 사방에서는 초나라나 한나라 같은 강한 제후들이 핍박해오고 있습니다. 이런 때 만약 진나라를 섬긴다면 초나라와 한나라가 감히 위나라를 넘보지 못할 것입니다. 초나라와 한나라에 대한 불안만 없어도 대왕께서는 '베개를 높이 베고 편히 주무실 수 있고, 나라는 안정될 것입니다."

그 말을 듣고 애왕은 장의를 진나라로 보내 우호조약을 체결하지 않을 수 없었다. 결국 이 일로 여섯 나라의 합종은 흔들리기 시작했고, 장의의 변설로 한, 제, 조, 연 등의 연횡이 성립한다.

그러나 장의를 사랑한 진의 혜문왕이 죽고 무왕의 세상이 되자, 장의는 권력을 잃고 난왕 6년에 위나라에서 죽는다.

출전: 「전국책(戰國策)」의 「위책」, 「사기(史記)」의 「장의열전」

古稀
고희

70세를 고희라고 하는데, '예부터 일흔이 넘는 사람은 드물다.'라는 뜻으로 쓰였다.

古 옛고 | 稀 드물 희

두보가 살던 시대는 '안록산(安祿山)의 난'으로 당나라 전체가 어지러울 대로 어지러운 때였다. 그 역시 난의 피해자로 반란군에게 붙잡혀 곤욕을 치른 적도 있고, 난리통에 가족을 잃기도 했다. 하지만 어두운 시기를 넘기며 그는 아름다운 시를 많이 남겼다.

이리저리 떠돌아다니던 두보는 47세 때 좌습유라는 벼슬로 일생에 유일한 관직 생활을 1년 동안 했다. 그때 그는 수도인 장안의 동남쪽 끝에 있는 연못인 곡강에서 몇 수의 시를 남겼는데, 그의 대표작 중 「곡강이수(曲江二首)」라는 시가 있다.

> 조정에서 돌아오면 날마다 봄옷을 입혀
> 날마다 강가에서 한껏 취해 돌아오네.
> 술값 빚은 예사로 가는 곳마다 있지만,
> 인생 칠십은 예로부터 드문 것이네.(人生七十古來稀)

'인생칠십고래희'는 인생의 장수에 대한 욕망과 비애를 나타내고 있지만, 오늘날에는 고희(古稀)가 흔하기 때문에 축하의 뜻으로 많이 쓰인다.

출전: 두보의 시(詩) 「곡강(曲江)」

曲學阿世
곡학아세

학문을 왜곡시켜 세속에 아첨한다는 뜻으로, 자기 신조나 소신, 철학 등을 버리고 시류에 영합하는 경우를 이르는 말이다.

曲 굽을 곡 | 學 배울 학 | 阿 언덕 아 | 世 인간 세

중국 전한(前漢)시대의 제5대 황제인 무제(武帝)는 왕위에 오르자마자 원고생(轅固生)을 조정으로 불러들였다. 그는 산동(山東) 출신으로 「시경」에 밝고 학문이 출중하고, 성품이 강직한 선비로서 그때 이미 나이가 90세였다.

바른 말 잘하기로 이름난 그는 조정에 들어오자, 아첨만 일삼던 많은 사이비 학자들은 은근히 겁을 먹고, 그의 등용을 꺼림칙하게 생각했다. 그때 원고생과 함께 황제의 부름을 받은 젊은 학자 공손홍(公孫弘)은 늙어빠진 저런 늙은이가 무슨 일을 할 수 있을까 하여 속으로 경시했다. 공손홍이 자기를 업신여기고 있다는 것을 알면서도 원고생은 조금도 개의하지 않고 말했다.

"오늘날 학문의 도가 문란하고, 이치에 닿지도 않는 엉뚱한 학설이 판을 치고 있네. 만약 이대로 내버려둔다면 유서깊은 학문의 전통이 사설(邪說) 때문에 참모습을 잃게 될 것이네. 다행히도 자네는 나이가 젊은데다 학문을 매우 아끼고 사랑하는 선비라고 생각하네. 부디 학문을 올바로 깨우쳐 세상을 바로잡는데 힘써 주기 바라네. 어떤 경우에도 자신이 믿고 있는 학설을 왜곡하여 세속에 아부하는 일이 없도록 하게."

이 말을 들은 공손홍은 원고생의 고결한 인품과 풍부한 학식에 큰 감명을 받았다. 그는 즉시 무릎을 꿇고 그 동안의 무례를 빌며 원고생을 스승의 예로 받들었다.

출전: 「사기(史記)」의 「유림전」

空中樓閣
공중누각

공중에 있는 누각이라는 뜻으로 현실성이 없는 일이거나 내용이 없는 이야기, 또는 허무하게 사라지는 신기루를 뜻한다.

空 빌·부질없는 **공** | 中 가운데 **중** | 樓 다락 **루** | 閣 누각·선반·내각 **각**

송(宋)나라의 과학자이자 정치가였던 심괄이 기이한 일들을 모아 기록한 박물지(博物誌) 「몽계필담」에 다음과 같은 기록이 있다.

    등주(登州)는 사면이 바다로 둘러싸여 있어서 봄에서 여름에 걸쳐 저 멀리 아득한 수평선 위에 성곽과 누대의 모습이 나타난다. 이 고장 사람들은 그것을 해시(海市, 바다의 도시)라고 한다.

심괄이 여기서 말한 것은 말할 것도 없이 신기루를 뜻할 것이다. 신기루에 대한 이야기는 더 먼 옛날부터 전해오고 있다.
사마천이 쓴 「사기(史記)」의 「천관서(天官書)」에도 다음과 같은 글이 있다.

    신기(蜃氣)는 누대(樓臺)의 모양을 하고 있는데, 넓은 들의 기운이 마치 궁궐과 같다.

여기서 말하는 신(蜃)은 커다란 대합(大蛤)이나 교룡(蛟龍)의 일종이라고 해석되고 있는데, 그것들이 뿜어내는 기운이 모두 누대나 성곽의 형상을 나타내게 된다는 것이다.
'공중누각'이란 이처럼 원래는 자연현상을 두고 기록한 것이지만, 이를 과학적으로 이해하지 못한 사람들이 실제로 있을 수 있는 일이라고 보고 실현 가능성 없는 일을 비유할 때 쓰게 된 것이다.

출전: 심괄(沈括)의 「몽계필담(蒙溪筆談)」

過猶不及
과유불급

지나친 것은 미치지 못한 것과 같다는 말로, 지나친 것이나 모자란 것 모두 좋지 않다는 뜻이다.

過 지날 과 | 猶 오히려 유 | 不 아니 불 | 及 미칠 급

어느 날 자공(子貢)이 스승인 공자에게 물었다.
"선생님, 자장(子張)과 자하(子夏) 두 사람 중 누가 더 낫습니까?"
공자가 대답했다.
"자장은 지나치고, 자하는 미치지 못한다."
"그렇다면 자장이 낫다는 말입니까?"
자공의 반문에 공자는 다시 말했다.
"아니다. 지나친 것은 미치지 못한 것과 같으니라."

즉 지나치지도, 모자라지도 않은 상태가 가장 좋다는 뜻이다. 자장은 '재주가 많고 뜻이 넓었으나 구차하게 어려운 일을 하기를 좋아했으므로 항상 지나쳤고, 자하는 독실히 믿고 삼가 지켰으나 규모가 협소했으므로 항상 미치지 못했다. 공자는 이 두 사람을 비교하면서 누가 더 낫다고 하지 않았다. 중용(中庸)을 잃으면 똑같이 나쁘다. 그러므로 중용을 지키는 사람이 제일 낫다는 가르침을 자공에게 준 것이다.

어떤 사람은 자신이 잘났다고 으스대고, 다른 사람을 업신여긴다. 또 어떤 사람은 자신이 부족하다고 생각하여 다른 사람을 부러워하거나 질투하는데 이 모두 좋지 않은 것이다. 사람은 중용의 도(道)를 지키는 것이 가장 좋다. 넘치지도 않고, 모자라지도 않는 것, 그것이 바로 중용의 도이다.

출전: 「논어(論語)」의 「선진편」

管鮑之交
관포지교

관중과 포숙아의 두터운 우정이라는 뜻으로 서로 믿고 이해하며 아끼는 친구라는 말이다.

管 피리 **관** | 鮑 절인어물 **포** | 之 갈 **지** | 交 사귈 **교**

춘추시대 제(齊)나라에 관중(管仲)과 포숙아(鮑叔牙)가 살았는데 관중과 포숙아는 어릴 때부터 친하게 지내며 사귀었다. 두 사람의 우정은 나이가 들어서도 변함이 없었다.

한번은 두 사람이 장사를 했다. 이득이 남자, 관중은 포숙아보다 더 많은 돈을 가졌지만 포숙아는 불평하지 않았다. 관중이 자기보다 가난했기 때문이다. 그 뒤 관중은 여러 차례 벼슬길에 올랐으나 번번이 잘못을 저지르고 물러났다. 그러나 포숙아는 관중을 무능하다고 비웃지 않았다. 오히려 아직 벼슬 운이 닿지 않았기 때문이라며 관중을 위로했다.

싸움터에 나가서도 관중은 걸핏하면 도망쳐 왔다. 사람들이 관중을 겁쟁이라고 손가락질하면 포숙아는 대신 변명해 주었다.

"겁이 많아서가 도망친 것이 아니라, 늙은 어머님을 모시고 있기 때문이라네."

나중에 포숙아는 제나라의 공자 소백(小白)을, 관중은 공자 규(糾)를 섬기게 되었다. 소백이 즉위해서 환공(桓公)이 되자, 함께 왕위를 다투었던 공자 규는 싸움에 져서 살해되고, 관중은 옥에 갇히게 되었다. 이때 포숙아는 환공에게 간청해서 관중이 벼슬길에 오르도록 도와주었다.

먼 훗날, 관중은 제나라 환공이 천하를 제패할 수 있도록 솜씨를 발휘하여 높은 벼슬에 올랐다. 이때 관중은 과거를 회상하며 말했다.

"나를 낳아 주신 분은 부모이지만, 나를 알아준 이는 친구인 포숙아였다."

출전: 「사기(史記)」의 「관안열전」

刮目相對
괄목상대

눈을 비비고 다시 보며 상대를 대한다는 뜻으로, 학식이나 재주 등이 놀랄 정도로 향상되었을 때 사용하는 말이다.

刮 깎을 **괄** | **目** 눈 **목** | **相** 서로 **상** | **對** 대할 **대**

위(魏)나라, 오(吳)나라, 촉(蜀)나라 등 삼국이 천하를 다투며 서로 대립하고 있을 당시 오나라 손권의 부하 중에 여몽(呂蒙)이라는 장수가 있었다. 그는 일찍이 전쟁에서 세운 공로로 졸병으로부터 장군까지 승진했으나 근본은 무식한 사람이었다.

손권은 그가 이론적인 병법까지 알기를 원했으므로 그를 불러 놓고 학문을 하라고 권고했다. 이에 크게 깨달은 바가 있었던 여몽은 곧 공부를 시작하여 병법을 비롯한 각종 책을 두루 읽었다. 얼마 뒤, 유비의 스승으로서 뛰어난 학식과 덕망을 두루 지닌 노숙이 여몽과 의논할 일이 있어 찾아갔다. 노숙은 여몽과는 막역한 친구 사이여서 누구보다도 그의 인물됨을 알고 있었는데, 이야기를 나누는 사이 그가 몰라보게 박식해진 것을 알고 깜짝 놀랐다.

"그거 참, 내가 지금까지 사람을 몰라보았군. 나는 자네가 그저 힘이나 쓰는 무장인 줄만 알았는데, 어느 틈에 그렇게 공부를 했나? 자네는 더 이상 어리석은 여몽이 아닐세."

그러자 여몽은 점잖게 말했다.

"선비란 헤어진 지 사흘이 지나면 눈을 비비고 다시 대해야 할 정도로(刮目相對) 달라져 있어야 하는 법이라네."

노숙은 그 말을 듣고 그저 껄껄 웃고 말았다.

출전: 「삼국지(三國志)」의 「여몽전」

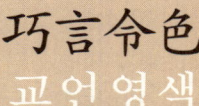
巧言令色
교언영색

말을 잘 하고 남의 눈을 끌게 하는 표정에는 진실한 애정이 적은 법이라는 뜻으로, 아첨하는 말이나 보기 좋게 꾸미는 안색을 말한다.

巧 공교할 교 | 言 말씀 언 | 令 영령 | 色 빛 색

교언(巧言)은 교묘한 말, '교언은 흐름 같다'(시경)라고 하듯이 물이 흐르는 것 같이 사람의 마음에 거슬리지 않는 말, 아양 등을 가리킨다. 영색(令色)은 '좋은 얼굴 표정' 등을 말한다.

「서유기(西遊記)」에 보면 삼장법사(三藏法師) 등 일행 4명은 보살국에서 다시 서쪽으로 향해 평정산(平頂山)에 이르렀다. 그런데 나무꾼이 이르길 산에 두 사람의 마물(魔物)이 있는데 당나라 사람이란 것을 알면 잡아먹는다는 것이었다. 그래서 손오공은 말재주로 꾀어서 저팔계에게 정찰을 가게 했다. 삼장법사는 그 모양을 보고, "형제끼리 서로 도울 생각은 하지 않고, 얕은꾀를 써서 교언영색(巧言令色)으로 저팔계를 보내다니!" 하고 손오공을 나무랐다.

이처럼 교언영색은 나쁜 의미로 사용된다. 공자는 인격이 훌륭하고 학식과 덕행이 높은 사람을 가리켜 군자(君子)라고 했다. 군자는 지나치지도 않고, 모자라지도 않은 중용(中庸)의 자리에 서 있는 사람을 말한다. 그렇다면 '교언영색' 하는 사람은 소인배, 또는 군자의 반대라고 말할 수 있을 것이다.

> "옛날 좌구명(左丘明)이 말을 잘하고, 얼굴빛을 좋게 하고, 공손이 지나침을 부끄럽게 생각했는데, 나 역시 이를 부끄러워한다. 좌구명은 또 원망을 감추고, 그 사람과 사귐을 부끄럽게 생각했는데, 나 역시 이를 부끄러워한다."(「공야장편」)

출전: 「논어(論語)」의 「학이편」과 「양화편」

狡兎死良狗烹
교토사량구팽

교활한 토끼가 죽으면 충실한 사냥개가 삶아 먹히게 된다는 뜻으로, 필요 없게 되면 헌신짝처럼 버려지는 것을 비유한 말이다.

狡 교활할 **교** | 兎 토끼 **토** | 死 죽을 **사** | 良 어질 **량** | 狗 개 **구** | 烹 삶을 **팽**

한(漢)나라의 유방(劉邦)은 초(楚)나라의 항우(項羽)를 무찌르고 천하를 얻는 데 가장 큰 공을 세운 한신(韓信)을 창업공신으로 높이 대우하여 초왕(楚王)으로 임명했다. 한신 밑에는 옛날 항우의 부하였던 용맹스러운 종리매(鐘離昧)라는 장수가 있었다. 지난 날 유방은 종리매 때문에 여러 번 고전한 적이 있어 한신에게 여러 차례 그를 죽이라고 지시했다.

그러나 한신은 그의 말을 듣지 않고, 오히려 그를 숨겨주었다. 그런 한신이 못마땅하던 차에 한신이 반역을 꾀한다는 소문이 들리자 유방은 당장 군사를 일으켰다. 이 소식을 들은 한신은 누가 자기를 모함하고 있다는 것을 깨닫고 직접 유방을 만나 억울함을 호소하려고 했다. 그러나 목숨이 위태로울 것 같아 망설이고 있는데, 한 부하가 은밀히 권했다.

"종리매의 목을 베어 가면 의심이 풀릴 겁니다."

자신의 안위를 위해 친구의 목을 베어야 한다는 사실에 고민하다가 종리매에게 사정을 털어놓았다. 종리매가 큰소리로 말했다.

"유방이 자네를 치지 않는 것은 내가 있기 때문이네, 그래도 내 목을 갖고 가겠다면 내가 죽어 주겠네."

그는 스스로 목을 찔러 죽었다. 한신은 종리매의 목을 갖고 유방을 찾아갔으나 유방은 한신의 말은 듣지도 않고 잡아들였다. 한신이 분개하며 소리쳤다.

"교활한 토끼가 죽고 나면 충실한 사냥개가 삶아 먹히고, 새를 다 잡고 나면 좋은 활이 활집에 들어가고, 적국을 쳐부수고 나면 모신(謀臣)은 버림을 받는다더니 내가 그 짝이 되었구나."

출전: 「사기(史記)」의 「회음후열전(淮陰侯列傳)」

狡兔三窟
교토삼굴

영리한 토끼는 숨을 굴을 세 개 파놓아 어려운 고비를 넘긴다는 말로, 사람도 갑작스러운 난관에 대비해 미리 대책을 세워야 한다는 뜻이다.

狡 교활할 교 | 兔 토끼 토 | 三 석 삼 | 窟 굴 굴

제(齊)나라의 재상(宰相)이었던 맹상군은 설(薛)에 1만 호의 식읍을 가지고 있었는데 3천 명의 식객을 부양하기 위해 식읍 주민들에게 돈놀이를 했다. 그러나 주민들이 도무지 돈을 갚을 생각을 하지 않자 식객 중 한 명을 보내 돈을 받아 오게 했다. 그런데 풍환(馮驩)이 자청하고 나서 맹상군은 그를 보내기로 했다. 그러나 설 땅으로 간 풍환은 채무자들을 다 불러놓고 차용증서를 받아 그 자리에서 모조리 불태워 버렸다. 사람들은 "맹상군 만세!"를 부르며 기뻐했다. 풍환의 보고를 받은 맹상군이 못마땅한 얼굴을 하자 풍환이 말했다.

"당신에게 부족한 것은 너그러움입니다. 나는 은혜와 의리를 사 온 것입니다."

그리고 1년 후 맹상군이 재상 자리에서 물러나자 식객들은 모두 뿔뿔이 떠나버렸고, 풍환은 그에게 잠시 설에 가서 살라고 권유했다. 맹상군이 설에 나타나자 주민들은 환호로 그를 맞이했다. 이에 맹상군이 풍환에게 말했다.

"선생이 전에 은혜와 의리를 샀다고 한 말뜻을 이제야 겨우 깨달았소."

"교활한 토끼는 구멍을 세 개나 뚫지요. 지금 경께서는 한 개의 굴을 뚫었을 뿐입니다. 경을 위해 나머지 두 개의 굴도 마저 뚫어드리겠습니다."

이후 풍환은 위(魏)나라의 혜왕(惠王)을 설득하여 맹상군을 등용하면 부국강병을 실현할 것이며 동시에 제나라를 견제할 수 있다고 역설했다. 그래서 혜왕은 금은보화를 준비해 세 번이나 맹상군을 불렀지만 그때마다 맹상군은 풍환의 책략대로 모두 사양했다. 이 소문을 들은 제나라의 왕은 당장 사신을 보내 자기 잘못을 사과하고 맹상군을 다시 재상으로 임명했다. 두 번째의 굴이 완성된 셈이다.

세 번째 굴을 파기 위해 풍환은 제민왕을 설득, 설 땅에 제나라 선대의 종묘를 세우게 만들어 선왕 때부터 전승된 제기를 종묘에 바치도록 했다. 선대의 종묘가 맹상군의 영지에 있는 한 맹상군을 함부로 대하지 못할 것이라는 계산에서였다.

"이것으로 세 개의 구멍이 되었습니다. 이제부터 고침안면 하십시오."

출전: 「사기(史記)」의 「맹상군열전」

口蜜腹劍
구밀복검

입에는 꿀을 바르고 뱃속에는 칼을 품고 있다는 뜻으로 겉으로는 좋은 말만 하지만 속으로는 음험하게 해칠 생각을 하는 경우를 말한다.

口 입 **구** | 蜜 꿀 **밀** | 腹 배 **복** | 劍 칼 **검**

당(唐)나라 현종 때의 재상 이임보(李林甫)는 아첨을 잘하기로 유명한 사람이었다. 현종의 주위에서 충신이 바른말을 하면 이임보는 그럴 듯한 구실을 붙여서 반드시 그를 몰아냈다.

이와 같이 이임보는 재주나 명망이 자신보다 높거나 왕의 신임을 받아 자기 자리를 위협할 만한 사람이 나타나면 수단과 방법을 가리지 않고 제거했다. 그 가운데서도 특히 문과를 통해 급제해 바른말을 하는 선비들을 싫어했다. 그런데 그는 아무리 마음에 안 드는 사람이라도 겉으로는 전혀 그런 내색을 하지 않고 친한 체했다. 가장 충성스럽고 의리 있는 사람인 것처럼 행세하고 다니며, 오히려 현종에게 그런 사람을 천거하여 상대로 하여금 안심을 하게 한 다음, 뒤로 공작하여 끌어내리는 수법을 썼다.

그런 간신이 왕 곁에 도사리고 있으니 나라 모양이 제대로 될 리가 없었다. 현종은 원래 총명하여 당나라를 부흥시키고, 선정을 베풀어 칭송을 받았는데, 결국 사치와 오락, 양귀비의 미색에 빠져 정사를 돌보지 않게 된 것도 모두 이임보 때문이다.

「신당서」는 '이임보는 성질이 음험해서 입에는 꿀을 바르고 있지만, 뱃속에는 칼을 품고 있다.'라고 표현하고 있다. 당시 사람들은 이임보를 이렇게 평하면서도 혹시 그의 모함을 받지 않을까 두려워하며 경계를 게을리하지 않았다.

출전: 「신당서(新唐書)」, 「십팔사략(十八史略)」, 「자치통감(資治通鑑)」 등

九死一生
구사일생

아홉 번 죽을 고비에서 한 목숨 살았다는 말로 여러 차례 죽을 고비를 넘기고 가까스로 살아남은 것을 뜻한다.

九 아홉 구 | 死 죽을 사 | 一 한 일 | 生 날 생

전국시대 초(楚)나라의 시인이자 정치가인 굴원(屈原)은 학식과 언변이 뛰어나 많은 활약을 했으나 그만큼 주위의 모함을 많이 받았다. 결국 그는 모함을 받아 쫓겨난 다음 멱라수에 빠져 죽고 말았다.

굴원의 사부와 거의 문하생 및 후인들의 작품을 모은 책인 「초사(楚史)」에 수록된 작품 25편 가운데 남아 있는 「이소(離騷)」에 다음과 같은 구절이 있다.

> 장탄식을 하며 눈물을 감춘다.
> 백성들의 고통스런 삶이 슬프기 때문이다.
> 내 비록 고결하고 조심하려 했지만
> 아침에 바른말하여 저녁에 쫓겨났네.
> 혜초(蕙草)를 둘렀다고 나를 버리셨는가.
> 나는 구리띠까지 두르고 있었네.
> 그래도 내게는 좋은 것이기에
> 비록 아홉 번 죽을지라도 후회하지 않으리. (離九死其猶未悔)

여기의 구사(九死)를 문선(文選)을 편찬한 유량(劉良)은 다음과 같이 해설했다. '아홉은 수의 끝이다. 충성과 신의와 정숙함과 고결함이 내 마음이 뜻하는 바이니, 이런 재앙을 만남으로써 아홉 번 죽어서 한 번도 살아남지 못한다 해도 아직 후회하고 원한을 품기는 족하지 못하다.'

'구사일생'은 여기서 유래한 말로 유량의 해설과는 달리, 지금은 '죽을 고비를 여러 차례 넘기고 간신히 살아난다.'로 변했다.

출전: 「사기(史記)」의 「굴원 가생열전(屈原 賈生列傳)」

九牛一毛
구우일모

아홉 마리 소의 터럭 중 하나의 터럭, 즉 많은 것 중에서 극히 작은 것, 아주 하찮은 것을 뜻한다.

九 아홉구 | 牛 소우 | 一 한일 | 毛 터럭모

한(漢)나라 무제 때의 일이다. 용장으로 이름난 이릉 장군은 5천 명의 군사를 이끌고 흉노족을 정벌하러 나섰으나 수적 열세로 패하고 말았다. 그런데 그 다음 해에 용감히 싸우다 전사한 줄 알았던 이릉이 흉노에게 투항하여 후대를 받고 있다는 사실이 밝혀졌다. 이에 크게 노한 황제가 이릉의 일족을 참형에 처하라고 엄명을 내렸으나 사마천이 나서서 그를 변호했는데, 한 무제는 더욱 화를 내며 사마천의 생식기를 거세하는 궁형(宮刑)을 내린 뒤 감옥에 가두었다. 사람들은 이를 가리켜 '이릉의 화'라고 불렀다.

사마천은 처음에는 치욕의 삶을 사느니 깨끗이 자결하려 했으나 곧 생각을 바꾸었다. 아버지 사마담과의 약속을 지키기 위해서였다. 그 무렵 사마천은 통사(通史)를 기록하라는 아버지의 유언을 따라 「사기(史記)」를 집필하고 있었던 것이다.

사마천은 이 일을 친구 '임안(任安)'에게 알리는 글에서 '최하급의 치욕'이라고 적고 비통한 심정을 이렇게 썼다.

> 내가 전하의 명에 따라 사형을 받는다 해도 그것은 한낱 아홉 마리 소 중에서 터럭 하나(九牛一毛) 없어지는 것과 같다네. 나와 같은 존재는 땅강아지나 개미와 같은 미물과 다를 것이 무엇이겠나? 또한 내가 죽는다 해도 세상 사람들은 절개를 위해 죽었다고 생각하기는커녕 나쁜 말을 하다가 큰 죄를 지어 어리석게 죽었다고 여길 것이네.

사마천은 옥중에서도 저술을 계속했으며 마침내 대저서인 「사기」를 완성했다.

출전: 「문선(文選)」, 「사마천보임소경서(司馬遷保任少卿書)」, 「한서(漢書)」, 「사마천전(司馬遷傳)」 등

國士無雙
국사무쌍

나라 안에 둘도 없이 뛰어난 인물을 뜻한다.

國 나라 **국** | **士** 선비 **사** | **無** 없을 **무** | **雙** 쌍 **쌍**

진(秦)나라가 멸망하고 초(楚)나라의 항우와 한(漢)나라의 유방이 서로 천하를 차지하려고 다툴 때의 일이다. 당시 유방의 군대는 항우에게 밀려 파촉 땅에 머물러 있었는데, 한신도 거기에 있었다. 한신은 처음에는 항우 밑에 있었지만, 항우가 그의 의견을 받아주지 않고 무시만 당하자 도망쳐 유방한테 가 있었던 것이다.

한나라 장군 하후영은 한눈에 한신을 알아보고 군량을 관리하는 치속도위에 임명했다. 승상인 소하도 한신의 인물을 알아보고 그를 천거했으나 유방이 들은 척도 하지 않았다.

그 무렵 유방의 진영에서는 군사들이 향수병에 걸려 도망치는 자들이 생기기 시작했다. 그 가운데는 한신도 있었다. 한신이 도망쳤다는 소식을 듣고 소하가 부리나케 뒤쫓았다. 그러자 승상인 소하까지 도망친 줄 알고 유방은 화가 단단히 났다. 그런데 이틀 후에 소하가 되돌아오자 유방이 물었다.

"승상이란 자가 어떻게 도망칠 수 있단 말인가?"

소하가 도망친 것이 아니라, 한신을 뒤쫓아 갔던 것이라고 사실을 이야기하자 유방은 더욱 언짢아졌다. 승상이 어찌 한신 따위를 뒤쫓아 갔는지 믿을 수 없었던 것이다. 그러자 소하가 차분한 목소리로 말했다.

"지금까지 도망친 부장들 정도의 인물은 어디서든지 얻을 수 있습니다. 주공께서는 그따위 한신이라고 말씀하시지만, 한신은 국사무쌍이라고 할 인물로 어디서도 그만한 인재는 얻기 힘듭니다. 물론 주공께서 이 파촉 땅을 차지한 것으로 만족하신다면 한신 같은 인물은 필요 없을 것입니다. 그러나 천하를 얻으려고 하신다면 한신을 놓쳐서는 안 됩니다."

출전: 「사기(史記)」의 「회음후열전(淮陰侯列傳)」

群鷄一鶴 군계일학

닭의 무리 가운데 한 마리 학이란 뜻으로 평범한 사람들 중에 뛰어난 한 사람을 일컫는 말이다.

群 무리 군 | 鷄 닭 계 | 一 한 일 | 鶴 학 학

진(晋)나라 초기에 노자와 장자의 사상을 받아들여 죽림에 모인 7명의 선비를 죽림칠현(竹林七賢)이라고 한다. 혜강(嵇康)은 그 가운데 한 사람으로 그는 아들 혜소(嵇紹)가 열 살 때 억울한 누명을 쓰고 사형 당했다. 그 후 혜소는 홀어머니와 함께 살았는데, 역시 죽림칠현의 한 사람으로 이부(吏部)에서 벼슬을 하던 산도(山濤)의 도움을 받으며 어렵게 살았다. 혜소가 성장하자, 산도가 위(魏)나라의 무제(武帝)에게 그를 추천했다.

"「서경(書經)」에 아비의 죄는 아들에게 미치지 않으며, 아들의 죄는 그 아비에게 미치지 않는다고 기록되어 있습니다. 혜소가 비록 혜강의 아들이나 그 슬기나 지혜는 뛰어납니다. 그에게 비서랑 벼슬을 내려주십시오."

무제는 그의 말을 믿고 비서랑보다 한 단계 높은 비서승으로 혜소를 임명했다. 비서승이 된 혜소가 처음으로 낙양(洛陽)에 들어갔을 때 어떤 사람이 죽림칠현의 한 사람인 왕융(王戎)에게 말했다.

"많은 사람들 속에 섞여 있는 혜소를 어제 처음 보았습니다. 그의 드높은 의기와 늠름한 모습은 마치 '닭의 무리 가운데 있는 한 마리의 학'과 같았습니다."

그러자 왕융이 그에게 말했다.

"자네는 아직 그의 아버지를 본 적이 없어서 그렇다네."

이때부터 '군계일학'이라는 말은 비범하고, 출중한 사람을 표현하는 단어로 쓰이게 되었다.

출전: 「진서(晋書)」의 「혜소전(嵇紹傳)」

群盲撫象
군맹무상

소경 무리들이 코끼리를 어루만진다는 뜻으로, 모든 사물을 자기의 좁은 소견과 주관으로 그릇되게 판단함을 뜻한다.

群 무리 **군** | **盲** 소경 **맹** | **撫** 어루만질 **무** | **象** 코끼리 **상**

인도의 경면왕이 어느 날 맹인들에게 코끼리라는 동물을 가르쳐 주기 위해 그들을 궁중으로 불러 모아놓고, 신하를 시켜 코끼리를 끌고 오게 한 뒤, 맹인들에게 만져보라고 했다. 그리고 소경들에게 물었다.

"이제 코끼리가 어떻게 생겼는지 알겠느냐?"

"예, 알겠습니다."

"그래, 그럼 어떻게 생겼는지 한 사람씩 말해 보거라."

그러자 제일 먼저 상아를 만진 맹인이 "코끼리는 무와 같습니다."라고 대답했다. 그러자 귀를 만진 맹인이 "아닙니다. 키와 같습니다."라고 달했다. 그러자 코를 만진 맹인이 "아닙니다. 절굿공이와 같습니다."라고 말했다. 그러자 머리를 만진 맹인이 "아닙니다. 돌과 같습니다."라고 말했다. 그러자 다리를 만진 맹인이 "아닙니다. 널빤지와 같습니다."라고 말했다. 그러자 배를 만진 맹인이 "아닙니다. 독과 같습니다."라고 말했다. 그러자 꼬리를 만진 맹인이 "아닙니다. 새끼줄과 같습니다."라고 말했다.

그러자 왕이 맹인들에게 하나하나 설명해 주었다.

"무와 같은 것은 코끼리의 상아이고, 키와 같은 것은 귀이고, 절굿공이 같은 것은 코이고, 돌과 같은 것은 머리이고, 널빤지 같은 것은 다리이고, 독과 같은 것은 배이고, 새끼줄 같은 것이 꼬리이니라."

여기서 코끼리는 석가모니를 비유한 것이고, 맹인들은 중생을 비유한 것이다. 결국 중생들은 석가모니를 마치 맹인이 코끼리를 어루만지는 것처럼 부분적으로만 이해하기에 모든 중생들에게는 석가모니가 각각 따로 존재해야 한다는 것을 말해 주고 있다.

출전: 「열반경(涅槃經)」

君子三樂
군자삼락

군자의 세 가지 즐거움이라는 뜻으로, 이것을 어떤 이들은 인생의 가장 큰 즐거움이라고 하여 인생삼락(人生三樂)이라고도 부른다.

君 임금·군자 **군** | **子** 아들 **자** | **三** 석 **삼** | **樂** 즐길 **락**·풍류 **악**·좋아할 **요**

전국시대 공자의 사상을 계승 발전시킨 맹자는 다음과 같이 말했다.
"군자에게는 3가지 즐거움이 있다. 그러나 천하를 다스리는 왕이 되는 것은 여기에 들어 있지 않다. 부모가 모두 살아계시고, 형제가 무고한 것이 첫째 즐거움이요, 하늘을 우러러 부끄러움이 없고, 굽어 사람에게 부끄럽지 않은 것이 둘째 즐거움이요, 천하의 인재를 얻어서 가르치는 것이 셋째 즐거움이다."

맹자는 이 세 가지를 들고, 다시 천하를 다스리는 왕이 되는 것은 세 가지 가운데 포함되지 않는다고 강조했다.

이 삼락 중 첫째 것은 하늘이 주는 즐거움이요, 둘째는 자신의 몸과 마음을 닦음으로써 얻을 수 있는 것이며, 셋째는 다른 사람과 더불어 얻는 즐거움이라고 할 수 있다.

맹자는 공자의 뒤를 이어 천하를 두루 다니며 당시 군왕들에게 왕도정치(王道政治)를 가르치려고 했던 인물이다. 그러나 그가 이상으로 삼았던 왕도정치를 펴보지 못하고 물러나게 되자, 제자를 가르치고 책을 펴내면서 군자삼락으로 위로를 삼았다.

출전: 「맹자(孟子)」의 「진심장」

勸善懲惡
권선징악

악한 것을 징벌하고 선한 것을 권한다는 뜻이다.

勸 권할 **권** | **善** 착할 **선** | **懲** 징계할·부를 **징** | **惡** 악할 **악**

「춘추좌씨전」의 노(魯)나라 성공(成公) 14년에 보면 다음과 같은 기록이 나와 있다.

9월 공녀(公女)를 맞으려고 제(齊)나라에 가 있던 교여(僑如, 宣伯)가 부인 강씨를 데리고 돌아왔다. '교여'라고 일부러 높여 부른 것은 부인의 마음이 동하도록 만들기 위한 수단이었다.

그보다 앞서 선백(宣伯)이 제나라로 공녀를 맞으러 갔을 때는 선백을 '숙손(叔孫)', 즉 군주의 사자(使者)로 높여 부르도록 했다.
그러자 군주가 다음과 같이 말했다.
"춘추시대의 호칭은 알아듣기 어려운 것 같으면서도 쉽고, 쉬운 것 같으면서도 또한 뜻이 깊고, 빙글빙글 도는 것 같으나 잘 정리되어 있으며, 노골적인 표현을 쓰고 있으나 품위가 깃들어 있으며, 악행을 징벌하고 선행을 권고한다(勸善懲惡). 성인이 아니라면 누가 이렇게 지을 수 있겠는가?"
즉 악한 사람에 대해서는 가차없이 책망하되, 선한 사람에게는 이를 적극적으로 권장한다는 뜻으로, 이때부터 권선징악이 사용되기 시작했다.

출전: 「춘추좌씨전(春秋左氏傳)」

捲土重來
권토중래

싸움에 한 번 패한 사람이 다시 힘을 내어 흙먼지를 일으키며 쳐들어온다는 뜻으로, 한 번 실패한 사람이 다시 세력을 찾는다는 말이다.

捲 말 **권** | 土 흙 **토** | 重 무거울 **중** | 來 올 **래**

오강(烏江)은 중국 안휘성 화현(和縣) 동북쪽에 자리잡고 있으며 양자강 오른쪽 기슭에 해당하는데 이곳을 여행하던 시인 두목이 항우를 그리워하며 읊은 시의 한 구절에서 '권토중래'가 유래한다.

항우와 유방이 천하를 두고 다툰 초한전쟁(楚漢戰爭)에서 항우는 해하(垓下)에서 유방과 마지막 전투를 하다가 패하여 오강까지 피신하여 온다. 그때 하급관리가 항우에게 고향으로 들어가 군사를 일으켜 재기를 하도록 권했으나 거절한다.
"옛날 강동의 젊은이 8천명과 나는 강을 건너 서쪽으로 갔거니와 지금은 같이 건너갈 젊은이가 한 사람도 없지 않는가? 그런데 내가 무슨 면목으로 강을 건너가 부모님을 뵐 수 있겠는가?"
그리고 추격해 온 한나라의 군대와 치열한 격전을 벌이다가 자결하고 만다. 당시 항우의 나이는 서른 살이었다.

　　승패는 병가(兵家)도 장담 못하는 것
　　수치를 참을 수 있는 게 남아(男兒)가 아닌가.
　　강동의 자제 중에는 준재(俊才)가 많으니
　　권토중래했을지도 모르는 것을.

즉 두목은 항우가 비록 한 번 패했으나 다시 고향으로 돌아가 젊은이들을 규합, 재도전하지 않았음을 통탄하고 있다.

출전: 두목(杜牧)의 시(詩) 「제오강정(題烏江亭)」

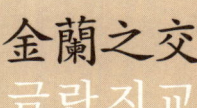
金蘭之交
금란지교

쇠와 같이 단단하고 난초와 같이 향기로운 사귐을 일컫는 말이다.

金 쇠금 | 蘭 난초 난 | 之 갈 지 | 交 사귈 교

「주역」, 「계사상전」에 다음과 같은 말이 나온다.

> 두 사람이 마음을 하나로 하면 그 날카로움이 단단한 쇠도 끊을 수 있으며, 두 사람이 마음을 하나로 하여 말하게 되면, 그 향기가 난초와 같다.(二人同心 其利斷金 同心之言 其臭女蘭)

여기서 '금란지교'라는 말이 나왔다.

또한 「세설신어」에는, "산도(山濤)와 혜강(嵇康), 완적(阮籍)이 얼굴을 한 번 보고는 금란과 같은 사귐을 가졌다."는 말이 나오고, 범질(范質)의 시에 보면 "세상 사람들이 모두 교유(交遊)를 중시하는데, 마치 금란지교를 맺은 듯하다."고 했다.

그리고 백낙천(白樂天)의 시구 가운데서도 "두 사람이 마음을 하나로 하면, 그 날카로움이 쇠를 끊고, 한마음으로 신의를 맺으면 그 즐거움이 난과 같다."는 것이 있다. 또 대홍정(戴洪正)이라는 사람이 친구를 얻을 때마다 친구를 얻은 기쁨과 신의를 생각하면서 장부에 기록하고 향을 피워 조상에게 고했는데, 그 장부 이름을 금란부(金蘭簿)라고 했다는 고사가 나온다.

이처럼 친구에 대한 고사성어가 많은데, 그것은 친구를 사귀는 일이 인생에 있어서 얼마나 귀중한 일인지를 대변해 주는 것이다.

출전: 「주역(周易)」, 「세설신어(世說新語)」

錦上添花
금상첨화

비단 위에 꽃을 더한다는 뜻으로 좋은 일에 좋은 일을 더한다는 말이다.

錦 비단 **금** | 上 위 **상** | 添 더할 **첨** | 花 꽃 **화**

왕안석(王安石)은 송나라의 대표적인 시인이자 정치가이다. 송나라 때의 대표적인 시인으로 알려진 그는 정치에서도 뛰어난 업적을 남긴 귀재로 알려져 있다. 북송(北宋) 중기에 군사비 팽창에 따른 경제적 파탄을 구하려고 획기적인 신법(新法), 소위 '왕안석 신법'을 실시한 인물이기도 하다.

「즉사」는 그가 만년에 정계를 떠나 남경의 한적한 곳에 은거하면서 지은 시로 알려져 있는데, 세상이 돌아가는 물정에 대해서 노래하고 있다.

> 강물은 남원(南苑)으로 흘러 언덕 서쪽으로 기우는데
> 바람엔 수정 같은 빛이 있고, 이슬에는 꽃다움이 있네.
> 문 앞의 버드나무는 옛날 도령(陶令)의 집이요,
> 우물가의 오동나무는 전날 총지(總持)의 집일세.
> 좋은 초대에 불려가 술잔을 거듭 비우는데
> 아름다운 노래는 '비단 위에 꽃을 더한 듯'하다.
> 문득 무릉도원(武陵桃源)의 술과 안주를 즐기는 손님이 되니
> 내 가깝고 먼 곳에는 붉은 노을이 아직 많지 않네.

붉은 노을은 시간이 많이 흘렀음을 나타내고, 비단은 잔치가 벌어지고 있는 자리와 그 주변의 풍경을 말하고 있는 것이다.

출전: 왕안석(王安石)의 시(詩) 「즉사(卽事)」

琴瑟相和
금슬상화

거문고와 비파를 타면 음률이 잘 조화되는 것과 같이 부부 사이가 매우 화목한 것을 가리키는 말이다.

琴 거문고 **금** | 瑟 비파 **슬** | 相 서로 **상** | 和 화합할 **화**

'금(琴)'은 악기의 하나로, 우리나라의 거문고와 비슷한 악기이다. 또 '슬(瑟)'은 비파를 말한다. 즉 '금슬상화'란 거문고와 비파를 연주할 때 서로 잘 어울려 분위기가 즐거워지는 것을 부부의 정에 비유한 말이다.

「시경」의 「소아」에 '상체(常棣, 환하니 빛 넘치는)'라는 제목의 시가 있는데, 그 한 구절에 이 말이 나온다.

> 처자의 의좋은 화합이
> 마치 금슬을 뜯는 것 같아도
> 형제들이 모두 모여야
> 화락이 더욱 오래 가리라.
> (妻子好合 如鼓琴瑟 兄弟旣翕 和樂且湛)

이 시는 주나라 무왕의 아우인 주공단(周公旦)이 그 형제들이 나라를 배반함으로써 죽음을 당한 일을 슬퍼하여 지은 노래라는 말도 있고, 또 주나라 여왕(勵王) 때 종족이 서로 화합하지 못하자 소목공(召穆公)이 모두를 모아놓고 그 자리에서 부른 노래라는 설도 있다.

또 「시경」의 「주남」편 '관저'에도 다음과 같은 구절이 나온다.

> 올망졸망 마름풀을
> 이리저리 헤치며 따노라니
> 요조숙녀를 금슬처럼 벗하고 싶구나.

출전: 「시경(詩經)」의 「소아」

錦衣夜行
금의야행

'비단옷을 입고 밤길을 걷는다.' 즉 '아무 보람이 없는 행동'. 여기서 '입신출세해서 고향으로 돌아간다'는 '금의환향(錦衣還鄉)'이 나왔다.

錦 비단 **금** | 衣 옷 **의** | 夜 밤 **야** | 行 다닐 **행** | 還 돌아올 **환** | 鄉 시골 **향**

홍문연 잔치에서 유방을 죽이려다 실패한 항우는 유방의 뒤를 이어 진나라 수도 함양으로 입성한다. 항우는 유방이 살려 두었던 진왕의 아들 자영을 죽이고, 궁궐 아방궁까지 불 지르고, 황제의 무덤까지 파헤쳤으며, 창고의 재물과 금은보화를 약탈한다. 승리에 도취한 항우가 금은보화와 함께 많은 미녀들을 약탈하여 고향으로 돌아가려고 하자 한생(韓生)이 말했다.

"함양 일대는 제세가 견고할 뿐만 아니라, 땅도 비옥합니다. 이곳을 도읍으로 삼아 천하의 패권을 잡아야 합니다."

그러나 항우는 폐허가 된 함양이 싫을 뿐만 아니라, 빨리 고향으로 돌아가 자기 성공을 자랑하고 싶은 마음뿐이었다. 그는 고향 하늘을 바라보면서 중얼거렸다.

"부귀를 이루고도 돌아가지 않는다면 '비단옷을 입고 밤길을 걷는 것'과 무엇이 다른가?"

한생은 항우 앞을 물러나 사람들에게 말했다.

"초나라 사람은 원숭이만큼도 지혜롭지 못하다더니 그 말이 사실이구나."

이 말을 들은 항우는 화가 나서 환생을 죽이고 말았다.

여기서 '비단옷을 입고 고향으로 돌아간다.(錦衣還鄉)', '비단을 입고 낮에 돌아간다', 즉 '입신출세하여 고향으로 돌아간다.'는 말이 나왔다.

출전: 「한서(漢書)」의 「항적전」

起死回生
기사회생

죽음에 임박한 환자가 다시 살아난다는 뜻으로 위급한 상황에서 극적으로 다시 호전될 때 사용한다.

起 일어날 기 | 死 죽을 사 | 回 돌·돌아올 회 | 生 날 생

춘추시대 후기인 노(魯)나라 애공(哀公) 원년의 일이다. 월(越)나라 왕 구천(句踐)이 오(吳)나라의 왕 합려(闔閭)와 싸워 이긴 지 3년이 지나 합려의 아들 부차(夫差)는 월(越)나라 왕을 이겨 죽은 아버지 합려(闔閭)의 원수를 갚는다. 그리고 이때 월나라의 대부인 종(種)이 월왕 구천에게 오왕 부차와 화해할 것을 종용하여 오나라의 신하가 되기로 한다.

한편 오왕 부차는 승자의 도량으로 구천을 이렇게 말하면서 용서한다.

"군왕의 월국에서는 죽은 사람을 일으켜(起死人) 백골에 살을 입히는 모양이다."

즉 부차는 월국에 대해 죽은 사람을 다시 살려 백골에 살을 입히는 것 같은 은혜를 베풀어 준 것이라는 뜻이라는 뜻이다.

그런가 하면 「여씨춘추(呂氏春秋)」에도 다음과 같은 이야기가 있다.

노나라 사람들 중에 공손작(公孫綽)이라는 사람이 있었는데, 나는 '죽은 사람을 살려낼 수 있다.'라고 말하곤 했다. 사람들이 그 이유를 묻자 그는 이렇게 말했다.

"나는 반신불수를 고칠 수 있다. 반신불수를 고치는 약을 갑절로 사용하면 온전한 한 사람을 살릴 수 있으니, 죽은 사람을 다시 살릴 수 있다.(起死回生)"

출전: 사마천의 「사기(史記)」

杞憂
기우

쓸데없는 걱정을 하거나 미리 앞일을 염려하여 부질없이 고생하는 것을 말한다.

杞 나무이름·나라 기 | 憂 근심할 우

중국 고대 주 왕조(周王朝) 시대에 기(杞)라는 작은 나라가 있었다. 이 나라에는 쓸데없이 걱정을 사서 하는 사람이 있었다. 그는 만약 하늘이 무너지고, 땅이 꺼지면 몸을 의지할 곳이 없는 것을 걱정한 나머지, 밤이면 잠도 제대로 이루지 못하고, 음식도 제대로 먹지 못했다.

어느 날 그를 걱정한 친구가 찾아와 말했다.

"하늘은 공기가 쌓여 이루어진 것이니 어디에도 공기는 있네. 우리가 몸을 움직이고 숨을 쉬는 것도 모두 공기 속에서 이루어지고 있는데, 어찌 하늘이 무너지겠는가? 또 땅이란 흙이 쌓여 이루어진 것인데, 사방이 땅으로 꽉 메워져 있어서 흙이 없는 곳이란 없네. 사람이 뛰거나 달려도 아무 탈이 없는데, 어떻게 땅이 무너지겠는가? 그러니 이제 쓸데없는 걱정은 그만두게."

그 사람은 그제야 안심이 된다는 듯 크게 기뻐했다.

열자는 이 말을 듣고 웃으면서 말했다.

"천지가 무너지지 않는다고 말하는 것도 역시 잘못이다. 무너지는지, 아닌지는 우리가 모른다. 그러나 무너진다고 하는 자에게도 하나의 도리가, 무너지지 않는다고 하는 자에게도 하나의 도리가 있다. 그러므로 삶(生)은 죽음(死)을 모르고, 죽음은 삶을 모른다. 천지가 무너지지 않는지, 어떤지를 우리가 어떻게 마음에 넣어 고려하겠는가?"

여기서 '기(杞)나라의 우(憂)', 즉 '기우'가 나왔다.

출전: 「열자(列子)」의 「천서(天瑞)편」

騎虎之勢
기호지세

호랑이를 타고 달리는 기세라는 뜻으로 일단 시작하면 그만둘 수 없는 형세를 말한다.

騎 말탈 **기** | 虎 호랑이 **호** | 之 갈·이를 **지** | 勢 기세 **세**

중국 북조의 최후의 왕조인 북주(北周)의 선제(宣帝)가 죽자 당시 제상의 자리에 있던 한나라 사람 양견이 권력을 장악했다.

양견은 언제나 자기 나라가 다른 민족에게 지배받고 있는 것을 원통하게 생각하고 기회만 있으면 다시 한나라 사람이 다스리는 나라를 세워야 한다고 생각했는데 그러던 중 선제가 죽은 것이다. 그는 우선 선제의 아들인 양제를 왕위에 올렸다. 그러나 양제는 나이도 어린데다가 그다지 영리하지도 않았다. 그는 많은 대신들을 포섭하여 마침내 수나라를 세우고, 스스로 왕위에 올랐다. 그가 바로 고조 문제(文帝)이다.

문제의 비인 독고황후는 전부터 남편의 대망을 알고 있었으므로 선제가 죽고 마침내 북주의 천하를 빼앗기 위해 궁리하고 있을 때 남편에게 용기를 북돋기 위해 이런 말을 했다.

"대세는 이미 정해져 있습니다. '호랑이를 타고 달리는 기세'이니 절대로 도중에 내릴 수는 없습니다. 만약 내렸다가는 호랑이의 밥이 되고 맙니다. 호랑이와 함께 최후까지 가지 않으면 안 됩니다. 이미 대사를 일으키고자 착수한 이상 도중에 꺾여서는 안 됩니다. 반드시 목적을 달성하시도록 끝까지 힘을 내십시오."

북주를 무너뜨리고 새로이 나라를 세우고자 하는 터에 도중에 포기하거나 단념했다가는 도리어 목숨을 잃을지도 모른다고 경고한 것이다.

출전: 「수서(隋書)」의 「독고황후전」

奇貨可居
기화가거

아주 귀한 물건이니 사두었다가 훗날 이익을 얻도록 해야 한다는 뜻으로, 좋은 기회를 놓치지 말라는 말이다.

奇 기이할 기 | 貨 재화 화 | 可 옳을 가 | 居 있을 거

전국시대 말엽, 조(趙)나라 도읍인 한단으로 장사하러 갔던 한(韓)나라 사람 여불위(呂不韋)는 우연한 기회에 진(秦)나라 태자 안국군(安國君)의 서자인 자초(子楚)가 조나라에 인질로 잡혀와 있음을 알게 되었다.

당시 진나라가 조나라를 자주 침범했기 때문에 자초는 그곳에서 큰 박해를 받고 있었다. 여불위는 이 기회를 잘 잡아야 한다고 생각했다. 자초라는 귀한 보물을 잡아두면 훗날 큰 이득을 보게 될 것이라고 판단했던 것이다.

여불위는 곧 자초의 거처로 찾아가서 그의 처지를 위로하고, 후원자가 되어 주겠다고 약속했다. 그 뒤 여불위는 많은 돈을 들여 마침내 서자인 자초를 진나라 태자로 앉히는데 성공했다. 그리고 자기의 애첩으로 뱃속에 자기 아기를 가진 조희(趙姬)를 순진한 자초에게 시집보냈다. 훗날 자기 아들을 왕으로 등극시키고 싶은 야망이 있었던 것이다. 그리고 훗날 태어난 여불위의 아들이 성장하여 태자가 되었다. 그의 이름은 정(政)으로 나중에 진나라의 시황제(始皇帝)가 된다.

태자 정이 왕위에 오르자, 여불위는 상국이 되어 왕으로부터 중부(仲父)라고 일컬어지며 대접을 받았다. 그 뒤 왕이 직접 정치를 맡아서 할 때까지 여불위는 진나라의 모든 권력을 한 손에 쥐고 영화를 누렸으니, 결국 그는 자기에게 주어진 기회를 놓치지 않고 잘 활용함으로써 큰 뜻을 이룬 인물로 역사에 이름을 올렸다.

출전: 「사기(史記)」의 「여불위열전」

洛陽紙貴
낙양지귀

낙양의 종이 값이 오른다는 뜻으로, 저서가 호평을 받아 베스트셀러가 될 때를 말한다.

洛 강이름 **낙** | 陽 볕 **양** | 紙 종이 **지** | 貴 귀할 **귀**

진(晉)나라의 시인 좌사(左思)는 당대에 글로 이름을 떨친 인물이었으나 생김새가 추한데다가 말까지 어눌하여 젊어서는 그 재능이 잘 드러나지 않았다.

어느 날, 그의 아버지가 친구들에게 말했다.

"이놈은 내 젊은 시절에 비하면 아직 멀었어."

그 말을 듣고 좌사는 그때부터 사람들과의 접촉을 끊고 집안에 틀어박혀 학문에 열중하고, 창작활동에 들어갔다. 그는 옛 제나라의 번영을 노래한 「제도부(齊都賦)」를 지어 이름이 알려지자, 이어서 삼국시대의 수도, 즉 촉한의 수도, 오나라의 건업(建業), 위나라의 업(鄴)의 풍물을 시로 읊으려고 결심했다. 그래서 당시 수도인 낙양(洛陽)으로 이사한 뒤 약 10년 동안 온갖 노력을 기울인 끝에 마침내 「삼도부(三都賦)」를 완성했다.

그러나 처음 이 작품이 탄생했을 때 누구 하나 알아주는 사람이 없었다. 그러다가 당시 박학하기로 소문난 명사 황보밀(皇甫謐)이 서문(序文)을 써 주고, 사공(司空)으로 있던 장화(張華)가 격찬을 하자, 단번에 장안의 화제가 되었다. 이렇게 되자, 권문세가의 자제들이 앞 다투어 「삼도부」를 베끼기 시작했는데, 그 바람에 갑자기 종이의 수요가 많아져 낙양의 종이 값이 마구 뛰기 시작했다.

이 이야기에서 비롯되어 어떤 작품이 대단한 화제를 일으켜 판매량이 늘어나면 '낙양의 지가를 올렸다.'고 표현하게 되었다.

출전: 「진서(晉書)」의 「문원전」

難兄難弟
난형난제

누구를 형이라 하고, 누구를 동생이라 하기가 어렵다는 뜻으로 사물의 낫고 못함을 분간하기 어려울 때 사용한다.

難 어려울 난 | 兄 맏 형 | 弟 아우 제

후한 말, 양상군자(梁上君子)의 고사로 유명한 진식(陳寔 104년)은 태구(太丘)라는 지방의 현령으로 형편없는 녹봉을 받으면서 살고 있었다. 그러나 기(紀)와 심(諶)이라는 뛰어난 두 아들을 갖고 있었다. 그래서 사람들은 이들 3부자를 '삼군자(三君子)'로 불렀다.

세월이 흘러 진식의 두 아들은 결혼을 해서 기는 군(群)을 낳았고, 심은 충(忠)이라는 아들을 낳았는데, 그들 역시 자기 아버지들 못지않게 총명했다.

군과 충이 어렸을 때의 일이다.

어느 날 군과 충이 자기 아버지의 공적과 덕행을 자랑하여 서로 자기 아버지가 더 뛰어나다고 입씨름을 벌였다. 아무래도 결론이 나지 않자, 그들은 할아버지에게 판정을 내려달라고 부탁했다. 그러자 할아버지인 진식은 다음과 같이 판정을 내렸다.

"기도 형 되기가 어렵고, 심도 아우 되기가 어려우니라."

즉 형도 심처럼 훌륭한 아우 되기가 어렵고, 아우도 형인 기처럼 훌륭한 형이 되기 어렵다는 뜻으로 누가 더 훌륭하고 누가 더 못한지를 가릴 수 없다는 뜻이다.

출전: 「세설신어(世說新語)」의 「방정(方正)」

南柯一夢
남가일몽

남쪽으로 뻗은 나뭇가지 밑에서 잠깐 동안 꾼 꿈이라는 뜻으로, 한때의 부귀와 권세는 꿈처럼 부질없고 덧없다는 말이다.

南 남녘 **남** | 柯 자루 **가** | 一 한 **일** | 夢 꿈 **몽**

당나라 9대 덕종(德宗) 때의 일이다. 광릉군에 순우분(淳于棼)이라는 사람이 살았다. 그는 협객으로 술을 좋아하고, 사소한 일에 신경을 쓰지 않는 성격 탓에 장군과 충돌한 끝에 낙향하게 되었다.

순우분의 집에는 큰 느티나무가 있었는데, 어느 날 친구들과 술을 마시다 취해 나무 그늘 아래에서 잠이 들었다. 그때 관복을 입은 두 남자가 나타나서 공손히 말했다.

"괴안국(槐安國) 대왕께서 나리를 부르십니다."

순우분이 깜짝 놀라 그 자리에서 일어나자 그들은 앞장서서 느티나무 구멍 속으로 들어갔다. 그 뒤를 따라가니 국왕이 성문 앞에서 반가이 맞아주었다. 순우분은 국왕의 사위가 되어 부귀영화를 누리다가 남가군의 태수가 되어 태평성대를 이루어 드디어 재상까지 이르게 되었다. 그런데 이때 단라국(檀羅國)이 쳐들어와 참패하고, 아내마저 병으로 세상을 떠났다. 낙담하고 있는 순우분을 본 대왕이 고향을 떠나온 지도 오래 되었으니 한번 다녀오라고 했다. 그가 고향에 돌아와 눈물을 흘리고 있을 때 누군가 순우분의 이름을 불렀다. 깜짝 놀라 깨어보니 함께 술을 먹고 있던 친구였다.

꿈치고는 너무나 생생하여 순우분은 느티나무 구멍 속으로 들어가 보았다. 구멍 안은 매우 넓었으며, 큰 개미 두 마리가 수많은 개미떼를 거느리고 있었다. 또 다른 구멍으로 들어가보니 남쪽으로 뻗은 가지와 연결된 부분에 역시 수많은 개미떼가 모여 있었다. 그러니까 큰 개미 두 마리가 괴안국 왕 부부이고, 한 구멍이 순우분이 다스리던 남가군이었던 것이다.

출전: 이공좌(李公佐)가 지은 「남가기(南柯記)」

男兒一言重千金
남아일언중천금

남자의 한마디는 천금보다도 더 귀하다는 뜻이다.

男 사내 **남** | 兒 아이 **아** | 一 한 **일** | 言 말씀 **언** | 重 무거울 **중** | 千 일천 **천** | 金 쇠 **금**

춘추시대 때 진(晋)나라의 헌공(獻公)이 죽기 전 대부 순식(旬息)에게 어린 태자 해제(奚齊)를 잘 지켜 주기를 부탁했다.

"해제는 아직 어려 중신들이 잘 따르지 않을 것이다. 반란이 일어날 우려가 있다. 그대가 잘 지켜 주겠는가?"

순식은 "남자는 일구이언(一口二言)을 하지 않는다."고 말하고 그 부탁을 받아들였다. 그 뒤 헌공이 죽고, 순식은 그의 유언대로 재상이 되어 혜제를 임금으로 받들었다. 혜제는 본래 만족인 여희(驪姬)의 소생이었다. 이를 못마땅히 여긴 대부 이극(里克)은 덕망이 높은 공자 중이(重耳, 나중에 文公)를 임금으로 세우려고 반란을 일으켰다. 그는 순식에게 중이를 지지해 줄 것을 부탁했다.

중이는 헌공의 둘째 아들로 백성의 신망이 두터워서 누구나 그가 임금이 되기를 바랐으며, 순식도 또한 나라의 안정을 위해서는 그가 임금이 되는 것이 옳다는 것을 알고 있었다. 하지만 그는 헌공과의 언약을 어길 수 없어서 이극의 제안을 거절하는데 이때 나온 말이 '남아일언중천금'이다.

마침내 이극 일당은 궁중으로 쳐들어가서 혜제를 죽이고, 이때 순식도 함께 죽음을 당한다. 쿠데타에 성공한 이극이 중이를 임금으로 추대하니 그가 문공(文公)이다.

출전: 사마천의 「사기(史記)」

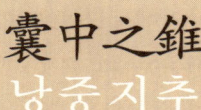

주머니 속에 있는 송곳이라는 뜻으로, 곧 재능이 뛰어난 사람은 숨어 있어도 남의 눈에 띈다는 말이다.

囊 주머니 **낭** | 中 가운데 **중** | 之 갈 **지** | 錐 송곳 **추**

전국시대 말엽, 진(晋)나라의 공격을 받게 된 조(趙)나라 혜문왕은 동생이자 재상인 평원군을 초(楚)나라에 보내 구원군을 청하기로 한다.

평원군은 문무를 갖춘 스무 명의 수행원이 필요하여 자신의 식객 3천 명 중에서 19명을 뽑았는데, 한 사람이 부족했다. 그때 한 사내가 평원군 앞에 나서며 말했다.

"저는 모수(毛遂)라고 합니다. 댁에 머문 지 3년이나 되었는데, 이번에 그 은혜를 갚을 기회를 주십시오."

그러자 이 말을 들은 평원군이 그를 못마땅하게 여기며 이렇게 물었다.

"원래 유능한 사람은 숨어 있어도 '주머니 속에 들어 있는 송곳'처럼 끝이 밖으로 나와 남의 눈에 띄는 법이오. 그런데 3년이 지나도록 한 번도 자네는 이름을 드러낸 적이 없지 않은가? 그러니 자네는 이 큰일을 수행할 만한 능력이 없으니 단념하라."

"나리, 그것은 지금까지 제가 주머니 속에 넣어 주기를 청하지 않았기 때문입니다. 하지만 이번에 나리의 주머니 속에 넣어 주신다면 송곳의 끝뿐만이 아니라, 자루까지 보여 드리겠습니다."

평원군은 그 말을 듣고서야 구원군에 그를 합류시켰다. 그 뒤 모수는 뛰어난 외교솜씨를 발휘하여 초나라로부터 구원군을 보내주겠다는 약속을 쉽게 받아냈을 뿐만 아니라, 국빈으로 융성한 대접까지 받기도 했다.

출전: 「사기(史記)」의 「평원군열전」

內憂外患
내우외환

밖의 재난이 없으면 반드시 안에서 근심이 일어난다는 뜻이었지만, 안팎으로 곤란을 겪는 경우에도 쓰인다.

內 안 **내** | **憂** 근심할 **우** | **外** 밖 **외** | **患** 근심 **환**

춘추전국시대 중엽의 일로 세력이 막강한 초나라와 진나라가 극도로 대립하게 되었다. 진나라의 여공(厲公)이 송나라와 동맹을 맺자 감히 초나라가 도발을 할 수 없어 한동안 평화가 유지되었으나 초나라의 공왕(共王)이 정나라와 위나라를 침략했기 때문에 평화가 깨어졌고, 다음 해에 진나라와 초나라의 군대가 언릉에서 대치하게 되었다.

한편 당시 진나라는 극씨, 낙씨, 범씨 등의 대부들이 큰 세력을 얻어 나라를 좌지우지하고 있었다. 진나라와 초나라의 군대가 충돌하게 되자 낙씨는 초나라와 싸워야 한다고 주장하고, 범씨는 싸움을 반대했다. 당시 진나라는 제후로 있는 사람들이 반란을 일으키면 토벌해야 했고, 다른 나라의 공격을 받으면 그것을 막아야 했기 때문에 매우 혼란스러운 상황이었다. 그러자 범문자(范文子)는 이런 상태를 온갖 어려움의 근본이라고 지적하면서 다음과 같이 말했다.

"성인이라고 하면 안으로부터의 근심과 밖으로부터의 재난도 갖지 않고 견디지만(唯聖人耳, 能無外患, 又無內患), 우리는 밖으로부터의 재난이 없으면 반드시 안으로부터 일어나는 근심이 있다. 초나라와 정나라는 잠시 그대로 두어, 밖에서 비롯되는 근심을 그냥 놓아두는 것이 좋지 않겠는가?"

출전: 사마천의 「사기(史記)」

老馬之智
노마지지

늙은 말의 지혜라는 뜻으로, 아무리 하찮은 것일지라도 나름대로 장점이 있다는 말이다.

老 늙을 노 | 馬 말 마 | 之 갈 지 | 智 슬기 지

춘추시대, 제나라 환공 때의 일이다. 어느 봄 날, 환공은 명재상 관중과 대부 습붕을 데리고 고죽국을 정벌하러 나섰다. 그런데 전쟁이 길어지는 바람에 봄에 시작한 전쟁이 그해 겨울에야 끝이 났다. 하지만 혹한 추위에 지름길을 찾아 귀국하려다가 산중에서 길을 잃고 말았다. 진퇴양난에 빠져 추위에 모든 군사들이 떨고 있을 때 관중이 나서서 환공에게 말했다.

"이럴 때는 '늙은 말의 지혜'가 필요합니다."

그리고는 즉시 늙은 말 한 마리를 풀어놓았다. 그리고 군사들에게 그 말을 좇아가도록 지시했다. 그 말을 좇아가자 얼마 지나지 않아 큰길이 나타났다.

또 한 번은 산길을 행군하다가 식수가 떨어져 군사들이 갈증에 시달리게 되었다. 이번에는 습붕이 나서서 말했다.

"개미란 원래 여름에는 북쪽 음지에다 집을 짓고, 겨울에는 남쪽 양지에 집을 짓습니다. 개미집에 한 치 쯤 되는 흙이 쌓여 있으면 그 땅 속에는 일곱 자쯤 되는 곳에 물이 있는 법입니다."

이 말을 들은 군사들이 개미집을 찾아 그곳을 파 내려가자 정말로 습붕의 말대로 샘물이 솟았다. 환공은 관중과 습붕을 데리고 정벌하러 온 것을 크게 기뻐하며 즐거운 마음으로 귀국할 수 있었다.

출전: 「한비자(韓非子)」의 「설림편」

綠林
녹림

푸른 숲이란 뜻으로, 본래는 형주(荊州)에 있는 산 이름이었으나 변하여 도둑의 소굴을 가리킨다.

綠 초록빛 녹 | 林 수풀 림

왕망(王莽)은 원래 한나라 왕실의 외척이었으나, 한나라를 멸망시키고 신(新)나라를 세웠다. 왕위에 오른 왕망은 모든 제도를 고치고, 새로운 정책을 실시했다. 그러나 왕망에게는 그만한 능력도 없는데다가 너무나 갑작스런 개혁으로 농민들이 반발하여 곳곳에서 폭동이 일어나는 바람에 하루도 잠잠할 날이 없었다. 엎친 데 덮친 격으로 수년 동안 가뭄이 계속되자, 농민들은 먹을 것을 얻기 위해 산으로 들로 헤매 다녔다. 간신히 풀뿌리를 캐서 목숨을 연명하는 것이 고작이었는데, 그것마저 흔하지 않아 서로 차지하려고 싸움을 벌였다.

이러한 혼란스러운 싸움을 진정시키고, 농민들의 신망을 얻은 이가 있었으니 바로 왕광(王匡)과 왕봉(王鳳)이었다. 왕광과 왕봉은 마무, 왕상, 성단 등의 지원을 받아 지주의 창고를 털고, 관원들을 죽였다. 차츰 세력이 커지자 그들은 녹림산(綠林山)에 소굴을 만든 다음, 스스로를 '녹림지병(綠林之兵)', 즉 녹림의 군대라고 불렀다. 녹림병의 세력은 날이 갈수록 확장되어, 한때 그 병력이 5만 명을 넘어서기도 했다.

이윽고 훗날 후한의 광무제(光武帝)가 된 유수(劉秀), 유현(劉玄) 등이 군대를 일으키자, 왕광 등은 그들과 힘을 합해 마침내 왕망을 타도하기에 이른다. 그리고 여기서 도둑떼를 가리키는 말로 '녹림'이라는 말이 유래했다.

출전: 「후한서(後漢書)」의 「유현전」

累卵之危
누란지위

계란을 쌓아놓은 것처럼 위태로운 모양이란 뜻으로, 아슬아슬하고 위험한 상태를 가리킨다.

累 묶을 누 | 卵 알 란 | 之 갈 지 | 危 위태할 위

　전국시대 때, 위나라의 한 가난한 집의 아들로 태어난 범저는 제나라에 사신으로 가는 수고(須賈)를 따라 가는 사람으로 수행하게 되었다. 범저는 본래 야망이 크고 말솜씨가 대단한 인물이었지만, 가난한 집 출신이라 알아주는 사람이 없어 자신의 뜻을 펼칠 기회가 없었다. 그러다가 수고를 수행하게 된 것이다.

　그런데 제나라에 도착하자 어찌된 일인지 범저의 인기가 수고보다 더 좋았다. 이에 기분이 몹시 상한 수고는 귀국하자마자 재상에게 "범저가 제나라와 내통하고 있습니다."고 모함했다. 범저는 모진 고문을 당하고 옥에 갇히게 되었다. 그는 이대로 있다가는 자신의 목숨이 위태롭다고 생각하여 옥졸을 설득하여 탈옥했다. 그리고 난 뒤, 범저는 정안평의 집에서 은거하며 이름을 장록(張祿)이라고 바꾸고, 망명할 기회만 노리고 있다가 마침내 진나라의 사신인 왕계의 도움을 받아 진나라로 들어가게 되었다.

　진나라로 범저를 데리고 온 왕계가 소양왕에게 소개했다.

　"전하, 장록은 위나라의 유명한 외교가입니다. 그는 진나라의 정치를 평하기를 '알을 쌓아 놓은 것처럼 위태로운 지경'에 처해 있지만, 자신을 기용하면 평안을 누릴 수 있다고 하니 장록을 채용하심이 좋을 듯합니다."

　이 말을 들은 소양왕은 자신의 나라를 좋지 않게 평가하는 장록을 내치고 싶었지만, 아량을 베풀어 그를 기용했다. 그리고 그 뒤 범저는 뛰어난 외교솜씨로 진나라를 위험으로부터 구했다.

출전: 「사기(史記)」, 「범저채택열전」

能書不擇筆
능서불택필

글씨를 잘 쓰는 사람은 붓을 가리지 않는다는 말로, 재주와 능력이 뛰어난 사람은 도구의 성능에 구애받지 않고 일을 잘 처리한다는 뜻이다.

能 능할 **능** | 書 글 **서** | 不 아닐 **불** | 擇 가릴 **택** | 筆 붓 **필**

중국의 남북문화를 융합하고, 이민족의 문화까지 흡수하여 찬란한 문화를 꽃피운 당나라에는 구양순(歐陽詢), 우세남(虞世南), 저수남(褚遂南) 같은 서도(書道)의 대가들이 있었다. 그중에서도 구양순의 필체는 솔경체(率更體)라 해서 그 힘찬 기세가 천하 명필로 알려진 스승 왕희지(王羲之)보다 뛰어났다고 전해진다. 구양순은 글씨를 쓸 때 붓이나 종이를 가리는 법이 없었다. 그에 비해 세 사람 중에서 가장 나이가 어린 저수량은 붓이나 먹에 대해 상당히 까다로움을 보였다고 한다.

어느 날, 저수량이 우세남에게 물었다.

"내 글씨와 구양순의 글씨를 비교하면 어느 쪽이 더 낫다고 생각하는가?"

"내 생각에는 구양순이 한 수 위인 것 같네. 왜냐하면 그는 어떤 종이에, 어떤 붓을 가지고 쓰든 마음먹은 대로 쓸 수 있다고 하네. 그러니 자네처럼 붓과 종이를 가리는 사람은 아무래도 그만 못하지 않겠는가?"

저수량은 아무런 대꾸도 하지 못했다.

출전: 「당서(唐書)」의 「구양순전」

多岐亡羊
다기망양

달아난 양을 찾는데 길이 여러 갈래로 나뉘어져 놓쳤다는 뜻으로, 학문의 길이 여러 갈래여서 진리를 얻기 힘든 경우를 말한다.

多 많을 **다** | **岐** 갈림길 **기** | **亡** 망할·달아날 **망** | **羊** 양 **양**

양자(揚子)는 전국시대 도가(道家) 계열의 학자이다.

어느 날, 양자의 이웃집 양 한 마리가 사라졌다. 이에 그 집 식구들은 물론 양자네 집 하인들까지 총출동하여 잃어버린 양을 찾으러 나섰으나 찾지 못하고 돌아왔다. 한참 만에 돌아온 하인들에게 양자가 물었다.

"양을 찾았나?"

"못 찾았습니다. 갈림길이 많은데다가 갈림길 속에 또 갈림길이 있어서 양이 어느 길로 달아났는지 통 알 수가 없었습니다. 찾을 길이 막연하여 그냥 돌아오고 말았습니다."

하인들의 대답에 양자는 갑자기 우울한 표정을 지었다. 그리고 하루종일 아무 말도 않고, 웃지도 않았다. 자기 양도 아니고, 더구나 겨우 한 마리 양을 잃은 것을 가지고 왜 양자가 말이 없는지 제자들이 영문을 알 수 없어 그 까닭을 물었다. 그러나 양자는 역시 아무 말도 하지 않았다.

훗날, 한 제자가 그 일에 대해 묻자, 양자는 다음과 같이 말했다.

"큰 길은 갈림길이 많기 때문에 양을 놓쳐 버리고, 학문하는 사람은 방법이 많기 때문에 본성을 잃는다.(大道以多岐亡羊 學者以多方喪生) 목표를 잃고 무수한 학설들에 빠져 헤맨다면 아무리 노력한다고 해도 무의미한 것이 아니겠느냐."

출전: 「열자(列子)」의 「설부편」

多多益善
다다익선

많으면 많을수록 좋다는 뜻이다.

多 많을 다 | **益** 더할 익 | **善** 착할·좋을 선

한나라의 고조 유방이 천하를 통일하는 데는 누가 뭐래도 한신(韓信)의 공이 컸다. 그러나 막상 천하를 통일하고 나자, 항우와 싸웠던 맹장들은 한신이 언젠가는 한나라에 위험한 존재가 될 것이라고 걱정하기 시작했다. 유방은 한신을 못마땅하게 여겨 대장군 벼슬을 빼앗고 초왕에 봉했다가, 나중에는 항우의 장수였던 종리매를 숨겼다는 구실로 낙양으로 압송하여 그 자리도 빼앗고, 회음후(淮陰侯)로 좌천시켰다.

어느 날 고조는 한신과 함께 여러 장수들의 실력에 대해 의견을 나누던 중 슬며시 물었다.

"그대는 내가 얼마 정도의 군사를 거느릴 수 있는 지도자라고 보는가?"

그러자 한신이 대답했다.

"폐하께서는 십만 명 정도의 군사이면 충분할 듯합니다."

"그렇다면 그대는 어떤가?"

"신은 '많으면 많을수록 좋다'고 생각합니다."

그러자 고조가 어이없다는 듯이 다시 물었다.

"많으면 많을수록 좋다는 그대는 어째서 나에게 붙잡혀 있는가?"

"폐하께서는 군사를 거느리는 데는 능숙하지 못해도 장수를 거느리는 데는 뛰어난 재능을 갖고 계십니다. 이것이 바로 제가 폐하에게 사로잡혀 있는 이유입니다. 그리고 폐하의 힘은 소위 하늘이 주신 것으로 사람의 힘으로는 어쩔 수가 없습니다."

출전: 사마천의 「사기(史記)」, 「회음후열전(淮陰侯列傳)」

斷腸
단장

창자가 끊어진다는 뜻으로, 주로 참을 수 없는 슬픔에 사용한다.

斷 끊을 단 | 腸 창자 장

진나라의 환온(桓溫)이 촉나라를 치기 위해 여러 척의 배에 군사를 나누어 싣고 양자강 중류에 있는 삼협(三峽)이란 곳을 지날 때의 일이다. 환온을 따르던 사람이 새끼 원숭이를 한 마리를 잡아 가지고 배에 올랐다. 그러자 새끼를 잃은 어미 원숭이가 끽끽 소리를 지르면서 배가 나아가는 방향을 따라 강의 언덕길을 뛰기 시작했다.

배는 그렇게 100여 리를 나아갔는데, 금방 포기할 줄 알았던 어미 원숭이가 계속 따라왔다. 이윽고 배가 강기슭에 닿자 기진맥진한 어미 원숭이가 마지막 힘을 다해 배 안으로 뛰어들더니 그만 숨을 거두고 말았다. 병사들이 그 원숭이의 배를 갈라보니 창자가 마디마디 끊어져 있었다. 새끼원숭이를 빼앗긴 슬픔 때문이었다. 이에 크게 화가 난 환온이 새끼원숭이를 붙잡은 병사를 당장 내쫓아 버렸다고 한다.

그 뒤 원숭이가 많았던 삼협과 원숭이의 슬픈 내용으로 읊은 시가 많은데, 그중에 당나라의 시인 왕창령이 지은 시 가운데 여행을 떠나는 친구의 몸을 생각하며 지은 다음과 같은 것이 있다.

슬프게 들리는구나.
원숭이의 맑은 소리 꿈속에 길다. (愁聽淸猿夢裏長)

출전: 「세설신어(世說新語)」의 「출면편(黜免篇)」

螳螂之斧
당랑지부

사마귀가 도끼를 휘두르듯 앞다리를 들고 마구 덤빈다는 뜻으로, 힘없는 사람이 제 분수도 모르고 강적에게 반항하는 것을 일컫는 말이다.

螳 사마귀 **당** | 螂 사마귀 **랑** | 之 갈 **지** | 斧 도끼 **부**

춘추시대 때의 일이다.
제(齊)나라의 장공(莊公)이 수레를 타고 사냥터를 향하고 있었다. 그런데 가는 도중에 웬 벌레가 금방 수레 밑에 깔릴 지경인데도 장공이 탄 수레바퀴를 향해 앞발을 도끼처럼 휘두르면서 덤벼들었다.
그 모습을 본 장공이 수레를 모는 마부에게 물었다.
"저 벌레는 기세가 대단한데 이름이 무엇인가?"
마부가 대답했다.
"저것은 당랑(사마귀)이라고 하는 녀석입니다. 저 녀석은 제 힘은 생각지도 않고 강적에게 함부로 덤비고, 공격할 줄은 알아도 물러설 줄은 모르지요."
이 말을 듣고 장공이 고개를 끄덕였다.
"하찮은 벌레지만 용기가 대단하구나. 만약 사람으로 태어났다면 천하를 휘어잡는 용사가 되었을지도 모르겠구나."
그렇게 말하면서 마부에게 명했다.
"저 벌레를 피해서 마차를 몰도록 하여라."
그리고 장공이 탄 수레는 그 당랑을 피해서 지나갔다.

출전: 「한시외전(韓詩外傳)」

大器晩成
대기만성

큰 그릇은 오랜 시간 많은 노력을 들여야 만들어진다는 말로 큰 인물이 되기 위해서는 많은 노력과 시간이 필요하다는 뜻이다.

大 큰 대 | 器 그릇 기 | 晩 늦을 만 | 成 이룰 성

「노자」 제41장에는 다음과 같은 구절이 나온다.

'가장 덕이 높고 지식이 높은 선비는 도를 듣게 되면 힘써서 행하고, 중급의 선비는 도를 듣게 되면 있는 것 같기도, 없는 것 같기도 하며, 가장 하급의 선비는 도를 듣게 되면 소리 내어 웃는다.'

웃지 않으면 도가 될 수 없다. 그러므로 옛사람이 이렇게 말했다.
"밝은 도는 어두운 것 같고, 나아가는 도는 물러서는 것 같으며, 평탄한 도는 험하게 보인다. 가장 높은 덕은 골짜기와 같고, 너무 흰 것은 더럽게 보이며, 변함이 없는 덕은 변하는 것 같고, 커다란 네모는 구석이 보이지 않는다. 큰 그릇은 늦게 이루어지고, 큰소리는 소리가 없으며, 큰 형상은 형상이 없다. 도도 또한 숨겨져 있기 때문에 이름이 없다. 대저 도는 힘을 만물에게 잘 빌려주어 생성을 이루게 한다."

한편, 중국 삼국시대 위나라에 최염이라는 장수가 있었다. 그는 호탕한 성격에 풍채도 좋아 사람들로부터 대접을 받았고, 왕도 그를 총애했다. 또한 그에게는 최림이라는 사촌동생이 있었는데, 그는 최염과 달리 외모도 변변치 못하고, 말솜씨도 좋지 않아 벼슬길이 열리지 않았다. 일가친척들이 그를 모두 무시했으나 최염만은 그의 인물됨을 알았다.

"큰 종이나 큰 솥은 쉽게 만들어지는 것이 아니다. 마찬가지로 큰 인물도 쉽게 만들어지는 것이 아니다. 아우는 대기만성형으로 늦게 큰 인물이 될 것이다."

최염의 말대로 그는 후에 삼공(三公)이라는 큰 벼슬을 했다.

출전: 「노자(老子)」 제41장

大同小異
대동소이

글자 뜻대로 크게는 같고, 작게는 다르다는 뜻으로 비슷비슷하다고 할 때 사용한다.

大 큰 대 | **同** 한가지 동 | **小** 작을 소 | **異** 다를 이

「장자(莊子)」의 「천하편」은 앞머리에 나오는 천하(天下)라는 두 글자를 편명으로 하고 있다. 본편은 2단으로 꾸며 전반은 장자서의 질서를 따라 고대의 순수한 무위(無爲)의 이상적 시대로부터 설명하고 있다.

학술로 분파하여 당시 혼란을 일으키고 있는 것을 제각각의 학파의 논점을 분명히 비평하고, 마지막에는 장자의 사상으로 매듭짓고 있다. 후반은 친구인 혜시(惠施)의 논리학을 소개하고 자신의 의견을 덧붙이고 있다.

이 내용은 혜시에 대한 말 속에서 나온다.

> 하늘은 땅보다 낮고,
> 산은 연못보다 편편하다.
> 해는 장차 중천에 뜨지만, 더 지나면 기울게 되고,
> 만물은 장차 태어나지만, 이윽고 죽어버리고 만다.
> 크게 보면 한 가지이다. 그러나 작게 보면 모두가 다르다.
> (大同而與小同異)
> 이것을 소동이(小同異)라고 한다.
> 크게 보면 만물은 같은 것이지만, 각각 다르니
> 이것을 대동이(大同異)라고 한다.

출전: 「장자(莊子)」의 「천하편(天下篇)」

大義滅親
대의멸친

큰 뜻을 위해서는 친족도 멸한다는 뜻으로, 국가나 사회의 대의를 위해서는 부모형제도 돌보지 않는다는 말이다.

大 큰 **대** | **義** 옳을 **의** | **滅** 멸망할 **멸** | **親** 친할 **친**

춘추시대 위(衛)나라에서는 공자 주우(州吁)가 환공을 죽이고 스스로 왕위에 올랐다. 환공과 주우는 원래 이복형제 간으로 둘 다 후궁의 자식이었다. 선왕 장공 때부터 충신으로 이름난 석작(石碏)은 일찍부터 주우가 반역의 뜻을 품고 있다는 것을 알고, 그와 절친하게 지내는 자신의 아들 후(厚)에게 주오와 절교할 것을 명했으나 듣지 않았다.

석작은 환공이 왕위에 오르자 은퇴했다. 그가 은퇴한 지 얼마 안 되어 그의 우려대로 주우가 반란을 일으켰고, 왕위에 오르게 되는 일이 현실이 되었다. 반란은 일단 성공했으나 백성들과 귀족들은 그를 따르지 않았다. 민심이 이렇게 되자 수습방안을 모색하던 후는 아버지 석작에게 해결책을 물었다. 그러자 석작이 말했다.

"무엇보다 천하의 종실인 주나라 왕실을 찾아가서 천자를 찾아뵙고, 승인을 얻는 게 좋을 것이다."

"그러면 어떻게 해야 천자를 만날 수 있을까요?"

"먼저 주왕실과 각별한 사이인 진나라 진공에게 부탁해 보거라."

그의 말대로 주우와 아들 후가 진나라로 떠나자 석작은 진공에게 밀사를 보내, "주우와 후는 임금을 죽인 반역자이니 비록 친족이지만, 나라의 큰 뜻을 위해서는 친족도 멸하는 것처럼 그들을 죽여 대의를 바로잡아 주십시오."라고 알렸다.

출전: 「좌전(左傳)」

道不拾遺
도불습유

길에 떨어진 것은 줍지 않는다는 뜻으로, 길바닥에 떨어진 남의 것을 줍지 않을 정도로 나라가 태평하게 잘 다스려졌다는 말이다.

道 길 **도** | **不** 아니 **불** | **拾** 주을 **습** | **遺** 끼칠·잃을 **유**

전국시대 진(秦)나라 효공(孝公)은 위(魏)나라 출신의 몰락한 귀족인 공손앙(公孫鞅)을 등용하여 부국강병(富國强兵)을 이루었다. 공손앙은 법치지상주의자(法治至上主義者)였다. 그는 법의 위엄을 세우기 위해 설사 태자라도 법을 어기면 가차 없이 용서하지 않는다는 의미에서 태자 대신 보육관인 공자 건(虔)을 벌하고, 태자의 사부인 공손가를 자자형(刺字刑, 몸에 글자를 수놓는 형벌)에 처하는 등 엄격한 법을 시행했다.

이렇게 예외를 두지 않고 철저하게 법을 시행한 지 10년이 지나자 길에 떨어진 것을 줍는 자가 없고, 도둑이 없어진데다가 백성들의 살림살이가 윤택해졌으며, 전쟁도 했다 하면 승리했다. 공손앙은 그 공으로 상(商) 땅을 받아 상앙(商鞅), 또는 상군(商君)이라고 불렸다.

그러나 이런 앙에게도 실각할 날이 다가오고 있었다. 공도 컸지만, 상앙의 엄격한 법치주의는 옛 제도를 그리워하는 대신들의 반발을 사서, 효공의 뒤를 이어 혜문왕이 왕위에 오르자, 그는 곧 조정에서 축출되고 말았다. 그는 위나라로 되돌아가려고 했지만, 뜻을 이루지 못하고 붙잡혀 거열형(車裂刑, 수레를 사지마다 묶어 찢어 죽이는 형벌)으로 죽음을 당했다.

출전: 「사기(史記)」의 「상군열전」

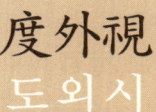

度外視
도외시

법도의 밖으로 본다는 뜻으로, 중요시 생각하지 않고, 무시하거나 문제 삼지 않을 때 사용한다.

度 법도 **도** | 外 밖 **외** | 視 볼 **시**

후한의 초대 황제인 광무제(光武帝) 유수(劉秀)가 신(新)나라의 군대를 격퇴시키고 한나라 왕실을 재건한 다음, 여기저기서 세력을 떨치고 있던 반란군을 거의 제압했을 때의 일이다.

반란군 중에서 그때까지 항복하지 않은 것은 험준한 지세를 자랑하고 있는 서쪽 변방의 외효, 그리고 촉 땅의 공손술뿐이었다. 광무제는 그들이 눈엣가시 같은 존재들이었다. 하지만 지세가 워낙 험준한데다가 오랜 전투로 군사들이 몹시 지쳐 있었기 때문에 두 곳을 치자면 장기전이 될 것이 뻔했기 때문에 쉽게 토벌 결정을 내리지 못하고 있었다.

그래도 중신들이 토벌을 고집하자, 광무제가 말했다.

"중토(中土)가 평정된 마당이니, 그들은 도외시(度外視)해도 될 것이오. 좀 더 기다리는 게 좋겠소."

광무제는 때를 기다리면서 전쟁에 지친 군사들의 사기가 오르기를 바랐다. 기다린 보람이 있어 마침내 외효가 죽고, 그의 아들 외구순이 광무제에게 항복해 왔다.

"드디어 천하평정의 기회가 왔다."

광무제는 그동안 쉬면서 힘을 사기를 진작시킨 군사들을 독려하여 촉 땅을 평정함으로써 천하통일의 대업을 완성했다.

출전: 「후한서(後漢書)」의 「광무기편」

桃園結義
도원결의

복숭아밭에서 맺은 의로운 약속이라는 뜻으로, 의기투합해서 어떤 일을 도모할 때 비유적으로 쓰인다.

桃 복숭아나무 **도** | 園 동산 **원** | 結 맺을 **결** | 義 의로울 **의**

후한이 멸망한 것은 환관들의 득세 때문이지만, 직접적인 원인이 된 것은 '황건적(黃巾賊)의 난'이다. 후한 말엽 환관들의 득세로 정치가 어지러워 백성들이 살아가기 힘들게 되자, 여기저기 머리에 누런 띠를 두른 황건적이 나타났다. 관군의 힘만으로는 도저히 그 세력을 꺾을 수가 없자, 조정에서는 각지에서 의용군을 모집하는 등 그 해결책에 고심하고 있었다.

유주 탁현에서 의용군 모집의 격문을 본 유비(劉備)는 나라 걱정 때문에 한숨을 길게 내쉬었다. 그때 유비 곁으로 다가온 건장한 사내가 있었으니 그가 장비(張飛)였다. 두 사람은 이내 서로의 뜻을 알아차렸다. 두 사람이 주막에 들어가서 술을 마시며 나라 일을 걱정하고 있는데, 범상치 않은 한 사나이가 주막 안으로 들어왔다. 그가 관우(關羽)였다.

마침내 세 사람은 의기투합하여, 나라를 위해 함께 일하기로 결심을 했다. 그리고 장비의 집 후원 드넓은 복숭아나무 아래에서 '비록 한 날 한 시에 태어나지는 못했지만, 한 날 한 시에 죽기를 다짐한다.'는 맹세를 천지신명하게 하고 의형제를 맺었다.

그 후 세 사람은 그 고장 젊은이 300명을 이끌고 황건적 토벌에 가담하는 것을 시작으로 자신들의 뜻을 펼친 끝에 드디어 삼국통일이라는 위업을 달성했다. 그로부터 어떤 큰일을 이루어내기 위해 의리로 뭉치는 것을 가리킬 때 '도원결의'라는 말을 사용하게 되었다.

출전: 「삼국지연의(三國志演義)」

道聽塗說
도청도설

길거리에 떠돌아다니는 근거 없는 뜬소문을 이르는 말이다.

道 길 도 | 聽 들을 청 | 塗 진흙 도 | 說 말씀 설

「논어」에 다음과 같은 말이 있다.

앞서 가던 길에서 들은 좋은 말을 마음에 간직하여 자기 수양의 길잡이로 삼지 못하고, 다음 길에서 곧바로 다른 사람에게 말해 버리는 것은 스스로 그 덕을 버리는 것과 같다. 좋은 말일수록 마음에 잘 간직하여 자기 것으로 만들지 못하면 덕을 쌓을 수가 없다.

여기저기서 떠돌아다니는 말을 마치 자기가 생각해 낸 것처럼 떠들어 대는 것을 공자는 도청도설(道聽塗說)이라고 말하고 있다. 그래서 공자는 '사람을 보고 말을 택하지 말고, 말을 가지고 사람을 택하지 말라.'라고 경고하고 있다. 비록 미친 사람이나 어린이가 한 말이라도 좋은 말이면 택해야 하며, 말하는 소리만 듣고 그 사람을 그대로 평가하는 것은 너무 경솔하다는 뜻이다.

「순자」의 「권학편」에도 다음과 같은 말이 있다.

소인(小人)의 학문은 귀로 들어와서 입으로 바로 빠져 나가고, 조금도 마음에 머무르지 않는다. 귀와 입 사이에는 4치, 이 정도의 거리를 지날 뿐으로서 어찌 7척 장신을 훌륭하게 만들 수 있겠는가?

남의 말을 귀담아 듣는 것이 자기 수양에 좋은 방법이라는 뜻이다. 좋은 말을 스승으로 삼아 깊이 생각한 다음 실천하는 것이 올바른 태도라는 것이다.

출전 「논어(論語)」의 「양화편」

塗炭之苦
도탄지고

진흙탕과 숯불에 빠진 것과 같은 심한 괴로움, 곧 군주의 학정(虐政)으로 인한 백성들의 고통을 말한다.

塗 진흙 **도** | 炭 숯 **탄** | 之 갈 **지** | 苦 괴로울 **고**

고대 중국 은(殷)나라의 탕왕(湯王)은 하(夏)나라의 걸왕(桀王)을 내쫓고 천자가 되었다. 하지만 그는 무력에 의해 천하를 얻은 것을 몹시 부끄러워했다. 「중훼지고」는 탕왕의 신하로 재상자리에 있던 중훼가 위로는 탕왕에게, 아래로는 백성들에게 고한 말로, 그중 다음과 같은 말이 있다.

슬프도다! 하늘이 사람을 만들었으니, 사람에게는 욕심이 없도다. 이 욕심을 억누르고 바른길로 인도하는 지도자가 없으면 큰 혼란이 생기게 마련이다. 그렇기 때문에 하늘은 어진 임금으로 하여금 어지러운 세상을 바로잡게 하는 것이다. 그런데 하나라의 걸왕은 덕이 없고, 포악하여 백성들이 도탄에 빠졌다. 그래서 하늘은 탕왕에게 용기와 지혜를 주어 모든 나라를 법으로 바로잡게 하시고, 우왕의 옛 땅을 이어받게 하셨도다. 지금은 우왕의 옛 제도를 따라 하늘의 뜻에 순종하는 것만이 우리가 가야 할 길이로다.

중훼는 도탄에 빠진 백성들을 구제하는 것은 덕이 있는 사람이 마땅히 해야 할 책임이라고 강조함으로써 탕왕의 부끄러워하는 마음을 위로했던 것이다. 걸왕의 부덕(不德), 악랄한 행위에 의해 백성들이 받은 말할 수 없는 고난을 여기서는 한마디로 '백성이 도탄에 빠지다.'라고 표현했다. 중국의 옛 역사는 한마디로 쿠데타의 역사라고 할 수 있다.

출전: 「서경(書經)」의 「중훼지고」

東家食西家宿
동가식서가숙

동쪽 집에 가서 먹고, 서쪽 집에 가서 잔다는 뜻으로, 지나친 사람의 욕심을 경계한 말이지만 지금은 떠돌아다니는 사람을 가리킬 때 쓴다.

東 동녘 **동** | **家** 집 **가** | **食** 먹을 **식** | **西** 서녘 **서** | **宿** 묵을·머물 **숙**

제(齊)나라에 시집 갈 나이가 된 처녀가 있었다. 어느 날, 그 처녀의 집 동쪽에 있는 집과 서쪽에 있는 집 두 군데서 동시에 청혼이 들어왔다. 동쪽 집 총각은 생긴 것은 보잘것없지만 집안이 대단히 부자였고, 서쪽 집 총각은 가난했지만 뛰어나게 잘 생겼다는 소문이 자자했다.

이러지도 저러지도 못하고 고민하던 처녀의 부모는 딸에게 네 뜻은 어떠냐고 물었다.

"두 총각 중 너는 누가 더 마음에 드느냐? 만일 동쪽 집 총각이 마음에 들면 왼손을 들고, 서쪽 집 총각이 더 마음에 들면 오른손을 들어라."

그러자 처녀는 한동안 생각하더니 이윽고 두 손을 다 들었다.

부모가 깜짝 놀라서 물었다.

"아니, 두 손을 다 들면 어쩌자는 것이냐?"

그러자 처녀가 한숨을 쉬면서 말했다.

"저도 잘 모르겠어요. 낮에는 동쪽 집에 가서 살면서 먹고, 밤이 되면 서쪽 집에 가서 자면 안 되겠어요?"

이처럼 '양손에 든 떡'이라는 뜻으로, 욕심이 지나친 처녀를 가리키는 말로 쓰였으나 시대가 변함에 따라, 머물 곳이 정해지지 않은 떠돌이를 대변하는 말로 쓰이게 되었다.

출전: 「천평어람(天平御覽)」

同病相憐
동병상련

같은 병을 앓는 사람끼리 서로 가엾게 여긴다는 뜻으로 어려운 처지에 있는 사람끼리 서로 동정하고 돕는 것을 말한다.

同 한가지 **동** | 病 병·질병 **병** | 相 서로 **상** | 憐 불쌍히여길 **련**

전국시대의 전략가인 오자서(伍子胥)는 아버지와 형이 간신 비무기(費無忌)의 모함으로 역적 누명을 쓰고 죽자, 초나라를 등지고 오나라로 망명했다. 오나라로 간 오자서는 오나라 공자인 광(光)을 도와 왕위에 오르게 했다. 공자 광은 스스로 오왕 합려(闔閭)라고 이름을 고치고 자신을 도와준 오자서에게 큰 벼슬을 내렸다.

그 무렵 초나라 백비(伯嚭)가 오자서를 찾아왔다. 백비 역시 오자서와 마찬가지로 비무기의 음모로 아버지를 잃고 오나라로 도망쳐 온 사람이었다. 자신과 똑같이 혈육을 잃은 백비를 불쌍히 여긴 오자서는 그를 오왕 합려에게 추천해 대부라는 벼슬을 얻게 했다. 그러나 대부 벼슬에 있던 피리(被離)가 그의 추천을 못마땅히 여기며 말했다.

"백비는 그 눈매가 매와 같고, 걸음걸이는 호랑이와 같으니 이는 반드시 사람을 해칠 상입니다. 당신은 어찌하여 그런 백비를 무작정 신임하십니까?"

그러자 오자서가 말했다.

"백비는 나와 마찬가지로 초나라에 깊은 원한을 갖고 있습니다. 「하상가(河上歌)」에 '동변상련 동우상구(同病相憐 同憂相求)'라는 말이 있습니다. 처지가 비슷한 사람끼리 서로 동정하고 돕는 마음이 남보다 큰 법이라는 뜻이지요."

그로부터 9년 뒤, 오자서와 백비는 힘을 모아 오왕 합려로 하여금 초나라를 무찌르게 한다. 결국 처지가 같은 사람끼리 힘을 합쳐 혈육의 원수를 갚은 것이다.

출전: 「오월춘추(吳越春秋)」, 「합려내전(闔閭內傳)」

登龍門
등용문

용이 되어 하늘로 올라가는 문이라는 뜻으로 입신출세의 어려운 관문을 말한다.

登 오를 등 | 龍 용 용 | 門 문 문

용문은 황하(黃河) 상류에 있는 좁은 계곡의 이름으로 하진(河津)이라고도 한다. 이 근처는 물의 흐름이 아주 빨라서 웬만한 물고기들은 거슬러 올라갈 수 없지만, 일단 이 급류를 타고 넘어 계곡으로 올라가면 그 물고기는 곧 용이 된다고 하는 이야기가 전해졌다.

후한말 환제(桓帝) 때 이응(李膺)이라는 청렴하고 정직한 관리가 있었다. 당시에는 선초 등 다섯 명의 환관들이 나라를 멋대로 주무르고 있었지만, 이응은 흐트러진 국가 기강을 바로잡기 위해 자신의 몸도 돌보지 않고 일부 정의파 관료들을 규합, 과감한 항쟁을 벌였다.

그 일로 감옥에 갇히는 등 탄압을 받았으나 그는 굴복하지 않았다. 이와 같이 권력에 아부하지 않고 지조를 지키는 그의 태도를 보고 세상 사람들은 이응이야말로 모범적인 인물이라고 칭찬했다. 특히 젊은 관료들이 그를 드높이 칭송한 나머지 그에게 인정을 받는 것을 일컬어 등용문이라고 칭하며, 커다란 명예로 생각하게 되었다. 이후 온갖 시련과 어려운 난관을 극복한 뒤에 비로소 성공할 수 있는 기회를 잡게 되는 것을 일컬어 등용문이라고 하게 되었다.

출전: 「후한서(後漢書)」의 「이응전(李膺傳)」

得隴望蜀
득롱망촉

농나라를 얻고 나면, 촉나라를 바란다는 뜻으로, 사람의 끝없는 욕심을 비유하는 말이다.

得 얻을 **득** | 隴 고개이름 **롱** | 望 바랄 **망** | 蜀 나라이름 **촉**

삼국지로 유명한 삼국시대 때 위나라의 조조, 촉나라의 유비, 오나라의 손권이 서로 천하를 차지하려고 불꽃 튀는 경합을 벌이고 있었다. 유비와 손권이 대립하고 있는 틈을 타서 조조가 한중(漢中)으로 쳐들어갔다. 이때 조조의 부하인 사마의(司馬懿)가 말했다.

"이 기회에 유비를 공격하면 틀림없이 승리할 수 있습니다."

그러나 조조가 말했다.

"사람이란 만족하지 못하기 때문에 화를 입는 것이오. 이미 농 땅을 얻었는데, 어찌 촉 땅까지 바라겠소."

자기 분수를 모르고, 너무 무리를 하다간 오히려 화를 입게 된다고 생각했던 것이다.

'득롱망촉'이란 본래 후한(後漢)의 시조, 광무제(光武帝)가 한 말이다. 천하통일을 목전에 두었을 당시, 각지에서 할거하여 천하를 다투던 군웅들이 대거 귀순했는데, 오직 농서(隴西) 땅의 외효와 촉 땅의 공손술만이 완강하게 버티고 있었다. 그러다가 외효가 병으로 죽자, 그의 아들 외구순이 농서를 광무제에게 바치고 항복함으로써 촉만 남게 되었다. 그때 광무제가 말했다.

"인간은 만족할 줄 모른다더니, 이미 농 땅을 얻고 나니 다시 촉 땅까지 욕심이 나는구나."

그로부터 4년이 지난 뒤, 마침내 촉 땅 토벌에 나서 마침내 천하통일의 대업을 이루게 된다.

출전: 「후한서(後漢書)」의 「광무기」

得魚忘筌
득어망전

물고기를 잡고 나면, 이용하던 통발은 잊어버린다는 뜻으로, 목적이 달성되면 그 목적을 위해 사용하던 수단은 잊어버린다는 말이다.

得 얻을 **득** | **魚** 물고기 **어** | **忘** 잊을 **망** | **筌** 통발 **전**

장자(莊子)가 한 말 가운데 다음과 같은 것이 있다.

통발(筌)은 물고기를 잡기 위해 필요한 도구인데, 물고기를 잡고나면 그것은 곧 잊어버린다. 덫(蹄)은 토끼를 잡는데 필요한 도구인데, 일단 토끼를 잡고 나면 덫은 곧 잊는다. 말(言)은 뜻을 나타내는데 필요한 것인데, 일단 뜻을 얻고 나면 그 말은 곧 잊어버린다. 나는 참된 뜻을 깨달은(말 같은 것에 얽매이지 않는) 사람과 만나 이야기해 보고 싶다.

그 마음의 밑바닥에는 참된 뜻이란 말로 전할 수 없는 것이라는 생각이 흐르고 있다. 선(禪)에서 말하는 불립문자(不立文字)나 불교에서 말하는 이심전심(以心傳心)의 뜻과 닮아 있는데, 말이 필요 없을 만큼 무엇인가를 뚜렷하게 파악했다면, 그리고 설명하지 않아도 서로 알 수 있는 사람이 있다면, 부러운 경지일 것이다.
여기서 망전, 망제, 망언이라는 말이 나오는데, 모두 말을 초월하여 진실을 파악하고 경우를 가리키고 있다.
「전등록」에도 이런 구절이 있다.

"뜻을 얻고 나면 말을 잊고, 이치를 깨닫고 나면 가르침을 잊는다. 물고기를 얻고 나면 통발을 잊고, 토끼를 잡고 나면 덫을 잊는 것과 같은 이치다."

출전: 「장자(莊子)」의 「외물편」, 「전등록」

磨斧作針
마부작침

도끼를 갈아서 바늘을 만든다는 뜻으로, 아무리 힘든 일이 있어도 노력하면 언젠가는 성공한다는 것을 비유한 말이다.

磨 갈 **마** | 斧 도끼 **부** | 作 만들 **작** | 針 바늘 **침**

시선(詩仙)이라고 불리는 당나라의 시인 이백(李白)은 뛰어난 시를 많이 남겼다. 그의 시는 중국 시문학의 모든 장점들이 모여 있다는 평을 듣고 있다.

어린 시절, 이백은 아버지를 따라 촉(蜀) 땅의 성도(成都)에서 살았다. 그때 그는 상의산(象宜山)이라는 곳에 들어가 공부를 했는데, 공부보다는 노는 것을 더 좋아해서 걸핏하면 집으로 내려오곤 했다. 어느 날 공부에 싫증이 난 그는 산을 내려왔다. 그런데 어느 냇가에 이르자, 머리가 하얀 노파가 무엇인가 열심히 바위에 문지르고 있었다. 자세히 보니 그것은 도끼였다.

이백은 호기심이 일어 노파에게 다가가 물었다.

"아니, 할머니, 그 도끼를 갈아서 무엇에 쓰실 겁니까?"

노파는 고개도 들지 않고 부지런히 손을 놀리며 대답했다.

"바늘을 만들려고 하는 거야."

이백은 기가 막혀 말이 나오지 않았다.

"그렇게 큰 도끼를 갈아서 바늘을 만든다고요?"

"물론이지. 중도에 포기하지 않고 열심히 하면 만들 수 있을 거야."

노파의 대답에 이백은 크게 깨달았다. 그래서 생각을 바꾸어 다시 산으로 올라갔다. 그때부터 이백은 뜻을 굳게 세우고 공부에 정진했다. 간혹 공부하다가 싫증 날 때면 그 노파를 생각하며 마음을 가다듬었다고 한다.

출전: 「당서(唐書)」의 「문원전」

馬耳東風
마이동풍

남의 의견이나 충고 따위를 귀담아 듣지 않고 흘려버리는 것을 뜻한다. 동의어로 '우이독경(牛耳讀經, 쇠귀에 경 읽기)'이 있다.

馬 말 **마** | **耳** 귀 **이** | **東** 동녘 **동** | **風** 바람 **풍**

당나라의 유명한 시인 이백은 친구인 왕거일(王去一)이 보낸 시 「한야독작유회: 추운 밤에 혼자 술을 마시며 느낀 감회」에 대한 회답으로 시를 보냈다.

왕거일은 불우한 자신의 형편을 시에 담아 친구인 이백에게 호소한 듯한데, 이백은 그 마음을 달래주려는 뜻으로 술을 마시고 달빛에 취해 모든 시름을 잊으라고 권했다. 다음은 그 시 중 '마이동풍'이 나오는 부분이다.

> 인생이란 아무리 길어도 백년을 넘지 못한다.
> 어떤가, 만고 시름을 술로 씻어버리지 않으려는가.
> 그대는 여우기름을 바르고 쇠 발톱 끼고 투계를 배우지도 못하며,
> 앉아서 콧김을 내뿜으며 무지개를 가르려 하는가.
> 우리가 할 수 있는 일이란 오로지 햇볕 들지 않는 북쪽 창가에 서서 시를 읊는 것뿐.
> 수많은 말은 한 잔의 술보다 가치 없는 것이려니,
> 세상 사람들은 내가 하는 말을 듣고 모두 머리를 젓는데,
> 마치 동풍이 말의 귀를 스쳐 지나가는 듯하도다. (有如東風射馬耳)

이백은 이 시를 통하여 시인들이 아무리 좋은 시를 지어도 세상 사람들이 알아주지 않음을 한탄하고 있다.

출전: 이백(李白)의 시(詩) 「답왕거일한야독작유회」

莫逆之友
막역지우

마음에 조금도 거슬림이 없는 친구란 뜻으로, 더할 나위 없이 친한 허물없는 친구를 말한다.

莫 없을 **막** · 저물 **모** · 고요할 **맥** | 逆 거스릴 **역** | 之 갈 **지** | 友 벗 **우**

「장자」에 다음과 같은 두 가지 이야기가 나온다.

자사(子祀), 자여(子輿), 자리(子梨), 자래(子來) 등 네 사람이 서로 다음과 같이 말했다.
"누가 무(無)로 능히 머리를 삼고, 삶으로 등을 삼으며, 죽음으로 엉덩이를 삼을 것인가? 누가 사생존망(死生存亡)이 한 몸인 것을 알 것인가! 우리는 모두 가까운 벗이 되자."
네 사람은 모두 마주보며 웃었다. 그들은 각자의 마음에 아무런 차이도 없는 가장 막역한 친구가 되었다.

또 다음과 같은 이야기가 있다.

자상호(子桑戶), 맹자반(孟子反), 자금장(子琴張) 등 세 사람이 다음과 같이 말했다.
"누가 서로 함께 행동하지 않는데도 능히 함께 행동하고, 서로 도움도 주지 않는데 도울 것인가. 누가 하늘에 올라가 안개와 더불어 놀고, 끝없이 날아오르며, 서로 삶도 잊은 채 다함이 없을 수 있겠는가?"
세 사람은 서로 마주보며 웃었다. 드디어 이 세 사람은 세상에서 가장 막역한 친구가 되었다.

여기에서 유래하여 '막역지우'는 가장 가까운 친구를 나타내는 말이 되었다.

출전: 「장자(莊子)」의 「대종사편(大宗師篇)」

輓歌
만가

수레를 끌고 갈 때 부르는 노래라는 뜻으로, 죽은 사람을 애도하며 부르는 노래를 말한다.

輓 수레끌·애도할 **만** | **歌** 노래 **가**

한(漢)나라의 고조인 유방이 즉위하기 직전, 한신에게 급습당한 전횡은 그 분풀이로 유방이 보낸 역이기를 죽여 버린 일이 있었다. 마침내 유방이 즉위하자 이 일에 대한 보복을 두려워한 전횡은 500명의 군사를 이끌고 지금의 전횡도로 도망을 갔다.

그 뒤 고조는 전횡이 반란을 일으킬 것이 우려되어 그의 죄를 용서해 주는 대신에 신하가 되어 도읍인 낙양으로 오도록 청했다. 그러나 전횡은 절개를 굽히고 한고조의 신하가 되는 것을 부끄럽게 여겨 낙양성을 30여 리 남긴 지점에서 자결하고 말았다. 그리고 섬에 남아 있던 나머지 부하들도 전횡을 쫓아 모두 자결했다. 이에 전횡의 높은 절개를 추모하여 지은 두 장의 상가로 그의 죽음을 애도하며 노래했다.

출전: 「고금주(古今注)」의 「음악편」, 「진서(晉書)」의 「예지편」 등

萬事休矣
만사휴의

모든 일이 끝났다는 뜻으로, 더 이상 어떻게 해볼 방법이 없고 기대도 할 수 없을 때 쓰인다.

萬 일만 **만** | 事 일 **사** | 休 쉴 **휴** | 矣 어조사 **의**(단정을 지을 때 사용)

당나라가 멸망하고 송나라가 새롭게 일어나기까지 50여 년 동안 왕조가 다섯 차례나 바뀌어 세상은 극도로 혼란했다. 그 무렵, 형남 지방의 고씨 가문은 무시 못 할 세력을 가지고 나름대로 하나의 왕국을 이루고 있었다. 그러나 이 고씨 왕국도 4대째 만에 송나라에 멸망하고 마는데, 바로 그 4대째 왕 보훈(保勛)이 어렸을 때의 일이다.

아버지 고종회(高從誨)는 여러 아들 중에서도 특히 보훈을 아끼고 사랑했다. 그래서인지 보훈은 남이 자기에게 화난 얼굴을 지어 보여도 바보처럼 싱글벙글 웃기만 했다. 이 사실을 안 백성들은 나라의 미래를 생각해 탄식했다.

"모든 것이 다 끝났다. 더 이상 무엇을 기대할 수 있단 말인가?"

보훈이 너무도 어리석어 장성하더라도 나라의 장래를 기대할 수 없다고 생각했던 것이다. 그리고 훗날 왕위에 오른 보훈은 정말로 정치와 외교는 등한시한 채 주색잡기만 즐기다가 끝내 나라를 망치고 만다.

출전: 「송사(宋史)」의 「형남고씨세가(荊南高氏世家)」

亡國之音
망국지음

나라를 망하게 하는 음악이란 뜻으로 음란하고 사치한 음악을 가리킨다.

亡 망할 **망** | **國** 나라 **국** | **之** 갈 **지** | **音** 소리 **음**

춘추시대 때의 일이다. 위(衛)나라 영공(靈公)이 진나라로 가던 도중 산동성 내에 있는 복수(濮水)라는 강변에 이르자, 이제까지 들어본 적이 없는 멋진 음악소리가 들려왔다.

영공은 자신도 모르게 그 음악에 잠시 넋을 빼앗겨 듣고 있다가 함께 있던 사연(師椽)이라는 악사에게 그 음악을 잘 기억해 두라고 말했다. 마침내 진나라에 도착한 영공은 진나라 평공 앞에서 사연에게 그 음악을 연주하게 하면서, 이곳으로 오는 도중에 들은 새롭고 멋진 음악이라며 자랑했다.

당시 진나라에 사광(師曠)이라는 유명한 악사가 있었는데, 그가 이 음악을 듣다가 깜짝 놀라며 연주하고 있던 사연의 손을 잡고, 급히 연주를 중단시켰다.

"이 음악은 새롭고 멋진 음악이 아니라, 나라를 망하게 하는 사악한 음악입니다." 하고 그 내력을 말해 주었다.

"옛날 은나라 주왕에게 사연이란 악사가 있었습니다. 당시 주왕은 폭군으로 사연이 만든 음란하고 사치한 음악에 빠져 나라의 일에는 소홀히 하다가 무왕에게 멸망하고 말았습니다. 그러자 왕과 나라를 잃은 사연은 복수강변에 빠져 죽었는데, 그 후 복수강변 근처에서는 혼령이 떠돌며 이 곡을 들려주고 있어 지나가는 사람들은 모두 들을 수 있다고 합니다. 그래서 사람들은 이곳을 지나갈 때 들리는 음악을 망국의 음악이라며 무서워 귀를 막고 지나간답니다."

그래도 평공이 계속 연주하게 하자, 갑자기 폭풍우가 몰아쳐 사람들은 두려워 도망쳤다.

출전: 「한비자(韓非子)」의 「십과편」, 「예기(禮記)」의 「악기」

望洋之嘆
망양지탄

바다를 바라보고 감탄한다는 뜻으로, 남의 위대함을 보고, 감탄하면서 자신의 미흡함을 부끄러워함을 비유하는 말이다.

望 바랄 **망** | 洋 바다 **양** | 之 갈 **지** | 嘆 탄식할 **탄**

옛날 황하 중류의 하남성 내에 있는 맹진이라는 나루터에 하백이라는 물의 신이 있었다. 어느 날 아침, 그는 황금빛으로 찬란히 빛나는 강물을 보고 감탄하며 말했다.

"이렇게 큰 강은 아마 또 없을 거야."

"그렇지 않습니다."

뒤를 돌아보니 늙은 자라가 있었다.

"그럼 황하보다 더 큰 강이 있다는 것이냐?"

"그렇습니다. 제가 듣기로는 해가 뜨는 쪽에 북해라는 곳이 있는데, 이 세상의 모든 강이 그곳으로 흘러들기 때문에 황하보다 몇 배나 크다고 들었습니다."

"정말 그렇게 큰 강이 있겠느냐? 내 눈으로 직접 보기 전에는 믿을 수 없구나."

그런 일이 있은 뒤, 하백은 강 하류로 내려가 북해를 직접 보기로 했다. 북해에 다다르자 그곳의 신인 약이 반가이 맞아주었다. 약이 손을 들어 허공을 가르자 눈앞에 한없이 넓은 바다가 펼쳐졌다. 그것을 본 하백은 황하 말고도 이처럼 넓은 큰 강이 있다는 것에 대해 이제까지 모르고 살아온 자신을 매우 부끄러워하며 약에게 이렇게 말했다.

"이제야 비로소 큰 바다를 바라보며 탄식하게 됩니다. 북해가 이렇게 크다는 것을 보지 못했더라면 나의 좁은 소견을 깨닫지 못했을 것입니다."

출전: 「장자(莊子)」의 「추수편」

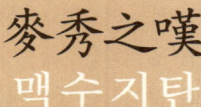

麥秀之嘆
맥수지탄

보리가 빼어나게 자라는 모습을 보고 탄식한다는 뜻으로, 고국의 멸망을 탄식하는 것을 말한다.

麥 보리 **맥** | 秀 빼어날 **수** | 之 갈 **지** | 嘆 탄식할 **탄**

중국 고대 왕조의 은(殷)나라 주왕(紂王)은 음란한 음악에 빠지고 폭정을 일삼았는데 이때 주왕에게 끝까지 충언을 한 어진 세 신하가 있었다.

「논어」의 「미자(微子)」에 보면 '미자(微子)는 떠나고, 기자(箕子)는 종이 되고, 비간(比干)은 간하다가 죽었다. 이들이 곧 은나라의 세 어진 사람이다.'라고 기록되어 있다.

주왕은 어진 세 신하의 간절한 충언을 듣지 않고 나라를 망치고 말았다. 세 사람은 각기 다른 방법으로 망해 가는 나라를 구하기 위해 애썼는데, 공자는 그들을 모두 '인인(仁人, 어진 사람)'이라고 인정해 준 것이다.

주나라 무왕(武王)이 제후들과 힘을 합쳐 주왕을 죽이고 천하를 차지했는데 무왕은 은나라 충신들에 대한 배려를 잊지 않아 미자는 송(宋)나라에 봉해 은왕조의 제사를 받게 하고, 기자는 조선(朝鮮)의 왕으로 봉했다. 무왕의 부름을 받고 주나라로 가던 기자는 옛 은나라의 도읍을 지나면서 비감(悲感)에 잠겼다. 그 화려했던 옛 모습은 흔적도 없이 사라지고, 황폐한 궁궐터엔 보리와 기장만 무성하게 자라고 있었다. 서글픈 생각에 눈물짓던 기자는 시 한 수를 지어 읊었다.

　　보리는 패어 점점 자라고 벼와 기장도 무성하네
　　저 교활한 아이(주왕)가 내 말을 듣지 않은 탓이로다.

출전: 「사기(史記)」의 「송미자세가」

孟母斷機
맹모단기

맹자의 어머니가 짜고 있던 베틀의 옷감을 끊었다는 말로, 중도에 공부를 포기하는 것은 짜고 있던 베를 끊는 것과 같은 일이라는 뜻이다.

孟 맏 **맹** | 母 어머니 **모** | 斷 끊을 **단** | 機 틀 **기**

전국시대에 위대한 사상가였던 맹자의 성공 뒤에는 그의 어머니의 남다른 노고가 숨어 있었다. 일찍 아버지를 여읜 맹자를 훌륭한 아들로 키우기 위한 어머니의 정성은 참으로 놀라운 것이었다.

맹자는 공자의 손자인 자사(子思)의 문하에서 학업을 닦았다. 집을 떠나 공부하던 맹자가 어느 날 별안간 집으로 돌아왔다. 그때 어머니는 베를 짜고 있었는데, 아들을 반겨 주기는커녕, 베틀에 앉은 채로 엄하게 꾸짖었다.

"공부는 다했느냐?"

"아직 다 못했습니다."

그 말이 떨어지기가 무섭게 맹자의 어머니는 칼을 들어 짜고 있던 베를 끊어 버렸다. 맹자가 깜짝 놀라 물었다.

"힘들여 짠 베를 왜 끊어 버리십니까?"

어머니가 대답했다.

"네가 공부를 하다 말고 집에 돌아온 것은 지금 내가 짜던 베를 끊어 버린 것과 같다. 지금 공부를 그만두면 너는 평생 다른 사람의 뒤나 따라다니는 처지가 될 것이니, 생계를 위해 짜던 베를 끊는 것과 무엇이 다르겠느냐?"

이 말을 들은 맹자는 어머니의 뜻을 알아차리고 즉시 되돌아가 부지런히 공부하여 마침내 훌륭한 대학자가 되었다.

출전: 「열녀전(列女傳)」, 「모의전(母儀傳)」 등

孟母三遷
맹모삼천

맹자의 어머니가 아들 맹자를 바르게 가르치기 위해 세 번 이사했음을 이르는 말이다.

孟 맏 **맹** | **母** 어머니 **모** | **三** 석 **삼** | **遷** 옮길 **천**

전국시대의 인물인 맹자(孟子)는 아버지를 일찍 여의고 홀어머니 밑에서 자랐다. '맹모삼천'은 맹자의 어머니가 아들 교육을 위해 세 번 이사한 데서 비롯된 말이다.

처음에 이들 모자(母子)는 공동묘지 근처에서 살았다. 그런데 어린 맹자가 동네 아이들과 묘지 파는 일이나 묘지에서 행하는 일들을 하며 노는 것을 보고 어머니는 아들 교육에 좋지 않다고 생각하여 시장 가까이로 집을 옮겼다.

시장 근처에서 살게 되자, 이번에는 맹자가 물건을 파는 장사꾼 흉내를 내며 놀기 시작했다. 그곳 역시 아들 교육에 좋은 환경이 아니라고 생각한 맹자 어머니는 세 번째로 서당 근처로 이사했다. 그러자 이번에는 맹자가 글공부하는 흉내를 내고, 또 서당에서 가르치는 대로 제구(祭具)를 늘어놓고 제사 지내는 흉내를 내며 놀기 시작했다. 맹자의 어머니는 비로소 아들을 교육시키기에 적당한 곳으로 이사 왔다고 기뻐하며 그 집에서 오래도록 살았다.

교육에 있어서 주위 환경이나 어머니의 역할이 얼마나 중요한가를 잘 나타내 주는 교훈이다. 세계적으로 출세한 사람들은 하나 같이 현명한 어머니의 가르침 속에서 성장했음을 우리는 잊지 말아야 한다.

출전: 「후한서(後漢書)」의 「열녀전(烈女傳)」

明鏡止水
명경지수

맑은 거울과 같이 수면이 잔잔한 말을 말하며, 사람의 맑고 고요한 마음가짐을 비유한다.

明 밝을 **명** | 鏡 거울 **경** | 止 그칠 **지** | 水 물 **수**

명경(明鏡)이란 말은 「장자」의 「덕충부편」에서 올자(兀者, 형벌로 다리를 잘린 사람을 말함)인 신도가(申屠嘉)라는 사람이 스승인 백혼무인(伯昏無人)을 기리는 말 가운데 나온다.

"거울이 맑으면 티끌이나 먼지가 앉지 않고 티끌이나 먼지가 앉으면 거울이 맑지 못하다. 이와 마찬가지로 사람도 오랫동안 어진 사람과 함께 지내면 자연 허물이 없어진다."

그리고 지수(止水)는 「장자」의 「덕충부편」의 다른 곳, 즉 공자가 왕태(王駘)라는 학자에 대하여 한 말에서 나온다.

왕태는 올자(兀者, 죄를 지어 발을 베는 형벌을 받아 한쪽 발만 있는 사람)였지만, 학식과 덕행이 뛰어난 인물로서 많은 제자를 거느리고 있었다. 공자의 제자 중 한 사람인 상계(常季)는 그 점이 못마땅해서 공자에게 물었다.

"왕태는 별로 뛰어난 재주도 없는 것 같은데, 어찌하여 많은 사람들의 존경을 받을까요?"

그러자 공자가 대답했다.

"그분은 천지자연의 실상을 다 깨우쳐 외물(外物)에 현혹된 적이 없다. 따라서 귀로 듣고, 눈으로 보는 미추(美醜)에 마음을 쓰지 않고, 오로지 정신적인 아름다움만을 찾으시는 분이다. 사람은 흐르는 물이 아니라, 조용히 괴어 있는 물을 거울로 삼아야 한다. 그분의 마음이 괴어 있는 물처럼 고요하기 때문에 많은 사람들이 그 인품을 거울로 삼아 모여드는 것이다."

이때부터 명경과 지수를 합쳐 '명경지수'를 고요하고 깨끗한 마음에 비유하게 되었다.

출전: 「장자(莊子)」의 「덕충부(德充符)편」

矛盾
모순

창과 방패라는 뜻으로 말이나 행동의 앞뒤가 서로 맞지 않음을 가리킬 때 쓰인다.

矛 창 모 | 盾 방패 순

전국시대 주나라 왕실의 위엄이 땅에 떨어져 군웅이 난립하여 서로 패권을 다투고 있었다. 그 무렵 초나라 장터에 창과 방패를 늘어놓고 파는 장사꾼이 있었다. 그는 먼저 방패를 들고 사람들 앞에서 외쳤다.

"자, 이 방패를 보십시오. 이것은 보통의 방패가 아닙니다. 얼마나 단단한지 아무리 날카로운 창이라도 이 방패를 뚫지 못합니다."

이렇게 외치고 난 장사꾼은 이번에는 곁에 놓여 있던 창을 들고 이렇게 외쳤다.

"이 창을 보십시오. 세상에 이것보다 더 좋은 창은 없을 것입니다. 아무리 단단한 방패라도 이 날카로운 창끝을 막아내지는 못할 것입니다."

그러자 그의 말을 조용히 듣고 있던 한 노인이 그 장사꾼에게 말했다.

"과연 그대가 갖고 있는 방패와 창은 대단한 무기들일세. 하지만 내가 나이가 많은 탓인지, 머리가 나쁜 탓인지 모르겠네만 자네의 말을 통 이해할 수가 없네. 자네의 말이 사실이라면 그대가 자랑하는 창으로, 그대의 방패를 찌르면 도대체 어느 쪽이 이기겠는가? 그 점을 다시 한 번 차근차근 설명해 줄 수 있겠나."

장사꾼은 대답을 못하고 얼굴이 벌개져서 서둘러 그 자리를 떠났다. 이런 식의 말을 우리는 안 하고 있는지 잘 생각해 보아야 한다.

출전: 「한비자(韓非子)」의 「난세편(亂世篇)」

猫項懸鈴
묘항현령

고양이 목에 방울 달기라는 말로, 실천할 수 없는 일은 아예 계획하지 말라는 뜻이다. 불가능한 일을 쓸데없이 의논하는 경우에도 쓴다.

猫 고양이 **묘** | 項 목 **항** | 懸 매달 **현** | 鈴 방울 **령**

어느 날 고양이한테 공격을 받아 많은 피해를 입고 있는 쥐들이 한자리에 모여 열심히 의논하고 있었다. 쥐의 우두머리가 말했다.

"고양이의 갑작스런 공격을 피하기 위한 무슨 좋은 방법이 없을까?"

그러자 쥐 한 마리가 그런 것쯤은 문제도 없다는 듯이 자신있게 말했다.

"그거야, 아주 간단한 일이지요. 고양이 목에 방울을 달아놓으면 그놈이 가까이 오는 것을 미리 알 수 있을 테니까, 그때 빨리 도망치면 되지요."

"그거 아주 좋은 생각이다."

"기가 막힌 아이디어야."

모든 쥐들이 박수를 치며 찬성했다.

그때 한 늙은 쥐가 말했다.

"좋은 생각이긴 한데, 그럼 누가 고양이 목에 방울을 달지?"

그 말에 대답하는 쥐는 한 마리도 없었다.

출전: 「순오지(旬五志)」

武陵桃源
무릉도원

이 세상에서 찾아볼 수 없는 별천지, 이상향을 말한다.

武 굳셀 **무** | 陵 큰 언덕 **릉** | 桃 복숭아 **도** | 源 근원 **원**

진나라 때 무릉(武陵)에서 한 어부가 살고 있었다.

어느 날 그는 평소처럼 배를 타고 강을 거슬러 올라가다가 복숭아꽃이 만발한 곳에 이르렀다. 어부는 아름다운 풍경과 복숭아꽃의 향기에 취해 한동안 넋을 잃고 있다가 정신을 차려 다시 배를 저어 나아가다가 강줄기가 시작되는 곳에 닿았다. 그는 그곳에 사람 하나가 빠져나갈 만한 크기의 구멍이 산기슭으로 뚫려 있는 것을 발견하고 배에서 내려 그 안으로 들어갔다.

이윽고 긴 터널을 빠져나오자 앞이 탁 트인 들판이 나타났다. 아담하고 보기 좋은 집들, 비옥한 논밭, 각종 가축들이 한가롭게 노닐고 있었다. 어부가 일찍이 본 적이 없는 평화로운 곳이었다. 밭에서 일하던 농부들이 어부를 발견하자마자 곧 집안으로 안내하여 맛있는 음식과 술로 극진히 대접했다. 그들과 이야기하는 동안 어부는 그들이 수백 년 전 진나라의 포악한 정치를 피해 이곳으로 도망쳐 온 사람들의 자손임을 알았다.

며칠 후, 어부는 그곳에 관한 이야기를 일체 입 밖에 내지 않기로 약속하고 집으로 돌아왔다. 그러나 어부는 그들과의 약속을 어기고 태수에게 자기가 겪은 일을 전했다. 태수는 그 말을 듣고 사람을 보냈지만, 끝내 어부가 말한 곳을 찾을 수가 없었다. 왜냐하면 무릉도원에 사는 사람들이 속세에서 찾아오는 것을 막기 위해 다른 골짜기까지 복숭아나무를 잔뜩 심어 놓았기 때문이었다.

이 이야기는 동양화의 주제를 이뤄 많은 작품 속에 이 내용을 그린 그림들이 있다. 도원경(桃源境)이나 도원향(桃園鄕)으로 쓰이기도 한다.

출전: 도연명(陶淵明)이 지은 「도화원기(桃花源記)」

巫山之夢
무산지몽

무산에서 꾼 꿈이란 뜻으로 남녀간의 은밀한 만남, 정사(情事)를 일컫는 말이다.

巫 무당 무 | 山 뫼 산 | 之 갈 지 | 夢 꿈 몽

전국시대 때의 일이다. 초나라의 양왕(襄王)이 대부 송옥(宋玉)과 운몽에서 놀고 있었다. 송옥은 정치가이자 시인으로 굴원(屈原)의 제자였다. 굴원은 뛰어난 정치가이자 학자로 「어부사」를 지은 인물이기도 하다. 한참 놀다가 문득 고당관을 올려다보니 이상하게도 그 위에 걸쳐 있는 구름이 짧은 시간에 여러 형태로 변했다. 양왕이 송옥에게 저게 무슨 구름이냐고 물었다. 그러자 송옥은 '조운(朝雲)'이라고 답하면서 다음과 같은 이야기를 들려주었다.

일찍이 선왕인 회왕이 고당에서 잔치를 베풀고 놀다가 피곤하여 잠시 낮잠을 잤다. 그때 꿈에 한 아름다운 여인이 나타나서 말했다.
"저는 무산의 여신입니다. 고당에 왔다가 왕께서 왕림하셨다는 말씀을 듣고 함께 잠자리를 하고 싶어서 찾아왔습니다. 부디 물리치지 말아주십시오."
이에 회왕은 기꺼이 그녀와 잠자리의 정을 나누었다. 이윽고 떠날 시간이 되자 그녀가 말했다.
"저는 무산 남쪽 험준한 봉우리에서 살고 있습니다. 아침에는 구름이 되어 산에 걸쳐 있고, 저녁이면 비가 되어 산에 내려 양대아래 머무를 것입니다."
그 말을 남기고 그녀는 어디론가 사라져 버렸다. 다음 날 아침, 회왕이 무산 쪽을 바라보니 과연 꿈속의 여인이 말한 대로 높은 산봉우리에 아름다운 구름이 걸려 있었다. 그래서 회왕은 그곳에 사당을 세워 '조운묘'라고 불렀다.

출전: 「문선(文選)」의 「고당부(高唐賦)」

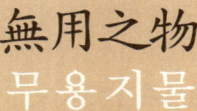

無用之物
무용지물

쓸모가 없는 가운데서의 쓸모, 즉 아무 쓸모가 없는 것처럼 보이는 물건이 오히려 큰 구실을 하는 경우가 있다.

無 없을 **무** | 用 쓸 **용** | 之 갈 **지** | 物 만물 **물**

「인간세편」에서 초나라의 은자인 광접여(狂接輿)가 공자를 다음과 같이 비평한다.

무릇 산의 나무는 쓸모가 있기 때문에 베어지는 것이고, 등잔의 기름은 태우면 주위가 밝아지기 때문에 뜨거운 불에 타는 것이다. 계수나무는 향기를 쓸 수 있어 베어지고, 옻나무는 칠로 쓸 수 있어 베어지는 것이다. 사람들은 다 쓸모 있는 것의 쓰임새만 알고 있을 뿐 쓸모가 없는 가운데 쓰임새가 있다는 것을 알려고도 하지 않는다. 참으로 가련한 일이다.

「장자」의 「신목편」에도 이와 비슷한 내용이 실려 있다.

한 나무꾼이 가지가 무성한 큰 나무 주변을 맴돌다가 "옹이가 너무 많아 쓸모가 전혀 없군." 하고 그냥 지나가버렸다.
산길을 가다가 그 광경을 본 장자가 말했다.
"이 나무가 쓸모가 없는 덕택에 베어지지 않았구나."
산을 내려온 장자는 제자들과 함께 친구의 집으로 갔다. 친구는 반겨 맞으며 하인에게 기러기를 잡아 올리라고 했다.
"어느 것을 잡을까요? 한 마리는 잘 울고, 한 마리는 잘 울지 않는데요."
"잘 울지 않는 놈을 잡아라."
그 말을 듣고 제자가 물었다.
"산의 나무는 쓸모가 없기 때문에 천수를 다했는데, 기러기는 쓸모가 없기 때문에 죽게 되었습니다. 선생님은 어느 쪽을 택할 것입니까?"
"나는 쓸모 있는 것과 없는 것 중간을 택하겠네." 장자가 말했다.

출전: 「장자(莊子)」의 「인간세편」과 「산목편」

無爲而化
무위이화

애써 바로 잡지 않아도 저절로 변해 잘 이루어진다는 말이다. 또는 성인의 덕이 크면 클수록 백성들이 진심으로 따른다는 뜻이다.

無 없을 **무** | **爲** 할 **위** | **而** 말 이을 **이** | **化** 될 **화**

춘추시대의 유명한 사상가인 노자(老子)는 다음과 같은 말을 했다.

"나라는 바른 정책을 다스려야 하고, 전쟁을 할 때는 기묘한 계책을 써야 한다. 그렇지만 천하는 그런 것들을 초월한 '무사(無事)'로써 얻어야 한다. 그 이유는 다음과 같다. 해서는 안 된다는 금지령이 많을수록 백성들은 가난해진다. 백성들의 지혜가 높아지고, 문명이 발달할수록 나라는 어지러워진다. 기술이 발달하면 괴상한 것들이 많이 나타나고, 법령이 엄하면 도적이 늘어난다. 때문에 성인은 이렇게 말한다. '내가 아무것도 하지 않으면 백성은 스스로 교화되고, 내가 움직이지 않고 가만히 있으면 백성은 저절로 부유하게 되고, 내가 욕심이 없으면 백성은 저절로 순박해진다.'라고."

이 말은 인위적인 변화를 꾀하지 않고, 자연의 순리를 좇을 때 올바른 결과가 빚어진다는 노자의 '무위자연(無爲自然)' 사상을 말하고 있다. 강요가 아닌 '자발(自發)', '인위(人爲)'가 아닌 정성, '외화(外華)'가 아닌 내치를 중요하게 생각하는 노자의 정신을 볼 수 있는 글이다.

출전: 「노자(老子)」

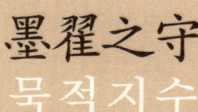

墨翟之守
묵적지수

묵적의 지킴이란 뜻으로 자신의 의견이나 주장을 굽히지 않고 끝까지 지키는 융통성이 없음을 일컫는 말이다.

墨 먹 **묵** | **翟** 꿩 **적** | **之** 갈 **지** | **守** 지킬 **수**

춘추시대 사상가로 묵자(墨子)라는 학자가 있었다. 묵자의 이름은 적(翟)이었는데, 그는 초나라 호북성 내에 있는 도읍지 영으로 기계를 만드는 비상한 재주를 가지고 있는 공수반을 찾아갔다. 그는 원래 송나라 사람이었지만 자기 재주를 하찮게 여기자, 초나라로 와서 성을 공격하는 전차와 구름사다리를 만들어 송나라를 치려는 초나라를 돕고 있었다. 묵자가 그에게 물었다.

"북방에 나를 모욕하는 사람이 있는데, 당신이 나를 위해 그 사람을 죽여줄 수 없겠소?"

그 말을 들은 공수반이 불쾌한 얼굴로 대답했다.

"나는 사람을 죽이는 것은 의에 어긋난다고 생각하고 있소."

"그런데 어찌하여 송나라 백성을 죽이려 하시오?"

대답이 궁해진 공수반이 묵자를 초왕 앞으로 데려갔다. 묵자가 초왕에게 말했다.

"전하, 새 수레를 가진 사람이 이웃집의 헌 수레를 훔치려 하고, 비단옷을 입은 사람이 이웃집 헌 누더기를 훔치려 한다면 이를 어떻게 생각하십니까?"

"그렇다면 그건 도벽이 있어서 그럴 것이오."

"그렇다면 넓은 국토에 꿩을 비롯한 온갖 짐승과 초목까지 풍성한 초나라가 가난한 송나라를 치려는 것과 무엇이 다릅니까?"

"나는 단지 공수반이 만든 기계를 한번 실험해 보려 했을 뿐이라네."

"그러면 제가 그 기계의 공격을 막아보겠습니다."

이렇게 해서 초왕 앞에서 공수반과 묵자의 모의 전쟁이 벌어졌다. 공수반이 아홉 번을 공격했으나 묵자는 아홉 번을 모두 막아냈다. 그래서 결국 초왕은 계획을 모두 취소했다.

출전: 「묵자(墨子)」의 「공수반편」

刎頸之交
문경지교

'문경(刎頸)'은 목을 벤다는 뜻으로, 생사를 같이 할 정도로 친한 사이를 이르는 말이다.

刎 목벨 **문** | 頸 목 **경** | 之 갈 **지** | 交 사귈 **교**

전국시대 조(趙)나라 혜문왕의 총애를 받았던 인상여는 처음에는 무현(繆賢)의 식객에 지나지 않았던 인물이나 큰 공을 세워 높은 벼슬을 얻게 되었다. 그런데 조나라의 명장 염파(廉頗)는 인상여의 벼슬이 자기보다 높은 것을 몹시 못마땅하게 생각했다.

"나는 그동안 여러 차례 싸움에서 혁혁한 공을 세운 사람이다. 그런데 인상여는 기껏 세 치 혓바닥을 잘 놀린 덕분에 나보다 높아졌다. 조나라의 명장이 그런 작자 밑에서 녹을 먹을 수 없다. 인상여를 만나면 어디서든지 반드시 욕을 보이리라."

이 말을 전해 들은 인상여는 되도록 염파와 마주치지 않도록 주의했다. 먼발치에서 염파가 보이면 얼른 길모퉁이로 숨어버렸다. 이런 비굴한 인상여의 태도에 사람들이 당당히 그와 맞서라고 충고했지만, 인상여는 들은 체도 하지 않았다. 한 부하는 이렇게 비굴한 사람 밑에서는 더 이상 있기 싫다고 하며 다른 곳으로 가겠다고 했다. 그러자 인상여가 그 부하를 불러서 말했다.

"나는 일찍이 진나라 왕과 맞서서 추호도 굴함이 없이 호통을 쳤고, 망신을 주었네. 그런 내가 염파 장군을 두려워서 피하겠나? 자네들은 이것을 알아야 하네. 사실 저 강대한 진나라가 우리 조나라로 쳐들어오지 못하는 것은 염파 장군과 내가 있기 때문이라네. 만약 우리 두 사람이 싸운다면, 반드시 한쪽은 죽게 될 걸세. 그렇게 되면 진나라가 그 틈을 노려 쳐들어올 게 아닌가? 내가 염파 장군을 피하는 것은 그가 두려워서가 아니라, 나라의 위급이 먼저라고 생각하기 때문이라네."

이 말을 전해 들은 염파는 자신의 어리석음을 뉘우치고 인상여를 찾아와 사죄했다.
"내 소견이 좁아 대감의 깊은 뜻을 헤아리지 못했소. 부디 용서해 주기 바랍니다."
그리하여 인상여와 염파 두 사람은 화해를 하고, 서로를 위해 목이 베어진다 해도 후회하지 않을 정도로 친한 사이가 되었다. 곧 '문경지교'를 맺었던 것이다.

친구에 대한 고사성어로는 "죽마지우' '금란지교' 등 여러 가지가 있다.

출전: 「사기(史記)」의 「인상여열전」

聞一知十
문일지십

한 번 들으면 열을 안다는 뜻으로, 하나를 가르쳐 주면 그 하나를 통해 전체를 알 수 있을 만큼 총명하다는 뜻이다.

聞 들을 문 | 一 한 일 | 知 알 지 | 十 열 십

공자의 많은 제자 중에 자공(子貢)이라는 제자가 있었다. 그는 재산을 모으는데 뛰어난 재주를 갖고 있었다. 그래서 공자가 천하를 두루 여행하는 동안 자금의 대부분을 부담했다. 그뿐 아니라 자공은 재주와 재치도 뛰어났다. 이런 자공과는 대조적으로 묵묵히 공자의 뒤만 따르는 안회(顔回)는 매우 가난했으나 어짊을 인정받아 공자가 어질다고 칭찬한 유일한 제자이기도 하다.

안회와 자공의 길고 짧음에 대해 공자가 자공에게 물었다.

"너하고 안회 둘 중에 누가 낫다고 생각하느냐?"

그러자 자공이 재치 있게 대답했다.

"제가 어찌 안회를 따르겠습니까? 안회는 하나를 들으면 열을 압니다. 그러나 저는 하나를 들으면 둘을 알 뿐입니다."

즉 자기가 안회보다 못하다는 것을 자인(自認)한 것이다. 자공 역시 스승의 기대에 어긋남이 없이 자신의 모습을 잘 알고 있었던 것이다. 그러자 공자가 말했다.

"너만이 아니다. 나도 안회를 못 따라간다."라고 말하면서 솔직하게 대답한 자공을 칭찬 겸 위로해 주었다.

출전: 「논어(論語)」의 「공야장편」

門前成市
문전성시

문 앞에 시장을 이룬다는 뜻으로 어떤 일이 크게 성공을 거두어 많은 사람들이 들락거리거나 축하할 때 사용한다.

門 문 문 | 前 앞 전 | 成 이룰 성 | 市 저자 시

한 나라의 애제(哀帝)는 스무 살에 천자가 되었다. 그러나 정치는 모두 외척들이 장악하고 그는 동현(董賢)이라는 미청년과 동성애에 빠져 있었다. 그런 애제를 받들면서 나라를 바로잡으려고 애쓴 충신 가운데 정숭(鄭崇)이라는 인물이 있었다. 애제는 처음에는 정숭의 바른 말을 귀를 기울여 들으려고 노력했으나 나중에는 오히려 귀찮아하며 만나 주지도 않았다.

평소 정숭을 못마땅하게 생각했던 조창(趙昌) 등 간신배들은 이 기회를 이용하여 그를 모함하기 시작했다.

"정숭은 왕실의 종친들과 번번히 내통하여 그 집 앞이 시장을 이루고 있다고 합니다. 어떤 좋지 못한 일을 꾸미고 있음에 틀림없습니다."

애제는 간신들의 말을 곧이듣고 정숭을 잡아들였다.

"그대의 집 앞이 방문객들로 시장을 이루고 있다는데, 대체 무슨 일을 꾸미고 있는 것인가?"

"저희 집은 시장처럼 많은 손님들이 모여들지만, 제 마음은 언제나 물과 같이 맑습니다. 다시 한 번 조사해 보십시오."

그러나 이미 정숭을 못마땅하게 여기고 있던 애제는 화를 내며 그를 감옥에 가두었다. 그 후 결국 그는 감옥 안에서 죽고 말았다.

이 말은 세상인심의 덧없음을 보여주는 말로 '문정약시(門庭若市)'라고도 쓰인다.

출전: 「한서(漢書)」의 정숭전(鄭崇傳)

門前雀羅
문전작라

문 앞에 새 잡는 그물이 쳐졌다는 말로, 세도가 몰락하여 새들이 모여들 정도로 방문객이 끊어져 한산한 상태를 일컫는 말한다.

門 문 문 | **前** 앞 전 | **雀** 참새 작 | **羅** 새그물 라

한나라 무제(武帝) 때 급암(汲黯)과 정당시(鄭當時)라고 하는 신하가 있었다. 그들은 매우 어질고 의리를 소중히 여기는 사람들로, 집에 찾아오는 손님들을 극진히 대접했다. 특히 정당시는 언제나 하인들에게 손님의 신분이 높고 낮음을 가리지 말고, 문간에서 기다리는 일이 없도록 정중하게 맞아들이도록 이르고, 자기 스스로 겸손한 태도를 잃지 않았다. 따라서 집 문 앞은 항상 방문하는 손님들로 들끓었다.

그런데 불행하게도 두 사람 모두 벼슬자리에서 쫓겨나는 신세가 되고 말았다. 급암은 바른말을 하다가 무제의 노여움을 사서 쫓겨났고, 정당시는 자기가 천거한 사람이 죄를 짓는 바람에 책임을 지고 물러나게 된 것이다.

두 사람은 청렴결백하게 살아왔기 때문에 벼슬자리에서 물러나자 집안 형편이 몹시 어려웠다. 그래서인지 그처럼 문전성시(門前成市)를 이루던 손님들의 발걸음도 뚝 끊겼다.

사마천은 「급정열전」의 끝에 다음과 같은 말을 덧붙였다.

급암과 정당시처럼 어진 사람이라도 세력이 있을 때에는 손님이 끊이지 않았지만, 벼슬이 끊어지자 모두 떠나가 버렸다. 그러니 보통 사람이야 말해 무엇 하겠는가? 적공(翟公)의 경우도 마찬가지이다. 그가 벼슬자리에 있을 때에는 그 문 앞이 몹시 붐볐으나, 벼슬을 떠나자 손님 대신 참새 떼가 모여들어 그 문 앞에 새를 잡는 그물을 칠 수 있을 정도였다.

출전: 「사기(史記)」의 「급정열전」

未亡人
미망인

남편을 따라서 죽었어야 할 아내가 죽지 않았다는 뜻으로 홀로된 여자가 자신을 겸손하게 부르는 말이다.

未 아직 **미** | 亡 망할 **망** | 人 사람 **인**

춘추시대 때 위나라의 정공(定公)은 병이 들어 자리에 눕게 되자, 후궁인 경희(敬姬)의 아들 간(衎)을 태자로 삼았다. 그 뒤 정공은 끝내 회복하지 못하고 그해 10월에 세상을 떠났다. 하지만 태자가 된 아들 간은 아버지의 죽음에 조금도 슬퍼하는 기색을 보이지 않았다.

사흘 동안 식음을 전폐하고 장례를 치르고 돌아와 지칠 대로 지친 정공의 정비인 강씨(姜氏)는 태자의 모습을 보고 크게 실망하여 탄식했다.

"저놈이 필경 나라를 망치고, 미망인인 나를 학대할 것이다. 아, 하늘은 위나라를 버리시려나 보다. 마땅히 왕이 되어야 할 내 아들 전야(鱄也)가 어려서 왕위를 이어받지 못하다니."

이 말을 들은 대부는 몸 둘 바를 몰라 하며 죄스러워했다.

또 다음과 같은 이야기도 있다.

초나라 문왕(文王)이 죽자, 재상 자원(子元)은 그의 부인이었던 문(文)부인을 유혹하기 위하여 궁궐 곁에 집을 짓고, 그곳에서 은(殷)나라 탕왕(湯王)이 시작했다는 만의춤을 추게 했다.

그 음악소리를 듣고 문부인이 울면서 말했다.

"돌아가신 왕께서는 저 음악을 군대를 훈련시키는 데 쓰셨다. 그런데 지금 재상은 이 미망인의 곁에서 들려주고 있으니, 참으로 이상한 일이 아닌가?"

이렇게 해서 미망인은 남편이 죽고 홀로된 부인을 부를 때 쓰는 말이 되었다.

출전: 「좌전(左傳)」의 「장공(莊公)」

彌縫策
미봉책

터지거나 모자란 부분을 때우고 있다는 뜻으로 그때그때 임시변통하여 급한 순간을 모면할 때 사용한다.

彌 두루 **미** | 縫 꿰맬 **봉** | 策 채찍 **책**

춘추시대 주나라 환공(桓公) 때의 일이다.

쇠약해진 주왕실을 복구하기 위해 애쓰던 환공은 그 무렵 한창 기세를 올리고 있던 정(鄭)나라를 치기로 했다. 당시 정나라를 다스리던 장공(莊公)은 강력한 군사력을 믿고 천자인 환공을 얕보았으므로 그를 쳐서 명예를 회복하고자 했던 것이다.

먼저 환공은 왕실 경사(卿士)로서의 자격을 장공으로부터 빼앗고, 그 대신 괵(虢)나라 제후를 경사로 임명했다. 이에 분개한 정공은 주왕실에 대한 조공을 일체 중지해 버렸다. 마침내 환공은 괵, 채, 위, 진 등 여러 나라와 연합하여 스스로 총사령관이 되어 정나라를 쳤다. 이미 각오를 하고 있던 장공은 이에 단호하게 맞섰다. 토벌군의 배치상황을 보고 정나라의 공자 원(元)이 장공에게 다음과 같은 계책을 진언했다.

"토벌군 중에 좌군인 진나라는 국내정세가 가장 어렵습니다. 따라서 먼저 그들을 공격한다면 사기가 떨어져 금방 격파될 것입니다. 그러면 환공이 지휘하는 중군도 혼란을 일으키고, 괵공이 이끄는 채와 위의 우군도 더 버티지 못하고 떠나버릴 것입니다. 그 틈을 노려 중군을 집중적으로 공격하면 쉽게 승리할 수 있습니다."

장공이 원의 계책에 따라 진나라를 치자 토벌군은 걷잡을 수 없이 무너졌다. 이때의 전투상황을 「좌전」에는 이렇게 전한다.

> 원형의 진을 짜고, 전차를 선진에 세우고 보병을 후진으로 한 다음, 전차와 전차 사이에 보병으로 미봉(彌縫, 빈틈을 메움)했다.

출전: 「좌전(左傳)」의 「환공(桓公)」

尾生之信
미생지신

미생의 믿음이라는 뜻으로, 신의가 두터운 것을 말하기도 하고, 반대로 너무 우직하여 융통성이 없는 것을 가리키기도 한다.

尾 꼬리 미 | 生 날 생 | 之 갈 지 | 信 믿을 신

노(魯)나라의 미생(尾生), 곧 성이 미씨(尾氏)인 선비가 살고 있었다. 그는 매우 정직한 사람으로 남과 약속한 것은 무슨 일이 있어도 지켰다.

어느 날, 미생은 사랑하는 여자와 다리 밑에서 만나기로 약속했다. 미생은 약속한 시간에 서둘러 다리 밑으로 나갔다. 하지만 어찌된 일인지 여자는 약속 시간이 훨씬 지났는데도 나타나지 않았다. 미생은 참을성 있게 계속 그녀를 기다렸다. 그런데 마침 밀물 때가 되어서 강물이 차츰 불어나기 시작했다. 물은 처음에는 미생의 발등을 적시더니 나중에는 무릎까지 차올랐다. 그러다가 마침내 목까지 차올라도 미생은 약속장소를 떠나지 않았다. 나중에는 물이 머리 위까지 올라 다리 기둥을 부둥켜안은 채 매달렸으나 끝내 피신하지 않다가 결국 물에 빠져 죽고 말았다.

전국시대의 대표적인 유세가 소진(蘇秦)은 연(燕)나라 왕을 만나 자기 의견을 설명하면서, 목숨까지 걸고 신의를 지킨 사람으로 미생을 소개했다. 그러나 같은 전국시대의 사상가인 장자(莊子)는 그의 특색 있는 우화(寓話)에서 공자와 유명한 도둑인 도척(盜跖)의 대화 속에서 도척을 통해 미생의 이야기를 비평하고 있다.

"이런 인간들은 책형(磔刑)을 당한 개, 물에 떠내려가는 돼지, 또는 쪼그라진 깡통을 한 손에 든 비렁뱅이와 같이 쓸데없는 명목에 구애되어 하나밖에 없는 목숨을 아끼지 않는 자들로, 진정한 삶의 길을 모르는 패거리이다."

출전: 「사기(史記)」의 「소진전」, 「장자(莊子)」의 「도척편」

反骨
반골

본래는 모반할 골상을 가리켰으나 오늘날은 어떤 세력이나 권위 따위에 순종하지 않고, 거슬려 버티는 기골, 또는 그런 사람을 일컫는다.

反 되돌릴 **반** | 骨 뼈 **골**

중국의 삼국시대, 즉 위(魏)나라, 오(吳)나라, 촉(蜀)나라의 세 나라가 서로 팽팽하게 맞서고 있을 때의 일이다. 유비(劉備)의 촉나라에 활달한 성격에 지략 또한 뛰어난 위연(魏延)이라는 장수가 있었다. 그는 자신의 능력을 지나치게 과신한 탓으로 상대편을 깔보는 나쁜 단점이 있었다.

유비(劉備)는 그를 한중(漢中)의 태수(太守)에 임명하여 위연에게 앞으로 직무를 어떻게 수행할 것인가에 대해 물었다. 이에 위연은 "만일 조조가 천하를 들어온다면 왕을 위해 그를 막을 것이고, 부장이 인솔하는 10만 명을 이르게 한다면 왕을 위해 그들을 섬멸할 것입니다."라고 대답하니 유비와 주변 사람들이 그의 큰 뜻에 감동했다.

그러나 제갈량(諸葛亮)만은 그의 목덜미에 거꾸로 솟아 있는 뼈를 보고 장차 모반을 도모할지도 모를 위험한 인물이라고 판단해 별로 좋지 않게 여겼다. 제갈량의 말은 그대로 적중했다. 제갈량이 죽은 얼마 뒤, 위연은 자신의 머리에 뿔 2개가 거꾸로 솟아 있는 이상한 꿈을 꾸어 조직(趙直)에게 해몽을 부탁하자 길몽이라고 대답했다. 위연은 이 말을 그대로 믿고 병권을 장악하기 위해 모반을 꾀하려 했지만 제갈량이 미리 알아차려 대비책을 세워 두었다. 결국 위연은 마대(馬岱)의 칼에 죽었고, 삼족도 멸했다.

이처럼 위연이 행한 행위는 모반이었지만, 오늘날은 불의에 타협하지 않는 긍정적인 뜻으로 알려져 있다.

출전: 「삼국지연의(三國志演義)」

盤根錯節
반근착절

나무의 서린 뿌리와 얼크러진 마디라는 말로, 일이 얽히고설켜 해결하기 매우 어려울 때를 뜻한다.

盤 소반 **반** | 根 뿌리 **근** | 錯 섞일 **착** | 節 마디 **절**

후한의 안제(安帝) 때 낭중 벼슬을 하고 있던 우후(虞詡)라는 아주 강직한 인물이 있었다. 흉노족이 침범했을 때 외척으로 권력을 휘두르고 있던 대장군 등질이 양주 땅을 흉노족에게 내주려하자, 극력 반대하여 자기 뜻을 관철시켰다. 그러나 그 일로 등질의 미움을 사서 조가현의 현령으로 밀려났다. 당시 조가현에는 비적들이 일어나서 고을 현령과 군졸들을 살해하는 사건이 일어났는데, 등질은 바로 이때라고 생각하여 우후를 그 후임으로 보내면서 비적 토벌을 명했던 것이다.

이때 소식을 들은 친구들이 우후의 불행을 위로하기 위해 몰려왔다. 강력한 군세를 갖고 있는 비적들과 싸워서 죽을지도 모른다고 생각했던 것이다. 그러나 우후는 태평스럽게 웃으면서 말했다.

"생각은 쉬운 것을 찾지 않고, 일은 어려운 것을 피하지 않는 것이 신하된 사람의 도리이다. 서린 뿌리와 얼크러진 마디를 만나지 않으면 무엇으로 칼날의 날카로움을 알 수 있겠는가?"

이 말은 고난을 당해 보고서야 그 사람의 참된 가치를 알 수 있다는 뜻이다. 과연 우후는 뛰어난 지혜와 용맹으로 조가현의 비적을 토벌하는데 성공했다. 그는 그 후에도 외척과 환관을 비롯한 모든 불의와 굳건히 맞서 끝까지 반근착절에 대한 도전을 했다.

출전: 「후한서(後漢書)」의 「우후전」

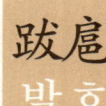

跋扈
발호

대나무로 만든 통발을 뛰어넘는다, 즉 함부로 날뛴다는 뜻으로 힘이 강해진 아랫사람이 윗사람의 권한을 침범할 때 하는 말이다.

跋 밟을 발 | 扈 뒤따를 호

후한 때의 일이다. 양기(梁冀)는 왕실의 외척이었고, 처남인 순제(順帝) 때 대장군의 자리에 올랐다. 하지만 그는 거만했고, 오만방자한데다 포악하기 이를 데 없는 성격의 소유자로, 3대 20년 동안 정권을 잡고 전횡을 일삼아 감히 그에 대항하는 자가 없을 정도였다.

순제가 죽자, 그는 두 살짜리인 충제(沖帝)를 왕위에 올렸으며, 이듬해 충제가 죽자 이번에는 여덟 살짜리 질제(質帝)를 즉위시켰다. 총명하고, 영리한 질제는 비록 나이는 어렸으나 양기가 매우 교만하고, 방자하게 구는 것을 알았다. 그래서 어느 날, 조회를 할 때 다른 신하들이 있는 자리에서 양기를 평하여 말했다.

"이 사람은 발호장군(跋扈將軍)이로군."

물고기 잡는 통발을 물속에 넣으면 작은 물고기는 힘이 없어 통발에 걸려 있지만, 큰 물고기는 이를 뛰어넘어 달아나 버린다. 이것을 비유하여 양기의 교만방자함을 지적한 것이다. 양기는 이 말에 질제를 미워하게 되어 얼마 뒤, 결국 짐살(鴆殺), 즉 짐새(광동성에 사는 독조(毒鳥))의 독이 든 술을 먹여 죽이고 말았다.

출전: 「후한서(後漢書)」의 「양기전」

傍若無人
방약무인

곁에 아무도 없다는 뜻으로, 남의 입장을 생각하지 않고 거리낌 없이 함부로 행동하는 것을 가리킨다.

傍 곁 **방** | 若 같을 **약** | 無 없을 **무** | 人 사람 **인**

전국시대 말, 위(衛)나라에 형가(荊軻)라는 사람이 있었다. 그는 술을 좋아하고, 무예에 능했으나 문학에도 조예가 깊었다. 그러나 위나라에서 뜻을 이루지 못한 그는 여러 나라를 정처 없이 떠돌며 당시의 협객, 현인들을 두루 사귀었다.

이윽고 연(燕)나라에 이른 형가는 그곳에서 대나무로 만든 악기인 축(筑)으로 유명한 고점리(高漸離)를 만났다. 두 사람은 곧 의기투합하여 날마다 어울려 술을 마셨다. 고점리가 축을 연주하면 형가가 노래를 불렀는데, 감정이 극에 달해 복받치면 서로 얼싸안고 목을 놓아 울기도 했다. 그 노는 모습이 방약무인(傍若無人), 즉 마치 곁에 아무도 없는 것 같았다고 한다.

이런 형가의 인물을 알아본 사람이 연나라의 태자 단(丹)이다. 당시 단은 진나라에 진 원수를 갚기 위해 방법을 찾고 있었는데, 바로 형가가 눈에 들어왔던 것이다. 형가는 진나라에서 원하는 번오기(樊於期)의 얼굴과 연나라 땅의 지도를 갖고 진나라로 떠났다. 형가가 출발할 때 태자 단과 빈객들은 역수(易水) 강가에서 전송했다. 이때 형가는 비장한 목소리로.

'바람은 쓸쓸하고 역수는 차갑다. 한번 떠나면 다시 오지 못하리'라는 유명한 「역수가」를 불렀다. 그러나 형가는 진왕 암살 직전에 발각되어 거사는 실패로 끝난다.

출전: 사만천이 지은 「사기(史記)」의 「자객열전」

背水陣
배수진

물을 등지고 진을 친다는 뜻으로 어떤 일에 죽음을 각오하고 임하는 것을 가리킨다.

背 등 배 | 水 물 수 | 陣 줄 진

한고조(漢高祖) 유방이 제위에 오르기 2년 전(기원전 240년) 한신(韓信)으로 하여금 조(趙)나라를 무찌르게 했을 때의 일이다. 한산은 배산임수(背山臨水, 산을 등지고 물을 앞에 놓는 것)의 일반적인 병법을 무시하고, 1만 명의 군사를 강가로 보내 물을 등지고 진을 치게 했다. 이 싸움에서 달아날 곳이 없는 한나라 군사들은 필사적으로 싸워 승리를 거두었다.

전승 축하잔치가 벌어진 자리에서 부하들이 한신에게 물었다.

"병법에는 진을 칠 때 산을 뒤로 두고 물을 앞에 둔다고 했습니다. 그런데 장군께서는 도리어 물을 뒤에 두고 진을 쳐서 이겼습니다. 그것은 무슨 진법입니까?"

한신이 대답했다.

"그 역시 병법에 있는 것인데, 자네들이 몰라서 하는 말일세. '죽을 땅에 빠져야만 살 길을 발견할 수 있다.'라고 하지 않는가? 우리 군사들은 피로가 겹친데다가 충분한 훈련도 받지 못했네. 싸우다가 전세가 불리해지면 도망칠 염려가 있기 때문에 죽음을 각오하고, 싸울 수 있도록 배수진을 친 것일세. 만약 배산임수의 진을 쳤더라면 우리는 이길 수 없었을 것일세."

출전: 사마천의 「사기(史記)」의 「회음후열전(淮陰侯列傳)」

杯中蛇影
배중사영

잔 속에 비친 뱀 그림자라는 뜻으로, 아무것도 아닌 일에 의심을 품고, 신경 쓰는 경우를 이르는 말이다.

杯 잔 **배** | **中** 가운데 **중** | **蛇** 뱀 **사** | **影** 그림자 **영**

진(晉)나라 때 악광(樂廣)이라는 사람이 있었다. 그가 하남 지방 태수로 있을 때의 일이었다. 친하게 자주 놀러 오던 친구가 오랫동안 소식이 없자, 악광은 이상하게 생각하여 그 친구를 찾아가 까닭을 묻자, 그가 뜻밖의 말을 했다.

"지난번 자네 집에서 술을 마실 때의 일이었네. 글쎄, 술잔 속에서 뱀이 보이지 않겠나. 그래서 기분이 언짢은데도 그냥 그 술을 마셨더니 그 뒤로 이렇게 시름시름 앓게 되었다네."

"그거 참 이상한 일이군."

악광은 고개를 갸웃거리며 생각했지만 정말로 알 수 없는 노릇이었다. 집으로 돌아온 악광은 그 일을 곰곰이 생각해 보았으나 통 영문을 알 수 없었다. 지난번에 술을 마신 곳이라면 바로 자기가 집무를 보는 곳이었다. 그래서 그 곳에 들어가 사방을 자세히 살펴보니, 그 방의 벽에 활이 걸려 있었는데, 그 활의 그림자가 뱀처럼 보였다. 이에 악광은 곧 그 친구를 불렀다. 그리고 지난번과 같은 자리에 앉게 하고 술을 따라 주며 물었다.

"어떤가? 술잔 속에 또 뱀이 보이는가?"

"지난번과 마찬가지일세."

"자세히 보게, 자네가 본 그 뱀 그림자는 바로 저 벽에 걸린 활의 그림자일세."

그제야 그 친구의 얼굴이 환해졌고, 병도 씻은 듯이 나았다.

출전: 「진서(晉書)」의 「악광전(樂廣傳)」

百面書生
백면서생

얼굴이 하얀 선비, 곧 글만 읽을 줄 알 뿐 세상일을 전혀 모르는, 경험이 없는 젊은이를 일컫는 말이다.

白 흰백 | 面 얼굴면 | 書 글서 | 生 날생

남북조시대 때의 일이다. 남조인 송나라 3대 황제인 문제(文帝) 때 북조의 북위 태무제(太武帝)는 강남의 사진을 둘러싸고 대립을 계속했다. 그러던 중 태무제가 대군을 일으켜 유연을 공격했다. 이에 문제는 그 기회를 틈타 북위를 공격하려고 했다.

문신들을 불러놓고 북위를 치는 방법을 의논하고 있을 때 그 자리에는 태자에게 딸린 교위 관직에 있던 심경지(沈慶之)라는 사람이 있었다. 그는 어렸을 때부터 무예를 갈고 닦아 그 기량이 뛰어났다. 그는 10세의 어린 나이에도 불구하고, 사병을 이끌고 반란군과 싸워 승리하여 이름을 떨친 유명한 장수였다. 40세 때는 이민족의 반란을 진압한 공로로 장군에 임명되기도 했다.

그 자리에 있던 문신들은 모두 출병에 찬성했으나 심경지가 아직은 때가 아니라고 반대하면서 문제에게 바른 말을 했다.

"집안일에 있어서도 밭 가는 일은 종들에게 묻고, 베 짜는 일은 하녀들에게 물어야 하는 법입니다. 마찬가지로 국가의 대사는 전문가에게 맡겨야 하는데, 지금 폐하께서는 적국인 북위를 공격하려고 하시면서 백면서생들과 더불어 의논하시니, 어찌 목적을 이룰 수 있겠습니까?"

이와 같은 심경지의 반대에도 불구하고, 문제는 문신들의 말대로 출병했다가 크게 패하고 말았다.

출전: 「송서(宋書)」의 「심경지전(沈慶之傳)」

百年河淸
백년하청

중국의 황하는 항상 물이 흐려 있어서 백 년에 한 번 물이 맑아질까 말까 한다는 뜻으로 아무리 기다려도 실현될 가망이 없을 때 사용한다.

百 일백 **백** | 年 해 **년** | 河 물 **하** | 淸 맑을 **청**

춘추시대 때 정(鄭)나라가 초나라의 속국 격인 채(蔡)나라를 공격하자, 초나라도 이를 막기 위해 정나라를 공격할 채비를 갖추려고 왕궁에서 회의를 소집했다. 이에 정나라는 6경의 지도자들이 모여 회의를 하는데, 초나라에 항복하여 국가를 보존하자는 쪽과 진(晉)나라에 원군을 요청하여 원군이 도착하면 싸우자는 쪽으로 갈라졌다.

이렇듯 한창 의논이 분분할 때 대부 벼슬에 있던 자사(子駟)가 다음과 같이 주장했다.

"주나라의 시(詩)에 '황하의 흐린 물이 맑아지기를 기다린다는 것은 한이 없어 사람의 짧은 목숨으로는 도저히 부족하다. 점쳐서 피하는 일이 많으면 새가 그물에 얽힌 듯 갈피를 잡지 못한다.(周詩之曰 待河之淸 人壽幾何 兆云詢多 職競作羅)'고 했습니다. 그러나 우선 급한 대로 초나라 군사를 맞아 그들의 말을 따르기로 하고 후에 진나라 군사가 오면 다시 진나라를 따르면 그만입니다. 우리는 그들을 맞이할 선물이나 준비해 두고 기다리는 것이 마땅할 듯합니다."

이 말은 어느 세월에 무작정 진나라 구원병이 오길 기다리겠느냐는 뜻으로 황하의 물이 맑아지기를 기다리는 것과 다를 바가 없다고 역설한 것이다. 이렇게 해서 정나라는 초나라와 화친을 맺고 전쟁을 피할 수 있었다.

출전: 「좌전(左傳)」의 「양공(襄公)」

百聞而不如一見
백문이불여일견

백 번 듣는 것보다 한 번 보는 것이 낫다는 뜻이다. 무슨 일이든지 전해 듣는 것보다는 직접 보는 것이 더욱 확실하다는 말이다.

百 일백 **백** | **聞** 들을 **문** | **而** 말이을 **이** | **不** 아니 **불** | **如** 같을 **여** | **一** 한 **일** | **見** 볼 **견**

전한(前漢) 선제(宣帝) 때의 일이다. 서북 변경에서 유목민족인 강족(羌族)이 반란을 일으켰다. 선제는 어사대부인 병길을, 후장군 조충국(趙充國)에게 보내 반란군을 물리치는데 누가 적임자인지를 물어보게 했다. 그러자 조충국이 대답했다.

"비록 내 나이 일흔이 넘었지만, 나를 능가할 사람은 없습니다."

조충국은 무제 때 이광리의 휘하 장수로 흉노 토벌에 출전했다가 포위되자, 백여 명의 군사를 이끌고 용감히 싸운 끝에 포위망을 뚫고 살아난 사람이었다.

병길로부터 이 말을 전해 들은 선제는 즉시 조충국을 불러 어떤 전략으로 반란군을 물리칠지 생각을 말하라고 했다. 그러자 조충국이 이렇게 말했다.

"백 번 듣는 것이 한 번 보는 것만 같지 못합니다. 싸움을 벌일 장소에서 멀리 떨어져 있는 가운데 전략을 세우기란 쉬운 일이 아닙니다. 일단 가서 지형을 비롯한 주변 여건을 자세히 알아본 뒤에 계책을 세워 보고하겠습니다."

선제는 그 말이 옳다고 생각하여 승낙했다. 조충국은 현지답사를 통해 정세를 파악한 다음, 둔전책(屯田策)을 세웠다. 즉 보병 약 1만명을 각지에 배치하여 농사일을 하면서 군무에 종사하도록 한 것이다. 그로부터 1년 뒤, 조충국은 마침내 반란군을 진압하여 전공을 세운다.

출전: 「한서(漢書)」의 「조충국전(趙充國傳)」

百發百中
백발백중

백 번 쏘아 백 번 다 맞힌다는 뜻으로, 무슨 일이나 틀린 적이 없이 잘 들어맞을 때 사용한다. 실패가 없이 꼭꼭 잘 맞음을 일컫는 말이다.

百 일백 **백** | 發 필 **발** | 中 가운데 **중**

초나라에 활을 잘 쏘는 양유기(養由基)라는 사람이 있었다. 그는 백 보 떨어진 곳에 있는 버들잎을 쏘아 백발백중했기 때문에 지켜보던 수천 명의 관중들이 '활을 잘 쏜다.'라고 칭찬했다.

그때 한 사내가 양유기에게 다가오더니 말했다.

"잘 쏘네. 그 정도면 내가 자네에게 활쏘기를 가르쳐 줄만 하네."

그 말을 듣고 화가 난 양유기가 당장 활을 집어던지고 칼을 뽑으면서 따져 물었다.

"당신이 어떻게 나에게 활을 가르쳐 줄 수 있다고 보는가?"

그러자 사내가 말했다.

"나는 실제로 활쏘기를 가르쳐 주겠다고 한 것이 아니라오. 백 보 떨어진 곳의 버들잎을 쏜 것이 백발백중이라고 하지만 잘 한다고 하기 전에 그만 두어야 하오."

"그게 무슨 말이오?"

"안 그러면 기력이 떨어져 결국 화살이 빗나가게 될 것이고, 그렇게 되면 지금까지의 명성이 물거품이 될 것이 아니겠소?"

그 말에 양유기는 아무 말도 못했다. 당연한 일이다. 만일 그 사내의 말이 없었다면 칭찬하는 말만 듣고 계속 활을 쏘다가 실패하는 일이 생겼을 것이다. 그러니 양유기의 활쏘기를 가르친 것이 아닐까?

출전: 「사기(史記)」의 「주기(周紀)」

白眉
백미

흰눈썹이라는 뜻으로 여러 사람들 중에서 가장 뛰어난 사람이나 물건을 가리키는 말이다.

白 흰 백 | 眉 눈썹 미

삼국시대의 일이다. 촉(蜀)나라에 문무를 겸비한 마량(馬良)이라는 참모가 있었다. 그는 제갈량과도 아주 친한 사이로, 한 번은 뛰어난 언변으로 남쪽 변방의 오랑캐의 한 무리를 모두 부하로 삼는데 성공할 정도로 덕성과 지혜가 뛰어난 인물이었다.

마량(馬良)은 형제가 다섯이었다. 다섯 형제는 모두 자(字)에 상(常)이란 글자가 붙어 있었기 때문에 세상 사람들은 그들 형제를 가리켜 '마씨오상(馬氏五常)'이라 일컬었다. 형제가 모두 재주가 뛰어났으나 그중에서도 마량이 가장 뛰어났으므로 그 고장사람들은 말하기를 "마씨오상은 모두 뛰어나지만 그중에서도 흰 눈썹이 가장 훌륭하다.(馬氏五常 白眉最良)"라고 했다. 즉 마량은 어려서부터 눈썹에 흰 털이 섞여 있었기 때문에 이렇게 불렸던 것이다.

이때부터 같은 또래, 같은 계통의 많은 사람 중에서 가장 뛰어난 사람을 백미라 부르게 되었고, 지금은 사람만이 아니라 뛰어난 작품을 이야기할 때도 백미라 부른다.

출전: 「삼국지(三國志)」의 「촉지 마량전」

白髮三千丈
백발삼천장

하얗게 센 머리카락의 길이가 삼천 길이나 된다는 뜻으로, 근심이 깊음을 의미한다.

白 흰 **백** | 髮 머리터럭 **발** | 三 석 **삼** | 千 일천 **천** | 丈 길이·어른 **장**

'백발삼천장'은 이백(李白)의 연작시(連作詩) 「추포가」 17수 중 열다섯 번째의 시에 나오는 말이다. 「추포가」는 이백이 만년에 귀양살이에서 풀려나 추포에 와서 거울을 들여다보며 몰라보게 늙은 자기 모습에 놀라서 지은 시이다. 추포는 오늘날의 안휘성 귀지현 서남쪽에 있는 호수이다.

호방하고, 자유로운 시풍을 특징으로 하는 이백의 시로서는 드물게 우수에 찬 상념으로 늙어가는 슬픔과 외로움을 읊고 있는데, 이 열다섯 번째 시만은 낙천적이고, 해학적인 기질이 엿보인다.

> 흰머리털이 무려 삼천 길
> 근심으로 이렇게 길어졌네.
> 알 수 없네, 밝은 거울 속
> 어디서 가을 서리를 얻었을까.
> (白髮三千丈/ 緣愁似箇長/ 不知明鏡裏 何處得秋霜)

출전: 이백의 시(詩) 「추포가(秋浦歌)」

伯牙絶絃
백아절현

백아가 거문고의 줄을 끊는다는 뜻으로, 자기를 알아주는 절친한 친구의 죽음, 혹은 그 죽음을 슬퍼함을 일컫는 말이다.

伯 맏·우두머리 **백** | 牙 어금니 **아** | 絶 끊을 **절** | 絃 악기줄 **현**

전국시대 거문고의 명인인 백아(伯牙)에게는 그 소리를 제대로 이해하는 종자기(鍾子期)라는 친구가 있었다.

백아가 산의 모습을 표현하기 위해 거문고를 타면 종자기는
"하늘 높이 우뚝 솟은 태산 같구나." 하고,
흐르는 물소리를 표현하고자 하면
"강물의 흐름이 황하와 같도다." 하고 말했다.

그만큼 두 사람은 서로를 깊이 이해하고 있었다. 그런데 안타깝게도 종자기가 먼저 세상을 떠났다. 그러자 백아는 그날로 거문고의 줄을 끊어 버리고 말았다.

사람들이 그 까닭을 묻자, 백아는, "내 거문고 소리를 깊이 이해하는 사람은 종자기뿐이었다. 그런 친구가 죽었으니 이제 이 세상에서 내 마음을 알아줄 사람은 아무도 없다." 하고 말했다. 그리고 그는 종자기의 죽음을 슬퍼하면서 다시는 거문고를 연주하지 않았다.

출전: 「열자(列子)」의 「탕문편」

白眼視
백안시

흘겨본다는 뜻으로 대수롭지 않게 여기어 눈을 흘기거나 냉대하는 것을 말한다.

白 흰백 | 眼 눈안 | 視 볼시

완적은 죽림칠현(竹林七賢) 중 한 사람이다. 그는 사마중달(司馬仲達)이 반란을 일으켜 위(魏)나라가 진(晉)나라로 바뀌자 벼슬을 버리고 산야에 묻혀 살았다. 그는 사회가 정한 규칙에 얽매이기를 싫어했고, 제멋대로 행동하며 시대의 풍조를 비판했던 인물로 알려져 있다.

그에 대한 일화가 많은데 그중 하나가 어머니가 죽었을 때 그가 취한 행동이었다. 당시는 예법을 중시하던 시대였는데, 그는 상복을 완전히 무시했다. 조문하러 온 손님을 대할 때도 예법에 얽매인 사람한테는 노골적으로 경멸하는 눈초리(白眼)를 보냈고, 그렇지 않은 사람한테는 청안(靑眼, 환영하는 마음을 나타내는 눈매)으로 대답했다. 또 어느 날 그한테 혼담이 들어오자, 그는 60일 동안 계속 술을 마시고 얘기할 기회를 주지 않았다.

그는 위나라의 왕실하고도 깊은 관련이 있었는데, 당시 위나라는 이미 쇠약해져 있었다. 결국 위나라가 진나라에게 패망당했을 때 유명한 위나라의 인사들이 권모술수에 의해 목숨을 잃었다. 그러나 완적은 기이한 행동과 방종 속에서 살아왔기 때문에 그 재앙을 넘길 수 있었다. 그의 기발한 행동과 모순된 행동에는 그의 마음속에 있는 깊은 괴로움과 슬픔이 숨겨져 있었던 것이다.

출전: 「진서(晉書)」의 「완적전(阮籍傳)」

百戰百勝
백전백승

백번 싸우면 백번 다 이긴다는 뜻으로 싸울 때마다 항상 이긴다는 말이다.

百 일백 **백** | 戰 싸울 **전** | 勝 이길 **승**

손자는 제(齊)나라 사람으로 본명은 손무(孫武)이고, 산동성(山東省)에서 태어났다. 오(吳)나라 왕 합려(闔閭)를 섬겨 절제와 규율 있는 육군을 조직하게 했으며 초(楚)나라, 제(齊)나라, 진(晋)나라 등을 굴복시켜 합려로 하여금 패자(覇者)가 되게 했다.

그가 저술했다는(그의 후손 孫臏의 저술이라고도 함) 병서(兵書) 「손자(孫子)」는 단순한 국지적인 전투의 작전서가 아니라 국가경영의 요지(要旨), 승패의 기미(機微), 인사의 성패(成敗) 등에 이르는 내용을 다룬 책이다.

그는 "싸우지 않고도 남의 군사를 굴복시키는 것은 착한 자의 으뜸이다."라고 가르치고 있다.

「손자(孫子)」에 다음과 같은 글이 실려 있다.

승리에는 두 가지 종류가 있다. 그 첫 번째는 적을 공격하지 않고 얻은 승리, 또 다른 하나는 적을 공격하여 얻은 승리가 그것이다. 적을 공격하지 않고 이기는 승리가 제일 좋은 책략이고, 공격해서 이기는 승리는 다음으로 좋은 책략이다. 일백 번 싸워서 일백 번 이겼다 할지라도 그것이 최상의 승리는 아니다. 싸우지 않고 적을 굴복시키는 것이야말로 최상의 승리이다. 곧 최상책은 적이 도모하고자 하는 행동을 알아내어 이를 막는 것이고, 그 다음은 적이 다른 나라와 동맹 맺는 것을 끊고, 적을 고립시키는 것이며, 마지막 세 번째로는 적과 싸우는 것이다. 최하책은 모든 수단을 다 쓴 끝에 공격하는 것이다.

출전: 「손자(孫子)」의 「모공편」

栢舟之操
백주지조

편벽나무의 지조란 뜻으로, 과부의 굳은 정조, 곧 남편을 여읜 아내가 정절을 지켜 재가하지 않는 것을 말한다.

栢 나무이름 **백** | 舟 배 **주** | 之 갈 **지** | 操 잡을 **조**

위(衛)나라 희후(僖侯)의 아들인 여(余)는 아내 강(姜)을 홀로 두고 젊은 나이에 세상을 떠났다. 여가 죽은 뒤 공백이라는 시호가 내렸으므로 아내인 강도 남편의 시호에 따라 공강(共姜)이라 불렸다. 유난히 부부 금슬이 좋았던 두 사람이었으므로 아내인 공강은 남편만을 생각하며 절개를 굳게 지키기로 작정했다.

그러나 그의 부모는 젊은 나이에 홀로 된 딸을 불쌍히 여겨 어떻게 해서든 재가를 시키고 싶었다. 그럴 때마다 공강은 그 권유를 뿌리쳤는데 그래도 부모가 재가할 것을 강권하자, 공강은 '백주(栢舟)'라는 시를 지어 자신의 굳은 절개를 나타냈다.

저기 저 편벽나무 배는
항하 가운데 떠 있구나.
더벅머리 드리운
오직 한 사람 그이만이 내 짝이요,
죽어도 다른 사람 없는 것을.
어머니는 하늘이신데
내 마음 어찌 몰라주시나
汎彼栢舟/ 在彼中河/ 髧彼兩髦/ 實維我儀/
之死矢靡他/ 母也天只/ 不諒人只

출전: 「시경(詩經)」의 「용풍」

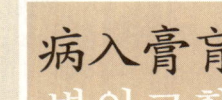

病入膏肓
병입고황

병이 깊고 무거워져 회복할 기미가 보이지 않는 것을 가리키며, 나쁜 버릇이나 습관 등이 손을 쓸 수 없을 때 사용한다.

病 병·질병**병** | 入 들**입** | 膏 살찔**고** | 肓 명치끝**황**

춘추시대 때의 일이다. 진나라의 경공(景公)이 어느 날 큰 유귀(幽鬼)를 꿈에 보았다. 유귀는 땅에 흐트러진 긴 머리를 끌며 가슴을 두드리고 발을 구르면서 외쳤다.

"내 자손을 잘도 죽였구나. 천제의 허락이 내렸다. 자, 오너라."

유귀는 궁전 문들을 부수면서 쫓아왔다. 혼비백산한 경공은 방으로 도망쳤으나 유귀는 그 문 역시 부숴 버렸고, 그때 꿈에서 깼다.

경공은 꿈 풀이를 하려고 무당을 불렀다. 무당은 경공이 말하기도 전에 꿈과 같은 예언을 했다.

"금년에 새로 수확되는 햇곡식을 잡수시기 전에 목숨을 잃으십니다."

그 후 경공은 병이 들어 나날이 악화되었다. 진나라에 의사를 부탁하자, 명의인 고완(高緩)을 보내겠다고 전해 왔다. 그런데 고완이 도착하기도 전에 경공은 또 꿈을 꾸었다. 그런데 병이 두 아이가 되어 대화하고 있는 것이 아닌가?

"이번에는 명의한테 죽을 거야. 어디로든 도망가자."

"심장 아래 횡격막 위로 도망치면 죽지 않을 거야."

고완이 도착하여 진찰을 하고 난 뒤 말했다.

"병은 고칠 수 없습니다. 심장 아래 횡경막 위로 들어가 있으므로 아무리 손을 써도 소용이 없습니다."

그 말을 들은 경공은 꿈에서 본 그대로였기에 그의 진찰에 탄복하여 후한 예물을 주어 돌려보냈다.

출전: 「좌전(左傳)」의 「성공」

覆水不返盆
복수불반분

엎지른 물은 다시 그릇에 담을 수 없다는 말로, 이혼한 부부는 다시 결합할 수 없다는 뜻이다. 또 한번 저지른 일은 되돌릴 수 없음을 뜻한다.

覆 뒤집힐 **복** | 水 물 **수** | 不 아니 **불** | 返 돌아올 **반** | 盆 동이 **분**

주나라 문왕(文王)이 사냥을 나갔다가 위수(渭水) 강가에서 낚시를 하고 있던 백발노인을 만났다. 그와 몇 마디를 나눠 본 문왕은 그의 식견이 보통이 아님을 알아차리고 함께 대궐로 돌아갔다. 그의 이름은 강상(姜尙)이지만, 우리는 강태공이라고 부르기도 한다.(17쪽 강태공 참조)

그의 선조들이 일찍이 대우씨의 치수사업에 공로가 있어 여(呂)라는 곳에 봉지(封地)를 받아 여씨라고도 해서 여상이라고 불리기도 한다. 문왕을 만날 당시 그의 나이는 80세였는데, 문왕은 그를 국사(國師)로 삼고, 아버지 태공이 바라던 인물이란 뜻으로 '태공망(太公望)'이라고 불리기도 한다.

문왕은 강태공의 도움으로 천하의 3분의 2를 차지할 수 있었고, 아들 무왕 때는 마침내 은(殷)나라를 치고, 천하를 차지했다. 천자가 된 무왕은 강태공을 제왕에 봉했다. 제왕이 된 강태공이 제나라로 가는 도중, 웬 여인이 길 한복판에 꿇어 앉아 울고 있었다. 그의 전처 마씨(馬氏)였다. 그녀가 용서를 빌며 다시 아내로 받아달라고 간청했다. 강태공은 물을 떠오게 하여 길에 쏟은 다음, 이렇게 말했다.

"저 물을 다시 주워 담는다면 그렇게 하지요."

출전: 「습유기(拾遺記)」, 「사기(史記)」의 「제태공세가」

不得要領
부득요령

요령을 얻지 못한다는 뜻으로, 말이나 글, 또는 사건의 중요한 점을 파악할 수 없음을 이르는 말이다.

不 아니 **불(부)** | 得 얻을 **득** | 要 구할·원할 **요** | 領 옷깃 **령**

한(漢)나라 때의 무제(武帝) 때의 일이다. 당시 한나라는 흉노족이 자주 국경을 침범하는 바람에 괴로움을 겪고 있었다. 무제는 흉노에게 밀려 농서(隴西)에서 멀리 서쪽으로 쫓겨난 대월지(大月氏)와 손잡고 흉노를 공격하기로 했다. 그때 대월지국에 다녀올 사신으로 선발된 사람이 바로 장건(張騫)이었다. 그는 당시 낭관벼슬을 하고 있었는데, 무제의 명을 받고 다른 수행원들과 함께 길을 떠났다.

그러나 장건 일행은 농서를 벗어나자마자 흉노족에게 잡혀 포로가 되고 말았다. 장건은 그곳에서 10년 넘게 억류되어 살면서 흉노여인과 결혼하여 두 아들까지 두었다. 그러면서도 이제나저제나 탈출할 기회만 엿보고 있었다. 마침내 기회가 찾아와 장건은 처자와 수행원들을 데리고 흉노를 탈출하여 대월지국에 도착했다. 본래의 자기 사명을 잊지 않은 장건은 대월지국 왕을 만나 무제의 뜻을 전달했다.

그러나 이미 정착한 지역에서 평화롭게 살고 있던 그들은 굳이 흉노와 전쟁을 할 필요성을 느끼지 못했다. 결국 그는 목적한 바를 못 이루고 힘없이 귀국길에 올랐다. 이에 대해 「한서」의 「장건전」에는 다음과 같은 기록이 있다.

> 장건은 대월지의 요령(要領)을 얻지 못하고, 1년 정도 머물렀다가 돌아오고 말았다.

'요령'에는 두 가지 뜻이 있다. 즉 허리와 목, 또는 허리띠와 깃인데 두 가지 다 아주 중요한 것, 요점을 가리킨다.

출전: 「한서(漢書)」의 「장건전」

駙馬
부마

임금의 사위를 일컫는 말이다.

駙 곁마 **부** · 부마 **부** | 馬 말 **마**

전국시대 농서라는 땅에 신도탁(辛道度)이라는 젊은이가 살고 있었다. 그는 이름 높은 스승을 찾아 말을 타고 옹주로 가던 도중에 날이 저물어 주위를 두리번거리다가 큰 기와집 대문을 두드렸다.

"옹주로 가는 나그네인데 날이 저물어 잘 곳을 찾지 못했으니, 좀 재워 주실 수 있는지요?"

하녀는 안으로 들어갔다가 돌아와서 그를 안방으로 안내했다. 그리고 후하게 대접했다. 그가 상을 물리자, 안주인이라는 여인이 들어와서 말했다.

"저는 진나라 민왕의 딸이온데, 조나라로 시집을 갔다가 남편과 사별하고, 23년 동안 이곳에서 혼자 살고 있습니다. 오늘 당신이 이곳에 온 것은 우연이 아니라 생각하오니, 저와 부부의 연을 맺어 주십시오."

신도탁은 신분의 차이로 극구 사양했으나 여인의 간청에 못 이겨 사흘 밤낮을 그 여인과 부부의 연을 맺었다. 나흘 째 되던 날 여인이 "조금 더 당신과 함께 있고 싶지만 더 이상 함께 지낸다면 화를 당하게 됩니다. 대신 이 징표를 드리겠습니다." 하고 신도탁에게 금베개를 주었다. 금베개를 받고 집을 나온 그는 하도 이상해서 뒤를 돌아보니 큰 기와집은 온데간데없이 사라지고 없었다.

그러나 금베개만은 그대로 있었다. 그는 금베개를 팔아 여비로 썼다. 그 후 민심을 살피러 나온 왕비가 그 베개를 발견하고, 조사 끝에 신도탁을 잡아들였다. 그 베개는 죽은 공주의 무덤에 넣어 두었던 것이었다. 사실을 확인하기 위해 공주의 무덤을 파보니 금베개가 없어졌고, 부부의 연을 맺은 것이 사실로 들어났다. 왕은 신도탁을 사위로 인정하여 부마도위라는 벼슬을 내렸다.

출전: 「수신기(搜神記)」

夫婦有別
부부유별

부부 사이에는 엄숙한 분별이 있어야 한다는 뜻이다.

夫 지아비 **부** | 婦 지어미 **부** | 有 있을 **유** | 別 나눌 **별**

춘추오패의 한 사람인 진나라 문공 때의 일이다. 대부인 서신(胥臣)이 극결(郤缺)이란 사람을 천거하면서 그의 인품을 이렇게 소개했다.

"지난 날 제가 사신으로 가다가 기(冀)라는 들판에서 잠깐 쉬고 있을 때 밭을 갈고 있는 한 사람을 보았습니다. 때마침 그의 아내가 점심밥을 갖고 왔습니다. 아내는 밥과 반찬을 일일이 두 손으로 남편에게 드리고, 남편은 옷깃을 여민 후 음식을 받아서 기도를 드리고 먹었습니다. 아내는 남편이 식사를 마칠 때까지 곁에 모시고 서 있었습니다. 그리고 남편은 집으로 돌아가는 아내가 안 보일 때까지 바라본 뒤에야 밭의 일을 다시 하기 시작했습니다. 부부간에 서로 대하는 태도가 꼭 귀한 손님을 대하는 것과 같았으니 다른 사람을 대하는 태도는 여북하겠습니까? 신이 듣건대 능히 공경할 줄 아는 사람이라야 반드시 덕이 있다고 했습니다. 그가 바로 극예의 아들 극결이었습니다. 만일 그 사람을 등용해서 쓴다면 나라에 큰 도움이 되리라 믿습니다."

"극예라면 지난 날 반란을 일으켰던 역적이 아닌가? 죄인의 자식을 어떻게 등용할 수 있단 말인가?"

"요순과 같은 성왕도 단주와 상균 같은 불초한 자식이 있었고, 곤 같은 악인에게도 우임금과 같은 어진 임금이 있었습니다. 아버지와 아들은 아무 상관이 없습니다."

결국 문왕은 서신의 말대로 극결을 등용하여 큰 도움을 받는다. 극결이 출세할 수 있었던 첫걸음은 부부유별(夫婦有別)에 있었다.

출전: 「진서(晉書)」

焚書坑儒
분서갱유

책을 불사르고, 선비들을 산 채로 구덩이에 묻어 죽인 일로, 흔히 서적이나 인사들을 탄압하는 행위나 독재자를 말한다.

焚 불사를 **분** | 書 글 **서** | 坑 구덩이 **갱** | 儒 선비 **유**

진(秦)나라 시황제는 천하를 통일한 뒤, 주왕조 때의 봉건제도를 폐지하고 중앙집권의 군현제도를 시행했다. 어느 날, 함양궁의 잔치에서 박사인 순우월이 봉건제도를 다시 부활해야 왕실이 무궁한 안녕을 누릴 수 있다고 말했다. 이때 시황제가 그 의견에 대해 가부를 묻자, 승상 이사(李斯)가 말했다.

"옛날에는 제후들끼리 끊임없이 싸움을 벌이는 바람에 천하가 어지러웠지만, 지금은 통일이 되어 모든 법령이 한 곳에서 나오고 있습니다. 그런데도 그 잘난 학식을 앞세워 정책이나 명령을 비방하는 자들이 있습니다. 그러니 백성들의 생활에 꼭 필요한 것을 빼고 모두 불태워 없애는 것이 좋을 것 같습니다."

이 말을 들은 시황제는 의약, 점술, 농사에 관한 서적 외에 모조리 불태워 버리라(焚書)고 지시했다.

그 이듬해 '갱유(坑儒)' 사건이 일어났다. 불로장생을 꿈꾸었던 시황제는 신선술에 능통한 방사(方士)들을 불러놓고 후대하는 한편, 다른 나라로 보내 장생불사약을 구해오게 했다. 그중에서도 특히 노생(盧生)과 후생(候生)을 후대했는데, 그들은 시황제를 유혹하여 온갖 호사를 누리고는 재물을 챙겨 달아나 버렸다. 그들은 달아나면서 시황제와 관련된 악담과 중상모략을 세상에 퍼트렸다.

시황제는 크게 분노했다.

"내가 그토록 은혜를 베푼 놈들이 그 모양이니, 다른 놈들이야 말할 것도 없겠지."

그는 곧 정탐꾼을 함양으로 보내 학자들의 동정을 살폈는데 460여 명이 시황제의 실정을 비난한 것을 알아내고, 그들을 산 채로 구덩이에 묻어 버렸다.

출전: 「사기(史記)」의 「진사황본기」

不俱戴天之讎
불구대천지수

함께 하늘을 이고 살지 못할 원수, 즉 원한이 너무 깊어 상대를 죽이든지, 내가 죽든지 결판을 내야 할 원수를 가리킨다.

不 아니 **불** | 俱 함께 **구** | 戴 (머리에)일 **대** | 天 하늘 **천** | 之 갈 **지** | 讎 원수 **수**

불공대천지수(不共戴天之讎)라고도 한다. 또 준말로 대천지수(戴天之讎)·불공대천(不共戴天)이라고도 한다. 원래는 '아버지의 원수'를 가리키는 말인데, 오늘날 이 말은 아버지의 원수에 한하지 않고 '더불어 살 수 없을 정도로 미운 놈'이란 뜻으로 쓰이기도 한다. 「예기」의 「곡례편」에 다음과 같은 내용의 글이 실려 있다.

> 아버지의 원수와는 함께 하늘을 이고 살 수 없고(父之讎弗與共戴天)/ 형제의 원수를 보고 무기를 가지러 가면 늦으며(兄弟之讎不反兵)/ 친구의 원수와는 나라를 같이 해서는 안 된다.(交遊之讎不同國)

이와 유사한 내용의 글이 「맹자」의 「진심편」에 나온다. "내 이제야 남의 아비를 죽이는 것이 중한 것을 알겠노라. 남의 아비를 죽이면 남이 또한 그 아비를 죽이고, 남의 형을 죽이면 남이 또한 그 형을 죽일 것이다. 그러면 스스로 제 아비나 형을 죽인 것은 아니지만 결과는 마찬가지이니라."

중국에서는 예로부터 아버지나 스승 또는 친구의 원수를 갚기 위해 복수하는 행위를 의로운 행동으로 여겨왔다. 이는 가부장제 중심의 인간관계를 중시한 고대 중국의 사회적 배경과 관계가 깊다.

출전: 「예기(禮記)」의 「곡례편」, 「맹자(孟子)」의 「진심편」

不入虎穴不得虎子
불입호혈부득호자

호랑이 굴에 들어가지 않고는 호랑이 새끼를 잡을 수 없다는 뜻으로, 위험을 무릅쓰지 않고는 원하는 것을 얻을 수 없다는 말이다.

不 아니 **불** | 入 들 **입** | 虎 범 **호** | 穴 구멍 **혈** | 不 아니 **불** | 得 얻을 **득** | 子 아들 **자**

반초(班超)는 후한시대 사람으로 「한서(漢書)」를 지은 반고(班固)의 동생이다. 형뿐만 아니라, 아버지, 누이동생까지 모두 문필로 이름을 날린 집안이었지만 그는 용맹스럽고, 무예까지 뛰어난 사람이었다.

반초가 36명의 장사들을 이끌고 서역의 선선국(鄯善國)에 사신으로 갔을 때의 일이다. 처음에 선선국 왕은 반초 일행을 상객(商客)으로 융숭하게 대접했는데, 어느 날 갑자기 그들을 박대하기 시작했다. 반초가 부하를 보내 알아보니 선선국 왕의 태도가 달라진 것은 흉노족의 사신이 왔기 때문이었다. 왜냐하면 선선국 왕이 흉노족을 두려워하고 있었기 때문이었다.

반초는 곧 부하들을 한 자리에 불러 모아놓고 말했다.

"지금 이 나라에 흉노족의 사신이 와 있다. 그래서 왕이 처음과는 달리, 우리는 냉대하는 것이다. 잘못하면 우리를 흉노족에게 포로로 넘길지도 모른다. 호랑이 굴에 들어가지 않고는 호랑이 새끼를 잡을 수 없다. 이제 길은 오직 하나, 오늘 밤 흉노족의 사신 들이 잠든 틈에 기습할 것이다. 먼저 숙소에 불을 지르도록 하라."

그날 밤, 반초는 36명의 장사와 함께 흉노족의 사신들이 묵고 있는 숙소를 습격하여 불을 질렀다. 그리고 놀라서 뛰어나오는 자들을 하나도 남김없이 죽여 버렸다. 이 일로 선선국과 인근 50여 오랑캐 나라들이 크게 겁을 먹고 한나라에 복종했다.

출전: 「후한서(後漢書)」의 「반초전」

不惑 불혹

미혹되지 않는다는 뜻으로, 하늘의 이치를 깨달아 흔들림이 없다는 뜻인데, 보통 나이 마흔 살을 이렇게 일컫는다.

不 아니 불 | 惑 미혹할 혹

학문에 대하여 세운 뜻이 차츰 그 방향이 세워져 확고부동하게 되어 가는 수양 및 발전과정을 공자는 「논어」의 「위정편」에서 다음과 같이 달하고 있다.

　　나는 열다섯에 학문에 뜻을 두었고,
　　서른에 뜻을 세웠으며,
　　마흔에 미혹되지 않았고,
　　쉰에 하늘의 명을 알았고,
　　예순에 무슨 소리를 듣든 그대로 이해되었고,
　　일흔에 마음에 하고자 하는 바대로 좇았지만, 법도에 어긋남이 없었다.

이 말에서 유래하여 열다섯 살을 지학(志學), 서른 살을 이립(而立), 마흔 살을 불혹(不惑), 쉰 살을 지천명(知天命), 예순 살을 이순(耳順), 일흔 살을 종심(從心)이라고 부르게 되었다.

또한 「자한편」에는 다음과 같이 말하고 있다.

　　지혜로운 사람은 미혹되지 않고,
　　어진 사람은 근심하지 않고,
　　용기 있는 사람은 두려워하지 않는다.

우주의 이치를 깨닫고 실천하는 사람이 지자(知者)이고, 만물을 사랑하고 덕을 베푸는 사람이 인자(仁者)이고, 정의를 위해 실천하는 사람이 용자(勇者)이다.

출전: 「논어(論語)」의 「위정편」과 「자한편」

鵬程萬里
붕정만리

붕생의 갈 길은 만리(萬里), 즉 양양한 장래를 뜻하는 말이다.

鵬 붕새 **붕** | 程 단위 **정** | 萬 일만 **만** | 里 마을·거리 **리**

장자(莊子)는 전국시대 도가(道家)의 대표자로, 노자(老子)와 함께 '무위자연(無爲自然)'을 주장했다. '무위자연'이란 '있는 그대로의 본성'을 말한다. 또한 자연 속에 묻혀 대상과 자아가 하나가 되는 '물아일체(物我一體)'의 경지를 꿈꾸었다. 그는 어려운 사상을 우언(寓言)으로 표현하기를 좋아했다.

「장자」의 「소요유편」에 보면 다음과 같은 이야기가 나온다.

북해(北海)에 곤(鯤)이라는 물고기가 살고 있다. 그 크기는 몇 천 리가 되는지 모른다. 그 물고기가 변해서 붕(鵬)이라는 새가 된다.

붕새의 등은 몇 천 리가 되어 한 번 날면 구름처럼 하늘을 뒤덮어 버리고, 바다가 출렁거릴 정도로 큰 바람이 일어나는데, 두 번에 북해 끝에서 남해 끝까지 날아간다.

세상의 신기한 일을 적어놓은 제해(齊諧)에 의하면 붕새가 날갯짓을 한 번 하면 삼천 리가 되는 격랑이 일어나며, 붕새는 구만 리를 여섯 달 동안 쉬지 않고 난 후에야 비로소 그 날개를 한 번 접고 쉰다고 한다.

여기서 말하는 붕새는 세속의 상식을 뛰어넘어 무한한 자유의 세계를 거니는 위대한 사람, '무위자연'을 이룬 사람, '물아일체'를 이룬 사람을 비유한 것이다.

출전: 「장자(莊子)」의 「소요유편」

髀肉之嘆
비육지탄

무사가 오랫동안 전장에 나가지 않아 말 탈 일이 없어 넓적다리가 살찐 것을 탄식한다는 말로 할 일 없이 아까운 세월만 보낸다는 뜻이다.

髀 넓적다리 **비** | 肉 고기 **육** | 之 갈 **지** | 嘆 탄식할 **탄**

후한 말, 한(漢)나라의 부흥을 외치던 유비(劉備)가 힘이 달려 조조에게 크게 패한 적이 있었다. 남은 병사라고는 1천 명도 못 되는데다가 갈 곳조차 없는 신세가 되어 기주, 여남 등지로 전전하던 그가 형주의 자사인 유표(劉表)에게 의탁하게 된다. 유표는 유비를 극진히 대접하여 편안히 소일할 수 있게 배려해 주었다. 그때 유비의 나이는 이미 50줄에 들어서고 있었다.

어느 날, 유비는 유표의 초대를 받아 함께 술을 마셨다. 그 도중에 변소에 갔다가 넓적다리가 전에 비해 몹시 굵어진 것을 보게 되었다. 그러자 자신의 신세가 한스러워 저도 모르게 두 줄기 눈물이 뺨을 타고 흘러내렸다. 그가 다시 자리로 돌아오자 그의 표정이 이상해진 것을 느끼고 유표가 물었다.

"얼굴에 눈물자국이 있는 것 같은데, 무슨 일이 있었소?"

유비는 깊이 탄식하며 대답했다.

"지난 날, 나는 늘 말을 타고 돌아다녔기 때문에 넓적다리가 살 붙을 틈이 없었는데, 요즘은 말을 탈 일이 없으니까 살만 뒤룩뒤룩 찌는구려. 세월은 헛되이 흘러가고 몸은 하루가 다르게 늙어가는 데, 이루어 놓은 것이라고는 아무것도 없으니 한심해서 그저 눈물만 나옵니다."

출전 : 「삼국지(三國志)」의 「촉지」

貧者一燈
빈자일등

가난한 사람이 밝힌 등불 하나라는 말로, 가난 속에서 보인 성의가 부귀한 사람들의 많은 보시(布施)보다도 가치 있다는 뜻이다.

貧 가난할 **빈** | **者** 놈 **자** | **一** 한 **일** | **燈** 등잔 **등**

석가모니가 사위국(舍衛國)의 어느 정사(精舍)에 계실 때의 일이다. 사위국에 난타(難陀)라는 한 가난한 여인이 살고 있었다. 그 여인은 몸을 의지할 곳도 없어 구걸하며 살았다. 그녀는 국왕을 위시한 많은 사람들이 각각 신분에 맞는 공양을 석가와 그의 제자들에게 하고 있는 것을 한탄하며 이렇게 말했다.

"전생에 무슨 죄가 있어 천한 몸으로 태어나 모처럼 고마우신 스님을 뵙게 되었는데도 아무것도 공양할 수 없구나."

그녀는 온종일 거리를 돌아다니며 구걸한 끝에 겨우 돈 한 푼을 얻었다. 그것으로 기름을 사서 등불을 만들려는 것이었다. 그러나 기름집 주인은 돈이 너무 적어 기름을 팔려고 하지 않았다.

"아니, 겨우 한 푼어치 기름을 사다가 어디에 쓰려는 것이오."

그녀는 자신의 뜻을 기름집 주인에게 말했다. 그러자 딱하게 생각한 기름집 주인은 한 푼을 받고, 돈의 몇 배나 되는 기름을 주었다. 그녀는 너무나 기뻐 어쩔 줄을 몰라 하면서 등을 하나 만들어 석가가 있는 정사로 달려갔다. 이를 석가에게 바치고 불을 밝혀 불타 앞에 있는 무수한 등불 속에 놓아두었다.

그런데 이상하게도 난타가 바친 등불만이 새벽까지 홀로 타고 있었다. 손을 저어 바람을 보내도, 옷을 흔들어 바람을 보내도 꺼지지 않았다. 난타의 정성이 하늘을 움직인 것이다. 그리고 나중에 석가가 난타의 정성을 알고, 그녀를 비구니로 받아들였다.

출전: 「현우경(賢愚經)」의 「빈녀난타품」

氷炭不相容
빙탄불상용

얼음과 불처럼 성질이 서로 반대여서 도저히 화합할 수 없을 때 사용하는 말이다.

氷 얼음 **빙** | 炭 숯 **탄** | 不 아니 **불** | 相 서로 **상** | 容 얼굴 **용**

한(漢)나라의 무제 때 동방삭(東方朔)이라는 사람이 살고 있었다. 뛰어난 글 솜씨에다 박식했기 때문에 무제는 늘 동방삭을 가까이 두고 말상대로 삼았다. 특히 동방삭은 사물을 꿰뚫어 보는 관찰력이 예리했다. 그의 뛰어난 글재주가 역력히 드러난 책이 바로「초사(楚辭)」로, 초나라의 천재적인 정치가이자 시인인 굴원(屈原)을 추모하여 지은 글이다.

거기에 이런 시구가 있다.

> 인사의 불행을 슬퍼하면서
> 수명을 천명에 속한 바 함지에 위임한다.
> 몸은 병들어 쾌유되지 않은 채 있고,
> 마음은 들끓어서 뜨거운 물과 같다.
> 얼음과 숯은 같이할 수가 없음이여.
> 내 본래 생명이 길지 못함을 알았노라.
> 외롭게 홀로 고초를 겪다 죽어 낙이 없으니
> 내 나이 다하지 못함을 애석해 하노라.

얼음은 불에 닿으면 녹아내리고, 불은 얼음에 닿으면 꺼져 버린다. 충신과 간신이 한 조정에 있을 수 없음을 비유한 것이다. 이 무렵 굴원은 간신들의 모함을 받아 귀양살이를 하고 있었다.

이 뜻이 변하여 오늘날에는 생각이나 느낌이 서로 달라 한데 어우러질 수 없는 경우에 이 구절을 자주 인용하기도 한다.

출전:「초사(楚辭)」의「칠간」

四面楚歌
사면초가

사방에서 초나라의 노랫소리가 들린다. 다시 말해 적에게 완전히 포위되어 고립된 상태, 즉 어쩔 도리가 없는 막막한 상태를 가리킨다.

四 넉 사 | 面 낯 면 | 楚 모형 초 | 歌 노래 가

초나라의 항우와 한나라의 유방 사이에 벌어진 전쟁이 거의 막바지에 이르렀을 때의 일이다. 형세는 이미 항우에게 불리하게 전개되어 있었다. 두 사람은 평화협정을 체결하여 천하를 둘로 나눠 홍구(鴻溝)의 서쪽은 한나라가, 동쪽은 초나라가 차지하기로 했다.

항우는 동쪽으로 출발하고, 유방이 서쪽으로 출발하려고 할 때 유방의 신하인 장량(張良)과 진평(陳平)이 호랑이를 남기면 우환이 남는다고 유방을 설득하여 유방은 말머리를 돌려 항우를 추격, 해하에서 초나라 군사를 포위했다. 이때 초나라 진영은 군사도 많지 않은데다가 군량마저 부족하여 말할 수 없이 어려움을 겪고 있었다.

밤이 되자, 장량은 한나라 군사들을 동원하여 초나라 노래를 부르게 했다. 지칠 대로 지친 초나라 군사들에게 향수를 느끼게 하여 전의를 꺾자는 의도였다. 과연 초나라 군사들은 향수를 이기지 못하여 눈물을 흘리다가 하나씩 둘씩 슬금슬금 진영을 빠져나가 도망치기 시작했다.

항우 역시 이 노랫소리를 듣고 놀라서 말했다.

"한나라가 이미 초나라를 얻었단 말인가? 어째서 초나라 사람이 이렇게 많은가?"

이제 끝장이라고 생각한 항우는 그날 밤 겨우 800여 기를 이끌고 탈출했다가 이튿날 한군에 돌입, 스스로 제 목을 쳐서 31세의 젊은 나이로 죽었다.

출전: 「사기(史記)」의 「항우본기」

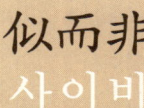

似而非
사이비

겉은 제법 진짜로 보이지만, 속은 전혀 다른 경우를 말한다.

似 같을 사 | 而 말이을 이 | 非 아닐 비

전국시대 때 만장(萬章)이 스승인 맹자에게 물었다.

"한 고을 사람이 다 그를 훌륭한 사람이라고 칭찬한다면, 그는 어디를 가나 훌륭한 사람이 아닐 수 없을 텐데, 공자께서는 어찌하여 그런 사람을 '덕을 해치는 사람' 이라고 비난하셨습니까?"

만장이 말한 것은 향원(鄕原)으로, 겉으로는 군자인 것 같으나 행실은 소인인 거짓 군자를 뜻한다.

맹자가 대답했다.

"비난하려 해도 꼭 집어 비난할 것이 없고, 시대의 흐름을 잘 타서 얼핏 보기에는 신의가 두텁고 정직한 것 같고, 모든 사람들이 그를 좋아하고, 그 또한 스스로 옳다고 생각하지만 그런 사람과는 요순(堯舜)의 도에 들어설 수 없기 때문에 '덕을 해치는 사람'이라고 말씀하신 것이다."

이어서 맹자는 공자의 말씀을 인용했다.

"공자께서는 '나는 사이비(似而非), 즉 같고도 아닌 것을 미워한다. 가라지를 미워하는 것은 그것이 벼의 모를 해칠까 두렵기 때문이며, 말재주 있는 자를 미워하는 것은 정의를 혼란시킬까 두려워서다. 정(鄭)나라 음악을 미워하는 것은 아악(雅樂)을 어지럽힐까 두렵기 때문이며, 자주색을 미워하는 것은 붉은 색을 어지럽힐까 두렵기 때문이고, 향원을 미워하는 것은 덕을 어지럽힐까 두려워서다.'라고 하셨다. 군자는 정도(正道)로 돌아갈 따름이다. 도가 바르면 백성들이 선에 일어나고, 백성들이 선에 일어나면 사특(私慝)한 것이 없어질 것이다."

출전: 「맹자(孟子)」의 「진심편」

獅子吼
사자후

사자의 부르짖음이란 뜻으로, 오늘날에는 열변이나 웅변을 뜻하는 말로 쓰인다.

獅 사자 **사** | 子 아들 **자** | 吼 울 **후**

이 말은 원래 사자의 울음소리를 뜻하는 말로, 그 소리가 위엄에 넘치고 무섭기 때문에 그 소리를 들으면 모든 짐승들이 도망친다고 한다.

「전등록(傳燈錄)」에 석가모니는 태어나자마자 한 손으로 하늘을 가리키고, 한 손으로 땅을 가리키며 일곱 걸음을 옮겨 돈 다음, 사방을 둘러보고 '천상천하 유아독존(天上天下 唯我獨尊, 하늘 위아래에 오직 나만이 홀로 높다.)'이라고 했다는 기록이 있다. 더불어 석가모니는 도솔천에서 태어나 손을 나눠 하늘과 땅을 가리키며 사자후(獅子吼)를 발했다고 쓰고 있다.

또 「유마경(維摩經)」에는 석가모니의 설법은 그 위엄있는 것이 마치 사자후와 같다고 했다. 이 말이 일반에게 전하여 열변을 토하며 정당한 논의로 상대방을 설득한다는 뜻으로 쓰이게 되었다.

소동파(蘇東坡)가 친구인 오덕인(吳德仁)에게 보낸 시 가운데서 같은 친구인 진계상(陳季常)의 아내가 남편에게 퍼붓는 욕설을 '사자후'라고 표현하고 있다. 편지로 된 긴 시에는 다음과 같은 구절이 나온다. 여기서의 용구거사(龍丘居士)는 진계상을 말한다.

> 용구거사는 역시 가련하다.
> 공(空)과 유(有)를 말하며 밤에도 자지 않는데
> 문득 하동의 사자후를 듣자
> 주장이 손에서 떨어지며 마음이 아찔해진다.

출전: 「불경(佛經)」, 소동파(蘇東坡)가 지은 시(詩)

蛇足
사족

뱀을 그리는데 실제로는 없는 발까지 그려 넣어 실패했다는 데서 온 말로 쓸데없는 짓을 하다가 오히려 일을 그르친다는 뜻이다.

蛇 뱀 사 | 足 발 족

전국시대 초나라의 회왕(懷王) 때 재상이었던 소양(昭陽)은 위나라를 쳐 여덟 개의 성을 쳐부수고, 이어 제나라를 치려고 했다. 겁이 난 제나라 왕이 마침 제나라에 와 있던 진나라의 사자인 진진(陳珍)에게 소양의 야심을 꺾어달라고 부탁했다. 진진은 소양을 찾아가서 다음과 같은 이야기를 들려주었다.

여러 사람이 술 한 잔을 가운데 놓고 둘러앉아서 땅바닥에 가장 먼저 뱀을 그리는 사람이 그 술을 마시는 내기를 했다. 잠시 후, 한 사람이 가장 먼저 뱀을 그렸다. 그는 술잔을 집어 들고, '내가 제일 먼저 그렸으니, 이 술은 내 거야.' 하면서 계속 뱀의 발을 그렸다.
그때 다른 사람이 뱀을 다 그려놓고, 그 술잔을 빼앗으며 말했다.
'뱀에 무슨 발이 있어. 자네가 그린 것은 뱀이 아니야.'
그리고 술을 훌쩍 마셔버렸다.

이야기를 마치고 진진은 소양을 설득했다.
"당신은 이미 위나라를 쳐서 빛나는 전공을 세웠습니다. 이제 또다시 제나라를 치려고 하는 것은 마치 뱀을 그린 다음 없는 발을 그려 넣는 것과 다를 바 없는 일로, 잘못하면 앞서 얻은 공로까지 다 잃게 될 것입니다."
이 말을 듣고 소양은 군사를 회군했다고 한다.

출전: 「전국책(戰國策)」의 「제책(齊策)」

四知
사지

하늘이 알고, 땅이 알고, 네가 알고, 내가 안다는 뜻으로 이 세상에는 아무도 모르는 비밀이 없음을 비유하는 말이다.

四 넉 **사** | **知** 알 **지**

후한시대 때의 일이다. 양진은 박식한데다가 인품 또한 고매하여 관서공자(關西公子)라는 별호까지 얻고 있었다. 동래(東萊) 태수로 부임해 가던 도중 그는 창읍(昌邑)이라는 곳에서 묵게 되었다. 밤이 깊었을 때 동래의 신임 태수가 자기 읍내에 묵고 있다는 것을 안 창읍 현령인 왕밀(王密)이 은밀하게 그를 찾아와 금 10냥을 내놓았다.

"원행 길에 노자라도 보태시지요."

양진이 그것을 거절했다.

"아니, 이러시면 안 됩니다. 저는 받을 수 없습니다."

그러자 왕밀이 은근한 목소리로 말했다.

"지금은 한밤중이라 이 사실을 아는 사람이 아무도 없습니다. 어서 받아 넣으시지요."

이 말을 듣고 양진이 큰소리로 왕밀을 나무랬다.

"아무도 모른다구요? 그대가 알고, 내가 알고, 하늘이 알고, 땅이 알고 있지 않은가?"

그러자 왕밀은 얼굴을 붉히며 금을 챙겨 갖고 꽁무니에 불이 나도록 돌아가 버렸다.

출전: 「후한서(後漢書)」의 「양진전」

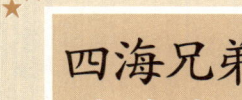

四海兄弟
사해형제

사해(四海)는 온 천하를 가리키는 말로, 모든 사람이 형제와 같다는 뜻이다. '사해동포(四海同胞)'도 같은 뜻으로 쓰인다.

四 넉 사 | 海 바다 해 | 兄 맏 형 | 弟 아우 제

공자의 제자인 사마우(司馬牛)에게 환퇴(桓魋)라고 하는 형이 있었다. 그는 언젠가 공자를 죽이려고 까지 했던 악당으로 송(宋)나라에서 반란을 꾀하다가 실패하자 다른 나라로 도망쳤다.

사마우가 탄식했다.

"사람마다 형제가 있으나 나만은 형제를 잃고 혼자이다."

그 소리를 듣고 공자의 다른 제자인 자하(子夏)가 위로했다.

"사람이 죽고 사는 것이 모두 하늘의 뜻에 달렸고, 부귀 역시 하늘이 내린 운을 타야 한다네. 군자가 공경하여 실수가 없고, 사람들과 사귐에 있어서 공손하여 예절이 있으면, 천하사람 누구나가 다 형제가 아닌가. 그러니 군자라면 형제가 없다고 슬퍼할 필요가 없다네."

또 어느 날, 사마우가 공자에게 물었다.

"군자란 어떤 사람입니까?"

공자가 대답했다.

"군자는 근심걱정을 하거나 겁을 내거나 하지 않는 사람이라네."

"걱정하지 않고, 겁내지도 않으면 군자라고 할 수 있습니까?"

"안으로 반성해서 떳떳하면 무엇을 걱정하고 겁내겠는가?"

즉 마음먹기에 따라서는 세상 사람 모두가 형제일 수 있다는 뜻이다.

출전: 「논어(論語)」의 「안연편」

殺身成仁
살신성인

자신의 몸을 희생해 인(仁-어진 일, 착한 일)을 이룩한다는 뜻으로 위급한 상황임에도 자신의 몸을 바쳐 옳은 일을 행할 때 사용한다.

殺 죽일 **살** | 身 몸 **신** | 成 이룰 **성** | 仁 어질 **인**

「논어」에 보면 공자의 말로 다음과 같은 것이 있다.

뜻이 있는 선비와 인자(仁者)는 삶을 구하여 인(仁)을 해치는 일이 없고, 몸을 죽여 인을 이루는 일은 있다.

여기서 지사(志士)는 굳은 뜻을 지닌 선비요, 인자(仁者)는 덕을 이룬 사람을 가리킨다. 이것은 마땅히 죽어야 할 자리에서 죽지 않고, 오히려 남에게 폐를 끼치는 사람은 지자나 인자가 아니다. 지자와 인자는 자기 생명을 버리는 한이 있더라도 어진 일이나 착한 일을 구한다는 뜻이다.
또한 맹자는 다음과 같이 말하고 있다.

옛날 제나라의 경공(景公)이 사냥할 때 산지기를 불렀으나 오지 않았다. 그래서 경공은 그를 죽이기로 결심했다. 그러나 공자께서는 정의에 뜻을 둔 선비는 구렁텅이에 버려질 것을 잊지 않고, 용감한 사람은 자기의 목을 잃을 것을 잊지 않는다고 하셨다. 그렇다면 공자께서 취하신 것은 무엇인가?

즉 정의에 뜻을 두고 있는 사람은 때로 자기의 목숨을 버려서라도 '인'을 달성하기 위해 부단히 노력한다는 뜻이다.
일본 지하철에서 플랫폼에서 떨어지는 행인을 구하고 자신이 목숨을 잃은 한국이 유학생 이수근 씨의 행위가 바로 이런 삶의 증표가 아닐까?

출전: 「논어(論語)」의 「위영공편」

三顧草廬
삼고초려

초가집을 세 번이나 찾아갔다는 말로, 유능한 사람을 자기 사람으로 만들기 위해 진심으로 간곡하게 청할 때를 비유한다.

三 석 삼 | 顧 돌아볼 고 | 草 풀 초 | 廬 오두막집 려

삼국시대 때의 일이다. 촉한(蜀漢)을 세운 유비는 관우, 장비 등 용맹스러운 장수를 거느리고 있었지만, 불행히도 지략이 뛰어난 인물을 구하지 못해 언제나 답답한 마음을 금할 길이 없었다.

그러던 때, 서서(徐庶)라는 사람이 찾아와서 유비하게 말했다.

"남양의 용주 땅에 초가집을 짓고 와룡(臥龍, 누워 있는 용)처럼 숨어 지내는 제갈공명이라는 사람이 있습니다. 그를 한번 만나보시지요."

그 말에 유비는 귀가 번쩍 뜨였다.

"그를 이리로 데리고 올 수는 없겠소?"

그러나 서서는 고개를 저었다.

"부른다고 올 사람이 아닙니다. 몸소 찾아가셔야 할 것입니다."

이에 유비는 친히 제갈공명이 사는 풀이 무성한 오두막을 찾았다. 그러나 제갈공명이 자리를 피하는 바람에 만나지도 못하고 그냥 되돌아왔다. 며칠 뒤 유비는 다시 제갈공명을 찾아갔으나, 역시 만나지 못하고 헛걸음만 했다.

이 사실을 알고, 관우와 장비는 체통을 지켜야 한다고 유비를 만류했다. 그러나 유비는 그 만류를 뿌리치고 다시 제갈공명을 찾아갔다.

마침내 제갈공명은 유비의 성의에 감동하여 그를 돕기로 결심하고 유비를 따른다. 이후 제갈공명의 기지로 난국을 타개하면서 유비는 조조, 손권과 더불어 삼국시대의 중심인물로 등장한다.

출전: 「삼국지(三國志)」, 「제갈량전」

三十六計 走爲上計
삼십육계 주위상계

서른여섯 가지 계책 중에 달아나는 것이 제일 좋은 계책이라는 말로 일이 불리할 경우에는 도망가는 것이 제일 좋은 방법이라는 뜻이다.

三 석**삼** | 十 열**십** | 六 여섯**육** | 計 꾀·계략**계** | 走 달릴**주** | 爲 할**위** | 上 위**상**

중국 남북조시대 제(齊)나라 제5대 황제 명제(明帝) 때 일어난 일이다. 명제는 고제(高帝)의 사촌 형제인데, 고제의 증손(제3, 4대 황제)들을 죽이고 황제 자리를 빼앗았다. 그는 황제에 즉위한 이후 반란과 보복이 두려워 자기를 반대한 형제와 조카 14명을 살해한 것은 물론 측근들마저도 자신에게 반대하면 여지없이 죽여 버렸다. 뿐만 아니라 와병 중에도 왕족을 10여 명이나 죽였다. 명제의 잔인한 살해 행위에 회계(會稽)의 태수(太守) 왕경칙(王敬則)은 개국 공신임에도 생명의 위협을 느끼고 먼저 군사를 일으켰다. 왕경칙은 군사 1만 명을 이끌고 건강(建康, 지금의 난징)을 향해 진격했는데, 명제에 불만을 품은 농민들이 가세하여 군사가 10만 명으로 늘어났다. 왕경칙은 10여 일 만에 건강과 흥성성(興盛城)을 함락하는 등 위세를 떨쳤다. 이때 병석에 누워 있던 명제 대신 정사를 돌보고 있던 태자 소보권(蕭寶卷)은 함락 소식을 듣고는 피난 준비를 서둘렀다.

소보권의 피난 소식을 들은 왕경칙은 다음과 같이 자신 있게 충고했.

"단(檀) 장군의 36가지 계책 가운데 도망치는 것이 제일 좋은 계책이었다. 그러니 너희 부자도 어서 도망가는 것이 좋을 것이다.(檀公三十六策 走爲上策 計汝父子唯有走耳)"

그러나 이렇게 당당한 왕경칙도 결국 제나라 군사에게 포위되어 참수당하고 말았다.

참고로 단(檀) 장군은 남북조시대 남조 최초의 왕조인 송(宋) 무제(武帝)의 건국을 도운 명장 단도제(檀道濟)로, 북위와 싸울 때 전세가 불리하면 잘 도망쳤다고 한다.

출전: 「자치통감(資治通鑑)」의 「권백사일」, 「남제서(南齊書)」의 「왕경칙전」

三人成虎
삼인성호

사람 셋이 모이면 호랑이도 만들어 낸다는 말로, 곧 근거 없는 말이라도 여러 사람이 하면 이를 곧이듣는다는 뜻이다.

三 석 삼 | 人 사람 인 | 成 이룰 성 | 虎 범 호

전국시대 위(魏)나라 때의 일이다. 위나라의 신하 방총(龐蔥)이 인질로 가는 태자를 모시고 조나라의 한단(邯鄲)에 가게 되었다. 조나라로 떠나기 전 방총은 혜왕과 이런 이야기를 나누었다.

"만일 지금 어떤 사람이 와서 저잣거리에 호랑이가 나타났다고 하면 대왕께서는 그 말을 믿으시겠습니까?"

"그 말을 어떻게 믿겠는가?"

"그럼 또 한 사람이 와서 같은 말을 하면 어떻겠습니까?"

"그때는 의심해 보겠지."

"그러면 다시 또 한 사람이 와서 같은 말을 하면 어떻겠습니까?"

"그렇다면 아마 믿겠지."

"그렇습니다. 저잣거리에 호랑이가 나타날 수 없는 것은 당연한 이치입니다. 그러나 세 사람이 똑같은 말을 한다면, 그때는 호랑이가 나타난 것이 됩니다.(三人言成虎) 지금 저는 멀리 한단으로 떠납니다. 한단은 여기서 저잣거리보다 멀고, 또한 신이 떠난 뒤 참헌하는 자 역시 세 사람보다 더 많을 것입니다 폐하께서는 부디 밝게 살펴주시기 바랍니다."

혜왕은 방총이 왜 그런 말을 하는지 알아차렸다.

그러나 방총이 안심하고 떠난 뒤, 그가 염려한 대로 한단에 도착하기도 전에 혜왕에게 참소하는 자가 있었고 태자가 인질에서 풀려 귀국한 뒤에도 방총은 결국 혜왕을 만나지 못하게 되었다.

출전: 「한비자(韓非子)」의 「내지설편」, 「전국책(戰國策)」의 「위책」 등

喪家之狗
상가지구

상갓집의 개라는 말로, 기운 없이 초라한 모습으로 여기저기 기웃거리며 얻어먹을 것을 찾아다니는 사람을 빈정거리는 투로 일컫는 말이다.

喪 죽을 **상** | 家 집 **가** | 之 갈 **지** | 狗 개 **구**

춘추시대 말, 노(魯)나라 정공 때 오늘날 법무장관 격인 대사구로서 재생의 직무를 맡고 있던 공자는 왕족인 삼환씨(三桓氏)와 뜻이 맞지 않아 배척을 당해 노나라를 떠나게 되었다. 그 후 공자는 자신의 뜻을 마음껏 펼칠 수 있는 나라를 찾아 여기저기를 순방하며 돌아다녔으나 그를 반겨 주는 군주는 한 군데도 없었다.

56세 때 정(鄭)나라로 간 공자는 제자들을 놓치고 홀로 동문 곁에 서서 제자들이 찾아오기를 기다렸다. 잃어버린 스승을 찾아 나선 자공(子貢)이 한 행인에게 공자의 차림새를 말하면서 보았냐고 묻자 이렇게 대답했다.

"글세, 당신 스승이 누군지는 잘 모르겠지만, 어떤 사람이 동문 밖에 서 있는 것을 보았소. 이마는 요임금 같고, 목은 고요(皐陶, 순임금과 우임금을 섬기던 재상)와 같으며, 어깨는 자산(子産, 공자보다 앞 시대의 정나라의 어진 재상) 같고, 허리 아래는 우임금보다 세 치가 모자라는데, 몹시 피로하고 뜻을 얻지 못해 초라해 보이는 모습이 흡사 상갓집 개와 같았소."

자공이 급히 달려가 보니, 과연 공자가 그곳에서 서성거리고 있었다. 자공이 노인이 한 말을 그대로 공자에게 전하자, 공자가 빙그레 웃으며 말했다.

"다른 말은 당치도 않지만, 상갓집 개 같다는 표현은 맞는 것 같다."

출전: 「사기(史記)」의 「공자세가」

桑田碧海
상전벽해

뽕나무 밭이 푸른 바다로 변한다는 뜻으로, 세상 모습이 몰라볼 정도로 달라진 것을 비유한 말이다.

桑 뽕나무 상 | 田 밭 전 | 碧 푸를 벽 | 海 바다 해

이 말은 유정지(劉廷芝·劉希夷)가 쓴 시에 나오는데, 세상의 모든 일이 덧없고 변천이 심한 것을 노래에 담고 있다.

낙양성 동쪽 복사꽃 오얏꽃은
이리저리 흩날려 뉘 집에 지는고,
낙양의 계집애들 고운 얼굴 애석해하며
길가다 지는 꽃 만나면 길게 한숨짓네.
올해도 꽃이 지면 고운 얼굴도 변하거니
내년에 꽃이 필 때 다시 누가 있겠는가.
소나무 잣나무 꺾여 장작된 것 보았고,
뽕나무 밭 변해서 바다된 것 또한 들었네.
옛사람 성 동쪽에 다시없고,
지금 사람 꽃보라 속에 서 있네.
해마다 피는 꽃은 비슷하건만
해마다 사람 얼굴 같지 않구나.

洛陽城東桃李花/ 飛來飛去落誰家/ 洛陽女兒惜顏色
行逢落花長歎息/ 今年花落顏色改/ 明年花開復誰在
已見松柏摧爲薪/ 更聞桑田變成海/ 古人無復洛城東
今人還對落花風/ 年年歲歲花相似/ 歲歲年年人不同

출전: 유정지가 지은 시(詩) 「대비백발옹(代悲白髮翁)」

塞翁之馬
새옹지마

변방 늙은이의 말이란 뜻이지만, 사람의 일이란 무엇이 길하고 흉하며, 무엇이 복이 되고 화가 될는지 예측할 수 없다는 말이다.

塞 변방 **새** | **翁** 늙은이 **옹** | **之** 갈 **지** | **馬** 말 **마**

중국 북쪽 국경 근처에 점을 잘 치기로 소문난 노인이 살았다. 어느 날 노인이 기르던 말이 아무 이유도 없이 오랑캐 땅으로 달아났다. 이웃 사람들이 안 됐다고 위로하자, 그 노인은 태연하게 말했다.

"이 일이 혹시 복이 될지 누가 알겠소?"

과연 몇 달이 지난 어느 날, 도망갔던 말이 오랑캐 땅의 더 좋은 말을 데리고 노인에게로 돌아왔다. 이번에는 마을 사람들이 찾아와 정말 잘된 일이라고 축하했으나 노인은 전혀 기뻐하지 않았다.

"이 일이 화가 되어 불행을 당할지 누가 알겠소?"

말들은 계속 새끼를 낳아서 늘어났고, 그의 아들은 말타기를 즐겨했다. 그러던 어느 날, 아들이 말에서 떨어져 다리가 부러졌다. 그러자 마을 사람들이 노인을 위로했다. 노인은 역시 태평하게 말했다.

"이 일이 복이 될지 누가 알겠소?"

그로부터 1년 뒤, 오랑캐들이 침입해 왔다. 수많은 젊은이들이 군인으로 징집되어 전쟁터에 나가 싸우다가 죽었다. 그러나 노인의 아들은 말에서 떨어진 후유증으로 절름발이가 되어 있었기 때문에 전쟁터에 나가지 않아 목숨을 보전할 수 있었다.

이와 같이 복이 화가 되고, 화가 복이 되는 일이 계속하므로 사람으로서는 그 변화를 예측할 수 없다. 그러므로 화라고 해서 슬퍼할 필요도 없고, 복이라고 해서 기뻐할 것도 없다는 것이다.

출전: 「회남자(淮南子)」의 「인간훈(人間訓)」

西施矉目
서시빈목

서시가 눈살을 찌푸린다는 뜻으로, 왜 그런지 이유도 모르고, 무조건 남이 하는 대로 흉내를 낸다는 말이다.

西 서녘 **서** | 施 베풀 **시** | 矉 찡그릴 **빈** | 目 눈 **목**

춘추시대 말엽, 월나라는 오나라와의 싸움에서 패했다. 그것을 만회하기 위해서 월왕은 오왕의 마음을 흐트러놓기 위해서 절세의 미인 서시(西施)를 바쳤다.

그러나 서시는 서쪽의 고향에 대한 향수로 가슴앓이를 앓아 고향으로 돌아왔다. 그런데 그녀는 걸음을 걸을 때에는 가슴의 통증 때문에 항상 눈살을 찌푸리고 다녔다. 그러나 서시는 눈살을 찌푸려도 워낙 미모가 뛰어났기 때문에 예뻤다.

이것을 본 그 마을의 못생긴 여인이 자기도 눈살을 찡그리고 다니면 서시처럼 사람들이 좋아하는 모양이 되는 줄 알고, 그대로 흉내를 냈다.

그 모습을 본 마을 사람들이 수군거리면서 말했다.

"그렇지 않아도 못 생긴 여자가 눈살까지 찡그리고 다니니 차마 눈뜨고 볼 수가 없구만."

출전 : 「장자(莊子)」의 「천운편」

先始於隗
선시어외

먼저 높은 곳에서부터 시작하라는 뜻으로, 무슨 일을 시작할 때 가까이에 있는 나부터 시작하라는 말이다.

先 먼저 **선** | **始** 처음 **시** | **於** 어조사 **어** | **隗** 험할·높은 **외**

전국시대, 연(燕)나라가 영토의 대부분을 제나라에 빼앗기고 있을 때이다. 이런 어려운 시기에 즉위한 소왕은 잃은 땅을 되찾기 위해 필요한 인재를 모으는 방법을 재상 곽외에게 물었다.

그가 말했다.

"전하, 제가 예전에 들은 이야기가 있습니다. 옛날 어느 왕이 천금을 가지고 천리마를 구하고자 했으나 3년이 지나도 얻지 못했습니다. 그러던 어느 날, 궁에서 잡일을 보는 신하가 천리마를 구해 오겠다며 천금을 가지고 떠났습니다. 그런 일이 있은 지 석 달이 지나 천리마가 있는 곳을 알게 되어 그곳으로 갔지만, 천리마는 죽은 지 며칠이 지난 후였습니다. 그런데 그 신하는 죽은 천리마의 뼈를 오백 금이나 주고 사왔습니다. 임금은 그를 보고, 내가 원한 것은 산 천리마이지, 죽은 천리마의 뼈가 아니다. 누가 죽은 말뼈를 오백 금이나 주고 사오라고 했느냐며 꾸짖었습니다. 그러자 신하는 '죽은 말의 뼈를 오백 금이나 주고 샀다는 소문이 전국 방방곡곡에 난다면 사람들은 살아 있는 천리마는 더 많은 돈을 줄 거라고 생각하여 반드시 천리마를 가져올 것입니다.'라고 했습니다. 그리고 과연 그의 말대로 1년도 되지 않아 천리마가 세 필이나 되었다고 합니다. 전하께서 훌륭한 인재를 구하고자 하신다면 먼저 저 곽외(郭隗)부터 귀히 대접해 주십시오. 그러면 저보다 훨씬 현명하고, 덕망 있는 인재들이 많이 모여들 것입니다."

소왕은 곽외의 말을 듣고 수긍하여 그대로 하니 세상의 많은 인재들이 모여들었다.

출전: 「전국책(戰國策)」의 「연책소왕」

先卽制人
선즉제인

먼저 선수를 치면 남을 제압할 수 있다는 뜻이다.

先 먼저 **선** | **卽** 곧 **즉** | **制** 마를 **제** | **人** 사람 **인**

진(秦)나라 시황제가 죽고 나서도 폭정이 계속되고 나라가 혼란에 빠지자, 900여 명의 농민군을 이끌고 항거한 진승(陳勝)은 단숨에 진나라에 입성했다. 그리고 장초라는 나라를 세우고, 법도를 세우고, 왕위에 오른 진승은 옛 6개국의 귀족들과 반대세력을 통합하여 진나라 도읍 함양을 향해 진격했다. 이에 자극을 받은 강동의 회계군수였던 은통(殷通)은 오중에 있는 항량(項梁)을 불러 의논했다. 항량은 옛 초나라 명장이었던 항연의 아들로 고향에서 살인을 하고 조카인 항우(項羽)와 함께 오중으로 도망 온 다음, 뛰어난 통솔력을 발휘하여 오중의 실력자가 된 사람이다.

"지금 강서(江西) 지방에서는 모두 진나라에 반기를 들었는데, 이것은 진나라를 멸망시킬 수 있는 하늘이 준 기회요, 내가 듣기로는 먼저 선수를 치면 남을 제압할 수 있고, 나중으로 뒤지면 역으로 남에게 제압을 당한다고 했소. 그래서 나는 당신과 환초를 장군으로 삼아 군사를 일으키려 하오."

환초는 초나라 출신의 장수인데, 그때는 이웃나라에 피신해 있었다. 은통은 병법에 능통한 항량을 이용해 보려는 속셈이었으나 항량은 딴 생각을 품고 말했다.

"환초가 피신해 있는 곳은 제 조카인 항우만 알고 있습니다. 그에게 환초를 데려오라고 하십시오."

은통이 승낙하자, 항량은 밖으로 나와 항우에게 귀엣말로 자기가 눈짓을 하면 은통의 목을 치라고 일렀다. 잠시 후 항우는 재빨리 은통의 목을 쳤다. 결국 선수는 은통이 아니라, 항량이 한 셈이다.

출전: 「사기(史記)」의 「항우본기」

誠中形外
성중형외

마음속에 정성이 깃들면 반드시 외형(外形)으로 나타난다는 말로, 속마음에 있는 참됨은 숨겨도 자연히 밖으로 드러난다는 뜻이다.

誠 정성 **성** | **中** 가운데 **중** | **形** 모양 **형** | **外** 밖 **외**

이 말은 본래 '성어중형어외(誠於中形於外)'가 본뜻인데, 줄여서 표제어와 같이 '성중형외'로 사용한다. 이 말은 「대학」의 「성의장」에 나오는 말이다. 「성의장」이란 '성의(誠意)'에 대한 풀이다.

"이른바, 그 뜻을 정성스럽게 한다는 것은 스스로를 속이는 일이 없어야 한다. 악취를 싫어하는 것과 같이 하며, 좋은 색을 좋아하는 것과 같이 하는 것으로, 스스로 마음 편하게 하는 것이다. 그러므로 군자는 그 홀로 있을 때를 조심한다."

"소인이 한가하게 있을 때에는 착하지 않은 일을 하되 끝을 가리지 않고 하다가, 군자를 보면 안 한 듯이 시치미를 떼고, 그 착하지 않은 일을 한 것을 숨기고, 착한 것을 나타내 보이려고 애쓰지만, 남이 자기를 알아보는 것이 마치 그 폐와 간을 들여다 보듯이 확실하니, 무슨 소용이 있겠는가? 이런 것을 안에서 정성스럽게 하면 밖으로 드러난다고 하는 것이다. 그러므로 군자는 반드시 그 홀로 있을 때를 조심해야 한다."

다시 말하면, 홀로 있어서 아무도 보지 않는다고 생각하여 나쁜 짓을 해도, 자기 마음은 알고 있기 때문에 절대로 자기를 속일 수가 없다는 것이다. 그러므로 군자는 홀로 있을 때 더 조심해야 한다는 것이다.

출전: 「대학(大學)」의 「성의장(誠意章)」

小心翼翼
소심익익

세심하게 마음을 써서 삼간다는 뜻이지만, 오늘날은 담력이 없는 것을 비유하는 말로 쓰인다.

小 작을 소 | 心 마음 심 | 翼 날개 익

'소심익익'은 「시경」에 나오는 시로, 이 시는 주선왕(周宣王)이 대부인 중산보(仲山甫)에게 명하여 제나라 도성을 쌓게 했을 때, 역시 같은 주의 경신 윤길보(尹吉甫)가 그 행사를 빛내기 위해 지어서 보낸 것이다.

「사기」에 의하면 "선왕은 그 29년 강씨라는 이민족과 천묘에서 싸워 남방에서 징집한 군을 잃고 말았으므로, 태원지방의 백성을 호별 점검하여 새로 군사를 징집하고자 했다. 그러자 중산보가 '덮어놓고 징집해서는 안 됩니다.' 하고 간했으나 왕은 듣지 않았다."라는 기사가 보인다.

이것은 선왕이 만년이 되어 점차 폭군화한 사실의 하나를 일례로 삼아 기록한 것이다. 그만큼 선왕을 모시고, 공론을 계속 주장한 중산보에게는 자연히 인망(人望)이 모였을 것이다.

증민(蒸民)은 주나라 조정의 정치를 돕기 위해 하늘이 중산보를 낳게 한 것이라 칭송하고 중산보의 덕을 이렇게 노래하고 있다.

중산보의 덕은 부드럽고 아름답고 법도가 있어,
위의와 용모가 아름답구나.
만사를 조심하여 처리하고
옛날의 가르침을 본받아
위의를 갖추기에 힘을 쓰고,
천자의 어지를 받들어 모셔
어명을 천하에 널리 폈다.

출전: 「시경(詩經)」의 「대아편」

小人輩
소인배

간사하고 도량이 좁은 사람을 가리키는 말이다.

小 작을 소 | 人 사람 인 | 輩 무리 배

제나라의 한 집에서 아내와 첩을 데리고 사는 사람이 있었다. 남편은 외출하기만 하면 항상 술과 고기를 배불리 먹고 돌아오곤 했다. 아내가 궁금해서 어떤 사람과 어울리느냐고 물었다. 그러자 부귀로 세상에 이름을 떨치는 명사들이었다.

아내가 첩에게 말했다.

"그이는 언제나 부귀로 이름을 떨친 명사들과 술을 마신다고 하는데, 한 분도 집에 온 적이 없으니 그이가 어디로 가는지 알아보아야 하겠네."

어느 날 아내는 남편의 뒤를 미행했다. 당시 제나라의 서울 임치(臨淄)는 중국에서 제일 큰 대도시였는데, 남편은 그 도시를 지나 동문 밖의 묘지에 이르자 제사 지내는 사람들에게 다가가 그들이 먹다 남은 찌꺼기를 구걸해서 먹었다. 그뿐만 아니라 다시 다른 곳에 가서도 구걸을 했다.

아내는 집에 돌아와서 그 같은 사실을 첩에게 말했다.

"남편이란 우러러 보면서 죽을 때까지 몸을 의탁하는 사람인데, 도대체 이게 무슨 꼴이란 말인가?"

아내와 첩이 남편을 원망하며 뜰 안에서 울고 있는데, 그런 줄도 모르고 남편은 의기양양해서 돌아와 전처럼 거드름을 피웠다.

맹자는 이것을 이렇게 결론지었다.

"군자의 눈으로 볼 때 부귀와 영달을 구하는 자들의 방법은 묘지에 가서 구걸하는 이 사내와 다를 바가 없다. 그러므로 처첩이 그 꼴을 보고 부끄러워 울지 않을 사람이 없을 것이다."

즉 이 사내의 비굴한 행동은 그의 처첩들까지도 부끄럽게 여기는 터인데, 하물며 군자가 볼 때는 어떠하겠는가 하는 뜻이다.

출전: 「맹자(孟子)」

宋襄之仁
송양지인

적에게도 인정을 베풀어야 한다고 한 송나라 양공의 고사에서 비롯된 말로, 무익한 정이나 필요 없는 동정을 비유할 때 쓰인다.

宋 송나라 **송** | **襄** 도울 **양** | **之** 갈 **지** | **仁** 어질 **인**

춘추시대, 송(宋)나라와 초나라 사이에 싸움이 벌어졌다. 두 나라 군사는 홍수를 사이에 두고, 서로 대치하고 있었다. 이때 송나라는 이미 강을 건너가서 진을 치고 있었고, 초나라는 전열을 가다듬지도 않고 강부터 건너려고 서둘렀다.

이를 보고 송나라의 공자인 목이(目夷)가 양공에게 말했다.

"적은 많고, 아군은 적습니다. 기회는 바로 지금입니다. 적이 강을 건너기 전에 공격하면 틀림없이 우리가 승리할 수 있습니다."

그러나 양공은 고개를 가로 저었다.

"상대의 약점을 노려 공격하는 것은 정당한 싸움이라고 할 수 없다. 정정당당하게 싸워서 이기지 못한다면 진정으로 천하를 제패한 것이 아니니라."

결국 송나라는 초나라를 쳐부술 수 있는 기회를 놓치고 말았다. 그러는 동안에 초나라 군사는 강을 다 건넜으나, 아직도 전열을 완전히 가다듬지는 못했다.

이를 보고 공자 목이가 다시 공격하자고 주장했으나, 이번에도 양공은 허락하지 않았다.

"싸움이란 서로 똑같은 조건에서 해야 하는 법이다."

그리고 초나라 군사가 완전히 싸울 태세를 갖춘 다음, 공격 명령을 내렸다. 결과는 말할 것도 없이 수적으로 열세에 있던 송나라군의 참패였다. 이 싸움에서 양공도 다리에 부상을 입었는데, 그 상처가 덧나 이듬해 죽고 말았다. 결국 송나라 양공은 쓸데없이 도리를 따지다가 크게 패하고 목숨까지 잃고 만 것이다.

출전: 「좌전(左傳)」

首丘初心
수구초심

여우도 죽을 때는 그 머리를 자기가 살던 구릉 쪽에 둔다는 말로 근본을 잊지 않는 것, 또는 고향을 절실히 그리는 향수 등을 뜻한다.

首 머리 **수** | 丘 언덕 **구** | 初 처음·비로소 **초** | 心 마음 **심**

"태공(太公)은 영구(營丘)에 봉해졌는데, 계속해서 다섯 대에 이르기까지 도리어 주나라의 호경에서 장사 지내졌다. 군자께서 이르시길 음악은 그 자연적으로 발생하는 바를 즐기며, 예(禮)란 그 근본을 잊어서는 안 되는 것이다. 옛 사람의 말에 이르되 여우가 죽을 때에 머리를 자기가 살던 굴 쪽으로 바르게 향하는 것은 인(仁)이라고 했다."

여기서 태공(太公)은 태공망(太公望), 즉 문왕과 무왕을 도와서 은나라를 멸하고, 주나라를 일으킨 여상(呂尙)을 가리키며, 영구란 제나라를 말한다.

출전: 「예기(禮記)」의 「단궁」

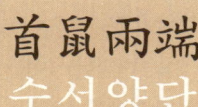

首鼠兩端
수서양단

쥐가 구멍 밖으로 머리만 내놓고 주위를 살핀다는 말로 곧 주저하면서 망설이고 있는 상태, 또는 기회를 엿보고 있는 상태를 뜻한다.

首 머리 **수** | 鼠 쥐 **서** | 兩 둘 **양** | 端 바를 **단**

전한 무제(武帝) 때의 일이다. 황실의 외척인 위기후 두영과 무안후 전분은 서로 사이가 좋지 않았다. 전분보다 나이가 많은 두영이 빨리 대장군이 되었지만, 나중에 승상의 자리에 올라 활발하게 활동하는 전분보다 활약이 미미했다. 두영의 친구로 오초칠국의 난을 평정할 때 큰 공을 세우고, 용맹을 떨친 관부장군은 전분의 득세를 못마땅하게 생각했다.

어느 날, 전분이 소실을 맞은 기념으로 벌인 잔치에서 관부는 두영을 무시한 채 고관을 힐책했다. 그때 전분이 나서서 고관을 두둔하자, 관부는 그 고관과 더불어 전분에게까지 욕설을 퍼부었다. 화가 난 전분은 관부를 잡아 옥에 가두고, 억지 죄목을 만들어 그의 일족을 다 죽이려 했다.

친구를 살리려고 애쓰던 두영은 결국 무제에게 상소를 올렸다. 이에 무제는 신하들을 모아놓고 물었다.

"과연 어느 쪽이 잘못했다고 보는가?"

그러나 누구 하나 나서서 말하지 못했다. 어느 한쪽을 비난하거나 두둔할 수 없었던 것이다. 다만 어사대부 한안국(韓安國)이 겨우 한마디 했다.

"관부가 죽을 죄를 짓지 않았다는 위기후의 말도 옳고, 그가 마구 날뛰어 기강이 해이해졌다는 승상의 말도 옳다고 봅니다."

이와 같은 신하들의 태도에 화가 난 무제가 자리를 뜨자, 전분이 한안국에게 분통을 터트렸다.

"자네도 다른 자들하고 똑같구만. 수서양단하고 있다니."

출전: 「사기(史記)」의 「위기무안후열전」

水魚之交
수어지교

물과 물고기의 만남, 즉 물고기가 물을 만난 것처럼 잠시도 떨어져서 살 수 없는 친밀한 사이를 일컫는다. 변하지 않는 교우 관계에도 쓰인다.

水 물**수** | 魚 물고기**어** | 之 갈**지** | 交 사귈**교**

삼국시대의 일이다. 유비는 삼고초려 끝에 제갈량을 얻자, 그의 인품과 재능에 반하여 그를 작전참모 겸 스승으로 받들며 침식까지 함께 했다. 재갈량 역시 자신의 모든 역량을 다하여 유비를 모시고, 충성을 다했다.

관우, 장비, 조운 등 유비와 혈육처럼 가까운 장수들은 그것을 못마땅하게 생각했다. 제갈량은 자기들보다 나이도 어린데다가 아직 그의 실력이 검증되지 않았다는 이유였다. 그들은 제갈량에 대한 예우가 지나치다고 대놓고 불평하기도 했다. 유비는 그들에게 다음과 같이 타일렀다.

"내가 공명을 얻은 것은 마치 물고기가 물을 만난 것과 같은 이치일세. 그러니 너무들 불만스럽게 생각하지 않았으면 좋겠네."

이때부터 임금과 신하 사이의 친밀한 관계를 '수어지교'라고 일컫게 되었으며, 오늘날에는 친한 친구사이, 다정한 부부사이를 가리키는 말로 이용되고 있다.

오늘날도 인재를 등용할 때 유비가 제갈량을 찾아간 삼고초려의 정신이 계승되고 있듯이 제갈량의 공로로 유비는 하나의 작은 세력에서 촉나라를 이룬다. 물론 제갈량은 실전에 관우와 장비를 투입시켜 자기 실력을 입증하여 그들로 하여금 진정으로 자신에게 굴복하게 만든다.

출전: 「삼국지(三國志)」의 「촉지 제갈량전」

水滴石穿
수적석천

물방울이 돌을 뚫는다는 말로, 작은 노력이라도 끈기 있게 지속하거나 미미한 작은 힘도 모으면 큰일을 이룰 수 있음을 비유할 때 사용한다.

水 물 수 | 滴 물방울 적 | 石 돌 석 | 穿 뚫을 천

북송(北宋) 때의 일이다. 숭양 현령으로 있던 장괴애(張乖崖)는 어느 날, 관아를 돌아보고 있었다. 그런데 한 말단 관원이 창고에서 나왔다.

그 관원은 현령이던 장괴애와 마주치자 소스라치게 놀랐다.

"무슨 일이냐? 왜 그렇게 놀라느냐?"

수상하게 여긴 장괴애는 곧 그를 붙잡아 살펴보았다. 그의 상투 두건 속에서 엽전 한 닢이 나왔다.

"이 엽전은 어디서 났는가? 그리고 왜 거기다 숨겨 두었느냐? 어서 말하라."

장괴애가 엄하게 묻자, 그 관원은 부들부들 떨며 창고에서 훔친 것이라고 자백했다. 장괴애는 그 관원을 사형에 처하기로 하고, 붓을 들어 판결문을 썼는데, 그 가운데 다음과 같은 구절이 있었다.

"하루에 엽전 한 닢이면, 천 날에 일천 닢이 된다. 먹줄에 쓸려서 나무가 베어지고, 물방울이 돌을 뚫는 것이다."

기껏해야 엽전 한 닢을 훔친 것인데, 사형에 처한다는 것을 너무 지나치다고 생각할지도 모르지만, 개미가 큰 둑을 무너뜨릴 수도 있다. 특히 나라 일을 보는 관리인 경우에는 더욱 철저하게 기강을 확립해야 한다는 것이 장괴애의 판결이었던 것이다.

출전: 나대경이 지은 「학림옥로(鶴林玉露)」

守株待兔
수주대토

그루터기를 지키며 토끼가 나오기만을 기다린다는 말로, 어떤 착각에 사로잡혀 되지 않는 일을 고집하는 융통성 없는 처사를 가리킨다.

守 지킬 **수** | **株** 그루 **주** | **待** 기다릴 **대** | **兔** 토끼 **토**

송(宋)나라에 사는 한 농부가 하루는 밭을 갈고 있는데, 토끼 한 마리가 급히 나오다가 밭 가운데 있는 그루터기에 머리를 들이받고 목이 부러져 죽었다. 토끼를 그냥 얻은 농부는 그로부터 농사일을 집어던지고 날마다 밭두둑에 앉아 토끼를 기다렸다. 그러나 토끼는 두 번 다시 그곳에 나타나지 않았고, 밭은 그 때문에 잡초만 무성하게 자라 버렸다.

이 일 후에 쓸데없는 일에 집착하는 사람, 허망된 꿈에 사로잡힌 사람을 가리킬 때 이 말을 사용한다.

출전: 「한비자(韓非子)」의 「오두편」

壽則多辱
수즉다욕

오래 살면 욕이 되는 일도 많이 겪는다는 말로 오래 살면 살수록 수치스러운 일을 그만큼 많이 겪게 된다는 뜻이다.

壽 목숨 **수** | **則** 곧 **즉**·법칙 **칙** | **多** 많을 **다** | **辱** 욕되게 할 **욕**

어느 날 요(堯) 임금이 화(華)라는 곳에 이르렀을 때 그곳의 곤원이 나와 요임금을 영접했다.

"부디 만수무강하십시오."

그러자 요임금이 고개를 가로 저었다.

"나는 오래 살기를 바라지 않는다네."

"그러시면, 부귀를 누리십시오."

"그것도 바라지 않네."

"그러면 자손이 번성하기를 빕니다."

"그것도 달갑지 않네."

그러자, 관원이 고개를 갸우End거리며 물었다.

"오래 살고, 부귀를 누리고, 자손이 번성하는 것은 누구나 바라는 것인데, 어째서 그걸 바라지 않으시지요?"

"자식이 많다보면 혹시 제구실을 못하는 놈이 있으면 어쩔까 걱정되고, 부귀해지면 그 재물 때문에 번거로움이 생기고, 오래 살면 그만큼 욕된 일이 많게 되는 법이라네."

요임금의 말에 그 관원은 크게 실망하여 혼자 중얼거렸다.

"나는 요임금을 성인으로 생각했는데, 지금 보니 군자에 불과하네. 하늘이 사람을 낼 때는 그 할 일까지 정해 주는 법이니, 자식이 많아도 각자 분수대로 일을 주면 되는 것이고, 부귀해서 재물이 많으면 이웃에 나눠 주면 되니 번거로울 것이 없고, 오래 살다가 세상살이가 싫어지면 세상 밖으로 훌쩍 떠나면 될 텐데 무엇이 걱정인가?"

출전: 「장자(莊子)」의 「천지편」

脣亡齒寒
순망치한

입술이 없으면 이가 시리다는 뜻으로, 서로 의지하는 가까운 사이의 한쪽이 망하면 다른 한쪽도 온전하기 어렵다는 말이다.

脣 입술 순 | 亡 망할 망 | 齒 이 치 | 寒 찰 한

춘추시대 말엽, 진(晋)나라의 헌공(獻公)은 우(虞)나라로 사람을 보내 괵나라를 치려고 하는데 길을 좀 빌려달라고 청했다. 괵나라로 가려면 우나라를 통과해야 했기 때문이다.

진나라 사신이 많은 보물을 바치면서 간청하자, 우나라 왕은 뇌물에 마음이 움직여 수락의 뜻을 비쳤다. 그러자 궁지기(宮之奇)라는 중신이 강력히 반대하고 나섰다.

"괵나라는 우리나라의 울타리나 다름없는 존재입니다. 울타리가 없으면 집이 망가지듯이 괵나라가 망하면 오래지 않아 우나라도 같은 운명이 될 것이 뻔합니다. 그러니 절대로 진나라의 청을 들어주시면 안 됩니다. '덧방나무와 수레는 서로 의지하고, 입술이 없으면 이가 시리다'는 속담이 있습니다. 이는 바로 우리나라와 괵나라를 두고 한 말입니다. 원수라고도 생각할 수 있는 진나라 군사들이 우리나라를 통과하게 해서는 안 됩니다."

그러나 아무리 설득해도 이미 뇌물에 눈이 어두워 진나라의 청을 들어주기로 마음을 굳힌 왕을 움직일 수는 없었다. 이에 화가 난 궁지기는 화가 미칠 것이 두려워 가족을 데리고 다른 나라로 떠나버렸다. 결국 우나라 왕은 진나라 군대에게 길을 내주었고, 얼마 안 가 궁지기가 염려한 것이 현실이 되고 말았다.

진나라는 괵나라를 공격하여 점령한 뒤, 돌아오는 길에 우나라마저 삼키고 말았던 것이다. 그리고 우나라 왕에게 주었던 보물뿐만 아니라, 그 이상의 보물을 빼앗았다.

출전: 「좌전(左傳)」의 「희공」

食言
식언

한번 입 밖에 냈던 말을 다시 입 속에 넣는다는 뜻으로 앞서 한 말을 번복하거나 약속을 지키지 않고, 거짓말을 하는 경우를 가리킨다.

食 먹을 식 | 言 말씀 언

식언(食言)이란 말의 제일 오래된 유래는 「서경(書經)」의 「탕서」편에 나오지만, 「좌전(左傳)」에 보면 애공(哀公) 25년에 다음과 같은 기록도 나와 있다.

애공이 월나라에서 돌아온 6월의 일이었다. 대부인 계강자(季康子)와 맹무백(盟武伯)이 오오(五梧)라는 곳까지 마중을 나왔다. 그곳에서 축하연이 성대하게 거행되었다. 그때 애공의 말을 끄는 곽중(郭重)이 대부 두 사람을 만난 다음 애공에게 말했다.

"저들 두 사람이 애공의 욕을 계속하고 있습니다. 그러므로 거리낌 없이 사납게 다루도록 하십시오."

그 뒤 술좌석에서 맹부백이 술잔을 들더니 곽중을 향해서 비웃듯 말했다.

"자네는 상당히 비계가 많군 그래."

그러자 이번에는 애공이 말했다.

"저 사람은 항상 말(言)을 많이 먹으니(食) 살이 찔 수밖에 없지 않겠는가?"

이것은 바로 두 대부가 곽중을 내세워 거짓말을 하고 있음을 비꼬는 말이었다.

그와 함께 축하연은 엉망이 되었고, 애공과 두 대부 사이도 완전히 벌어지고 말았다.

출전: 「서경(書經)」의 「탕서(湯書)」

眼中之釘
안중지정

눈 속의 못으로 몹시 싫거나 미워서 눈에 거슬리는 사람, 또는 남에게 피해를 입히는 사람을 비유할 때 사용한다.

眼 눈**안** | 中 가운데**중** | 之 갈**지** | 釘 못**정**

당(唐)나라 말엽, 국가는 매우 혼란스러웠다. 그럴 때 극성을 부리는 것이 부정과 부패인데, 바로 탐관오리이다. 그 대표적인 인물이 조재례(趙在禮)로 그는 원래 유인공 밑에서 일하던 무관이었는데, 백성들에게서 착취한 재물로 권세가를 매수하여 후량, 후당, 후진의 3대에 걸쳐 각지의 절도사를 지냈다.

어느 해, 송주(宋州) 땅에 있던 그가 영흥(永興) 절도사로 부임하게 되었다. 그 소식을 듣고 조재례의 학정에 시달리던 송주의 백성들이 춤을 추며 기뻐했다.

"그자가 떠나다니 마치 눈에 박힌 못이 빠진 것 같이 시원하다."

그런데 이 말을 우연히 전해 들은 조재례는 화가 나서 펄쩍 뛰었다. 그리고 1년만 더 송주 땅에 있게 해달라고 조정에 뇌물을 바치며 간청했다. 그 청이 받아들여져 송주에 더 있게 되자, 그는 즉시 '발정전(拔釘錢)' 즉 '못을 빼는 돈'이라는 명목으로 돈을 내라고 백성들을 다그쳤다. 만일 반발하거나 돈을 내지 못하는 사람은 가차없이 옥에 가두거나 태형으로 다스렸다.

출전: 「신오대사(新五代史)」의 「조재례전(趙在禮傳)」

暗中摸索
암중모색

어둠 속에서 손으로 더듬어 찾는다는 뜻으로, 확실한 방법을 모른 채 대충 짐작으로 무엇인가를 알아내려 하는 것을 비유한 말이다.

暗 어두울 **암** | 中 가운데 **중** | 摸 찾을 **모** | 索 찾을 **색**

당(唐)나라에 허경종(許敬宗)이라는 학자가 있었다. 그는 고종(高宗)이 왕씨(王氏)를 폐하고 뒤에 측천무후(則天武后)가 된 무씨(武氏)를 황후로 맞이하려 할 때 무씨를 옹립하는데 앞장섰던 인물이기도 하다.

그는 문장의 대가였으나, 경솔하고 차분하지 못한 성격에 기억력도 매우 나빴다. 학자였으므로 학문에는 기억력이 좋을 텐데도 어찌된 영문인지 세상사에 관해서는 통 아는 바가 없을 뿐만 아니라, 남의 얼굴도 잊거나 잘못 아는 경우가 많았다.

"자네는 정말 건망중이 심하군."

누군가 이렇게 나무라자, 그는 정색을 하고 대꾸했다.

"세상에 잘 알려지지도 않은 평범한 사람의 얼굴이나 이름을 기억하는 것은 필요 없는 노력의 낭비에 지나지 않는다. 그러나 하손(何孫), 유효작(劉孝綽), 심약(沈約), 사조(謝朓) 같은 존경할 만한 사람들이라면 어둠 속에서 손으로 더듬거리더라도(暗中摸索) 알아낼 수가 있다네."

이 말의 뜻은 유명한 인물이나 그들의 작품 같은 것은 눈을 감고도 분별할 수 있다는 것이다. 하손, 유효작, 심약, 사조는 모두 남조(南朝) 때의 유명한 문장가이자 학자들이다.

출전: 「수당가화(隋唐佳話)」

良禽擇木
양금택목

현명한 새는 나무를 가려서 둥지를 튼다는 말로, 똑똑한 사람은 자기 재능을 키워줄 만한 훌륭한 사람을 가려서 섬긴다는 뜻이다.

良 어질 **량** | 禽 날짐승 **금** | 擇 가릴 **택** | 木 나무 **목**

춘추시대, 자기의 사상을 펼치기 위해 여러 나라를 순례하던 공자가 위(衛)나라에 이르렀다. 하루는 공문자(孔文子)가 대숙질을 공격할 계획을 세우고 공자를 찾아와 그 일을 상의했다.

공자가 말했다.

"저는 제사 지내는 일에 대해서는 배웠지만, 전쟁하는 일에 대해서는 전혀 아는 것이 없습니다."

공문자가 돌아간 뒤, 공자는 제자들에게 짐을 챙기라고 지시했다. 제자들이 영문을 몰라 그 까닭을 묻자 공자가 이렇게 말했다.

"좋은 새는 좋은 나무를 가려서 깃든다고 했다. 어찌 나무가 새를 가려서 맞이하겠느냐?"

훌륭한 신하가 되기 위해서는 훌륭한 군주를 가려서 섬길 줄 알아야 한다는 비유였다.

이 소식을 전해들은 공문자가 급히 공자를 찾아와 자기 잘못을 사죄하며 만류했으나, 결국 공자는 얼마 안 있어 고향인 노나라로 돌아갔다.

「삼국지」의 「촉지」에도 다음과 같은 구절이 있다.

좋은 새는 나무를 잘 살펴서 깃들고, 슬기로운 신하는 군주를 가려서 섬긴다.

출전: 「좌전(左傳)」, 「삼국지(三國志)」의 「촉지」 등

羊頭狗肉
양두구육

양의 머리를 걸어놓고 개고기를 판다는 뜻으로, 겉은 훌륭하지만 속은 딴판으로 형편없는 경우를 비유하는 말이다.

羊 양 **양** | 頭 머리 **두** | 狗 개 **구** | 肉 고기 **육**

춘추시대 제(齊)나라의 영공(靈公)은 궁 안의 여인들에게 남장(男裝)을 시켜 놓고 즐기는 이상한 취미를 갖고 있었다. 이런 풍습은 곧 백성들에게도 널리 퍼져 제나라에는 남장한 여인들이 나날이 늘어나고 있었다.

이 소문을 듣고 화가 난 영공은 여자들이 남장하는 것을 왕명으로 금지하도록 했으나, 그 명령은 제대로 시행되지 않았다. 그 까닭을 이해할 수 없었던 영공은 재상인 안자(晏子)에게 왜 백성들이 남장 금지령을 지키지 않는지 그 까닭을 물었다.

그러자 안자가 이렇게 말했다.

"전하께서는 궁중의 여인들에게 남장을 하게 하면서 백성들에게는 하지 말라고 하십니다. 그것은 마치 쇠머리를 문에 걸어놓고, 안에서는 말고기를 파는 것과 같습니다. 만약 전하께서 궁중에서도 여인들로 하여금 남장을 못하게 한다면 백성들 사이에서는 자연히 그런 풍습이 사라질 것입니다."

영공은 궁중의 여인들에게도 남장 금지령을 내렸다. 그러자 한 달도 채 못 되어 온 나라 안에 남장 여인이 사라졌다.

이 이야기에서는 양의 머리 대신에 쇠머리가, 개고기 대신 말고기가 나오지만, 후한의 광무제(光武帝)가 내린 조서 속에는 다음과 같은 말이 있다.

양의 머리를 걸어놓고 말고기를 팔고 있는 도적이란 자가 감히 공자의 말을 한다.

출전: 「안자춘추(晏子春秋)」, 「항언록(恒言錄)」

梁上君子
양상군자

대들보 위의 군자라는 뜻으로, 도둑 또는 쥐를 재미있게 우화적으로 일컫는 말이다.

梁 들보 **양** | 上 위 **상** | 君 군자 **군** | 子 아들 **자**

후한 말엽, 환제(桓帝) 때 진식(陳寔)이라는 사람이 있었다. 그는 태구현의 현령이었는데, 본래 성품이 온화한데다가 모든 일을 공정하게 처리했기 때문에 백성들로부터 존경을 받았다. 그러나 자식들에게는 대단히 엄격했다.

어느 해, 태구현에 심한 흉년이 들어 백성들이 굶주리고 있었다. 어느 날, 한 사내가 진식이 책을 읽고 있는 방으로 들어와서 소리 없이 천장 대들보 위에 엎드렸다. 진식은 도둑이 들어왔다는 것을 알면서도 계속 책을 읽고 있다가, 아들과 손자를 불러들여 훈계를 하기 시작했다.

"사람이란 언제나 스스로 노력하지 않으면 안 된다. 사실 본성이 악한 사람이 있겠느냐. 단지 평소의 잘못된 버릇이 오래 가면 그것이 성품으로 굳어서 나쁜 짓을 하게 되는 법이다. 그래서 본래 군자였던 사람이 소인이 되었다가, 결국에는 저 대들보 위의 군자처럼 되고 마는 것이다."

이 말이 끝나자, 도둑은 그대로 엎드려 기다릴 수도 없고, 그렇다고 도망칠 수도 없어서 대들보 위에서 뛰어내렸다. 그리고 눈물을 흘리면서 진식 앞에 엎드려 용서를 빌었다.

"보아하니 악한 사람 같지는 않구나. 아마도 가난에 못 이겨 한 짓이겠지."

그렇게 말하면서 진식은 도둑에게 비단 두 필을 주어 돌려보냈다. 이 소문이 퍼지자 진식의 덕을 칭송하는 소리가 온 나라에 자자하고, 태구현에는 도둑이 모두 사라졌다.

출전: 「후한서(後漢書)」의 「진식전」

良藥苦口
양약고구

좋은 약은 입에 쓰다는 뜻으로, 바른말이나 충언은 귀에 거슬리지만, 이롭다는 것을 비유한다.

良 어질 양 | 藥 약 약 | 苦 괴로울·쓸 고 | 口 입 구

진(秦)의 시황제가 죽자, 진나라에 억눌려 지내던 백성들이 일어나 진나라 타도를 외쳤다. 한(漢)나라의 유방(劉邦)과 초(楚)나라의 항우(項羽)도 그중의 한 사람으로 군사를 일으켰는데, 그들은 먼저 진나라의 도읍인 함양(咸陽)을 정복하려고 안간힘을 썼다.

목숨을 건 경쟁 끝에 유방이 항우보다 한 발 앞서 함양을 점령했다. 원래 술과 놀이를 즐기는 유방은 진나라의 아방궁으로 들어가자 화려한 궁실, 수많은 보물, 눈이 번쩍 뜨이게 아름다운 궁녀들에 정신이 팔려 떠나려 하지 않았다. 그러자 번쾌라는 장수가 아방궁에서 빨리 나가기를 권했다.

"여기 이대로 머문다면 모든 것이 수포로 돌아가고 말 것입니다. 빨리 이곳을 나가 적당한 곳에 진을 쳐야 합니다."

그러나 유방은 그 말을 들은 척도 하지 않았다. 이번에는 참모인 장량이 유방을 설득했다.

"주군께서 이렇게 진나라를 점령할 수 있었던 것은 시황제가 폭정을 일삼아 민심이 떠났기 때문입니다. 그런데 지금 함양을 정복하자마자 향락에 빠진다면 도탄에서 허덕이는 백성은 누가 구하고, 쓰러져 가는 나라를 누가 바로 세우겠습니까? 바른말은 귀에 거슬리지만 행동에 도움이 되며, 좋은 약은 입에 쓰지만 병을 고칠 수가 있습니다. 번쾌의 말을 들으십시오."

그들의 간곡한 설득에 비로소 정신을 차린 유방은 곧 아방궁을 물러나왔다. 그 뒤 그는 항우의 초나라를 물리치고 전국을 통일한다.

출전: 「사기(史記)」의 「유후세가」

漁父之利
어부지리

둘이서 싸우는 바람에 엉뚱한 제삼자가 이득을 보게 되는 경우를 이르는 말이다.

漁 고기잡을 **어** | 父 아버지 **부** | 之 갈 **지** | 利 이로울 **리**

전국시대의 이야기이다. 당시 벼슬길에 오르지 못한 지식인들은 어느 나라의 권세 있는 사람의 집에 식객(食客)이 되어 자신의 출세를 도모하는 것이 상식이었다. 이들을 식객, 또는 책사(策士)라고 불렀는데, 그중에 소진(蘇秦)과 장의(張儀)라는 대표적인 인물이 있었다. 그리고 소진의 아우, 소대(蘇代)라는 인물이 있었는데, 그도 형 못지않은 재사(才士)였다.

전국시대 연(燕)나라는 서쪽의 조(趙)나라, 남쪽의 제(齊)나라로부터 계속적인 위협을 받고 있었다. 어느 해, 연나라에 기근이 들어 조나라가 연나라를 치려고 하자 예의 소대가 조나라의 혜왕(惠王)을 찾아 이렇게 말했다.

"이번에 조나라로 오는 도중 역수를 건널 때 커다란 조개 하나가 속살을 드러낸 채 햇볕을 쪼이고 있었습니다. 그러자 물총새가 와서 조개의 살을 쪼아 먹으려고 했습니다. 그러자 조개가 껍데기를 닫아 물총새의 부리를 물었습니다. 그때 물총새가 조개에게 말했습니다.

'오늘이나 내일 비가 오지 않는다면 너는 죽은 목숨이야.'

그러자 조개가 물총새에게 말했습니다.

'오늘이나 내일 비가 오지 않는다면 너야말로 죽은 목숨이다.'

그리고 양쪽 모두 한 치도 양보하지 않았습니다. 결국 그들은 어부에게 모두 잡히고 말았지요. 지금 조나라는 연나라를 치려고 있는데, 연나라와 조나라가 서로 싸우면 결국 강력한 진나라가 역수의 어부처럼 되지 않을까 심히 걱정입니다."

그 말이 옳다고 생각한 혜왕은 전쟁을 포기했다고 한다.

출전: 「전국책(戰國策)」

掩耳盜鈴
엄이도령

귀를 막고 방울을 훔친다는 말로, 자기만 듣지 않으면 남도 듣지 않는 줄 아는 어리석은 행동을 뜻한다.

掩 가릴 **엄** | 耳 귀 **이** | 盜 훔칠 **도** | 鈴 방울 **령**

진(晋)나라 육경의 한 사람인 범씨(范氏)는 다른 네 사람의 모함으로 중행씨(中行氏)와 함께 망하게 되었다. 이 범씨가 망하자, 혼란을 틈타 범씨 집 종(鐘)을 훔친 자가 있었다. 그런데 종이 너무 무거워 가져갈 수가 없어서 깨뜨려서 가져가려고 망치로 종을 내려쳤다. 그러자 '꽝' 하는 요란한 소리가 났다. 도둑은 그 소리를 듣고 다른 사람이 혹시 빼앗아갈지 모른다고 생각하여 얼른 자기 귀를 두 손으로 막고 도둑질을 했다.

「여씨춘추」에는 이 이야기 끝에 전국시대의 명군이었던 위 문후의 이야기를 들어 바른말 하는 신하를 소중히 여겨야 한다고 기록하고 있다.

위 문후가 신하들과 술을 마시는 자리에서 자신에 대한 견해를 기탄없이 들려달라고 말했다. 그러자 대신들은 한결같이 좋은 점만 들어 칭찬했다. 그때 임좌(任坐)의 차례가 되자, 그는 임금의 약점을 늘어놓기 시작했다.

"임금께서는 중산(中山)을 멸한 뒤 아우를 그곳에 봉하지 않고, 태자를 봉했습니다. 그러므로 어두운 임금이 되셨습니다."

그 말을 듣고 문후가 얼굴을 붉혀 노한 표정을 짓자, 임좌는 문후를 경멸한다는 표정을 짓고 밖으로 나갔다. 그리고 적황(翟黃)의 차례가 되었다.

"우리 임금님은 영명하십니다. 옛말에 임금이 어질어야 신하가 바른말을 할 수 있다고 했는데, 방금 임좌가 바른말을 하는 것을 보니 분명히 영명하심을 알 수 있습니다."

문후는 그 말을 듣고 크게 반성하여 임좌를 다시 불렀다.

출전: 「여씨춘추(呂氏春秋)」의 불구론(不苟論)의 「자지편(自知篇)」

餘桃之罪
여도지죄

먹다 남은 복숭아를 준 죄라는 뜻으로, 사랑을 받을 때는 용서가 되던 일이 사랑하는 마음이 식고 나면 거꾸로 화가 된다는 말이다.

餘 남을 **여** | 桃 복숭아나무 **도** | 之 갈 **지** | 罪 허물 **죄**

위(衛)나라에 미자하(彌子暇)라는 잘 생긴 소년이 있었다. 그는 아름다운 용모 때문에 왕의 극진한 사랑을 받았다. 어느 날, 어머니가 병이 났다는 전갈이 오자, 미자하는 급한 마음에 허락도 받지 않은 채 왕의 수레를 타고 병문안을 다녀왔다. 당시 위나라 법에 의하면 허락도 없이 왕의 수레를 타면 발뒤꿈치를 자르는 형벌을 받게 되어 있었다. 그러나 그 사실을 알게 된 위왕은 도리어 미자하를 칭찬했다.

"훌륭하구나, 미자하. 참으로 효자로다. 어미가 걱정이 되어 형벌 받을 것도 잊다니."

또 어느 날, 왕과 미자하가 함께 과수원을 거닐고 있었다. 그러다가 미자하가 복숭아를 하나 따서 먹었다. 먹다 보니 맛이 너무 좋아서 자기가 먹던 복숭아를 왕에게 주었다. 왕은 이때도 미자하를 칭찬했다.

"훌륭하구나. 나를 얼마나 사랑하기에 네가 먹을 것도 잊고 나를 주다니."

이윽고 미자하도 나이가 들었다. 나이가 들자 아름다웠던 자태도 변하고, 왕의 사랑도 식었다. 그러던 어느 날, 미자하가 왕에게 다시 죄를 저지르자, 왕이 말했다.

"그 자가 감히 허락도 없이 내 수레를 탄 적이 있고, 무엄하게도 자기가 먹던 복숭아를 내게 주었다."

한비자가 말했다. "미자하의 본을 보고, 유세객은 왕의 사랑과 미움을 잘 살핀 뒤에 유세해야 한다."

출전: 「한비자(韓非子)」의 「세난편」

역린

용의 목 근처에 거꾸로 난 비늘이라는 말로, 절대적인 권력을 지닌 사람의 노여움을 비유해서 이르는 말이다.

逆 거스를 **역** | 鱗 비늘 **린**

용은 상상 속의 동물이다. 용은 불가사의한 힘을 지니고 있으며, 구름을 일으키고, 비를 부른다고 하여 중국에서는 왕을 용으로 높여 비유했다. 임금이 앉는 의자를 용상(龍床), 임금이 입는 옷을 용포(龍袍)라고 부르는 것도 그런 의미의 하나이다.

전국시대 제자백가(諸子百家) 중의 한 사람으로 법가(法家)의 대표자인 한비자가 쓴 「한비자」의 「세난편」은 군주에게 유세(誘說)하는데 대한 어려움을 여러 가지 예를 들어 설명하고 있다. 다음은 그 가운데 하나이다.

"용은 순한 짐승으로 길만 잘 들이면 사람이 타고 다닐 수도 있다. 그러나 용의 턱 밑에 거꾸로 돋은 비늘, 즉 지름 한 자쯤 되는 역린(逆鱗)을 건드렸다가는 용의 노여움을 사서 반드시 죽음을 당하고 만다. 군주에게도 그런 역린이 있다. 따라서 군주에게 유세하려 할 때 그 역린을 건드리지 않도록 조심해야 한다. 그러면 쉽게 뜻을 이룰 수 있을 것이다."

출전: 「한비자(韓非子)」의 「세난편」

緣木求魚
연목구어

나무에 올라가 물고기를 잡으려 한다는 뜻으로 도저히 불가능한 일을 억지로 하는 것을 비유하는 말이다.

緣 가선·가장자리 **연** | 木 나무 **목** | 求 구할 **구** | 魚 물고기 **어**

전국시대 때의 일이다. 제후들을 찾아다니며 인의(仁義)사상과 왕도정치(王道政治)를 설파하던 맹자가 제나라에 이르렀다. 천하 제패의 야망을 품고 있던 선왕(宣王)은 맹자에게 춘추시대 패자였던 환공(桓公)과 진(晋)나라 문공(文公)의 사적에 대해서 물었다.

그러나 맹자는 선공의 야망을 미리 알고, 그런 패도(霸道)에 대해서는 잘 모른다고 한 다음, 선왕의 마음을 왕도정치로 돌려 볼 생각으로 말했다.

"왕께서 큰 뜻을 품고 계신 줄은 잘 압니다. 곧 영토를 넓히고, 진나라 초나라 등 큰 나라로부터 공물을 받으며, 천하의 모든 나라를 지배하고 싶으시겠지요. 하지만 만약 대왕께서 무력을 써서 그런 소원을 이루려 하신다면, 그것은 마치 나무 위에 올라가 물고기를 얻으려 하시는 것과 같습니다."

결국 목적과 수단이 서로 일치하지 않으면, 뜻을 이룰 수 없다고 강조한 것이다.

나무 위에 올라가 물고기를 잡으려는 것은 비록 물고기를 잡지는 못하더라도 뒤따르는 재난은 없지만, 무력으로 뜻을 이루려고 하는 것은 수많은 사람들의 목숨과 재산을 잃게 되고, 결국 선왕은 백성들의 원망을 사게 되며, 따라서 만약 많은 영토를 얻는다 할지라도 아무런 의미가 없다는 것을 뜻하는 것이다. 여기서 불가능한 일을 억지로 하는 것을 볼 때 '연목구어'라는 말을 사용하게 되었다.

출전: 「맹자(孟子)」의 「양혜왕편」

五里霧中
오리무중

안개가 사방 5리나 끼어 있는 속이라는 뜻으로, 어떤 일의 행방이나 단서를 찾기 어려운 경우에 사용한다.

五 다섯 오 | **里** 마을 리 | **霧** 안개 무 | **中** 가운데 중

후한 순제(順帝) 때의 일이다. 장해(張楷)는 지조 있고, 학문이 깊은 사람이었다. 순제가 여러 차례 등용하려고 권유했으나 그때마다 그는 이런저런 핑계를 대며 벼슬자리를 거절했다.

산중에서 숨어 살았는데도 그의 이름은 널리 알려져 그의 문하에는 늘 많은 제자들이 모여 있었다. 화음산 밑에 은거할 때는 그를 따르는 자들이 계속 모여들어, 그곳에 그의 자(字)를 딴 공초시(公超市)라는 장이 설 정도였다.

학문뿐만 아니라 도술에도 능했던 그는 5리가 되는 거리까지는 안개를 일으킬 수 있었다. 그 당시 관서(關西) 출신의 배우(裵優)라는 자는 3리 안까지 안개를 일으킬 수 있는 재주를 가지고 있었는데, 장해의 소문을 듣고 제자가 되기를 간청했다.

그러나 장해가 안개 속에 모습을 감추고 만나주지 않는 바람에 그대로 돌아갔다. 그 뒤 배우는 안개를 일으켜 악한 일을 했으며, 체포된 뒤에는 장해로부터 그 재주를 배웠다고 진술했다. 그래서 장해도 투옥되었으나 사실이 아닌 것이 밝혀져 석방되었다.

오늘날은 어떤 사건이 일어났을 때 범인의 행방이나 단서를 잡지 못하는 경우, 흔히 '오리무중에 빠졌다.'고 표현하기도 한다.

출전: 「후한서(後漢書)」의 「장해전편」

五十步百步
오십보백보

오십 보 도망간 사람이 백 보 도망간 사람을 비웃는다는 뜻으로 겉으로는 차이가 있는 것 같지만 실제로는 마찬가지라는 뜻이다.

五 다섯 **오** | 十 열 **십** | 步 걸음 **보** | 百 일백 **백**

전국시대 양(梁)나라의 혜왕은 나라의 힘을 기르기 위해 여러 가지로 애를 썼다. 밤낮을 가리지 않고 나라 일을 보살폈으며, 어려운 일을 당한 백성들을 자상하게 돌보았다.

혜왕이 이웃 나라들을 살펴볼 때 자기처럼 마음을 쓰는 왕이 없었다. 그런데도 불구하고 이웃 나라 백성이 더 줄지도 않고, 자기 나라 백성이 더 많아지지도 않는 것이 이상했다. 그래서 혜왕은 마침 왕도정치론을 고취시키기 위해 유세차 찾아온 맹자에게 그 이유를 물었다.

맹자가 대답했다.

"왕께서는 전쟁을 좋아하시니 전쟁에 비유해서 말씀드리지요. 싸움이 한창일 때 한 병사가 겁을 먹고 갑옷과 투구를 벗어던진 채 도망치기 시작했습니다. 그 병사가 백 보쯤 달아나다가 걸음을 멈추었을 때 뒤따라 도망치던 자가 오십 보쯤에서 멈췄습니다. 이때 만약 오십 보에서 멈춘 병사가 백 보를 달아난 병사를 보고 겁쟁이라고 비웃었다면 왕께서는 이 일을 어떻게 생각하십니까?"

"그야 오십 보든 백 보든 도망친 것은 마찬가지가 아니오?"

"옳은 말씀입니다. 그렇게 생각하신다면 백성이 다른 나라보다 많아지지 않는다고 한탄하지 마십시오."

근본적인 해결을 꾀하지 않고, 백성의 수효나 늘리는 것은 오십 보나 백 보처럼 마찬가지라는 뜻이다.

출전: 「맹자(孟子)」의 「양혜왕편」

吳越同舟
오월동주

적국의 원수인 오나라와 월나라 사람들이 같은 배를 타고 있다는 말로, 원수지간이라도 한 배에 탄 이상 서로 협력해야 한다는 뜻이다.

吳 나라이름 **오** | 越 넘을 **월** | 同 한가지 **동** | 舟 배 **주**

「손자병법」으로 알려진 병서(兵書) 「손자(孫子)」는 춘추시대 오(吳)나라 사람 손무(孫武)가 쓴 책이다. 그 가운데 「구지(九地)」는 병사를 이용하는 아홉 가지 경우를 담고 있는데, 거기에 다음과 같은 내용이 있다.

예부터 오나라와 월나라는 원수처럼 미워하고 으르렁거리는 사이로, 그 백성들끼리도 서로 미워하고 있다. 그렇지만 오나라 사람과 월나라 사람이 같은 배를 타고 바다를 건너가다가 큰 풍랑을 만났다고 한다면, 결코 원수처럼 맞붙어 싸우지는 않을 것이다. 그들은 양쪽 어깨에 붙은 오른손과 왼손처럼 서로 도울 것이다.
이것은 상대를 위해서가 아니라, 자신이 살기 위해서이다. 그렇게 해야 두 사람은 무난히 풍랑을 이기고 목적지에 도착하게 된다. 군사도 이와 마찬가지이다. 죽을 지경에 처하면 오로지 싸워서 이겨야 한다는 생각밖에 없으므로 자연히 한데 힘을 합하게 되는 것이다.

거센 풍랑으로 금방이라도 배가 뒤집혀 부서지고, 두 사람 모두 물에 빠져죽을 지경인데 다툴 수가 있겠는가? 아무리 사이가 좋지 못하더라도 위기에 빠지면 일단 위기를 벗어나기 위해 서로 협력할 것이다.

출전: 「손자(孫子)」의 「구지」

吳下阿蒙
오하아몽

옛 그대로 조금도 진보되지 않은 사람이나 학문이 보잘것없는 사람을 가리킨다.

吳 나라이름 오 | 下 아래 하 | 阿 언덕 아 | 蒙 입을 몽

삼국시대에 오(吳)나라 손권(孫權)의 부하 가운데 여몽(呂蒙)이라는 장수가 있었다. 여몽은 오로지 무술에만 힘을 쏟고 있었으므로 용맹스럽긴 해도 근본은 무식한 사람이었다. 어느 날, 손권은 여몽과 장흠을 불러 비록 무인이라 해도 학문을 익혀야 한다고 타일렀다. 그 말을 듣고 깨달은 바가 있었던 여몽은 그 후 열심히 학문을 익혔다.

그 후 손권의 부하 중에서 가장 학식과 덕망이 높은 노숙이 여몽의 병영을 지나다가 만나 이야기를 나눠 보고는 여몽이 몰라보게 유식해진 것을 알고 깜짝 놀랐다.

"어허, 내가 지금까지 사람을 잘못 보았군. 자네는 용맹스럽기만 한 줄 알았는데, 언제 그렇게 학문을 닦았나? 이젠 오에 있을 때의 그 여몽이 아니로군.(非復吳下阿蒙)"

그 말을 듣고 여몽이 빙그레 웃으면서 말했다.

"선비란 헤어진 지 사흘만 지나도 눈을 비비고 바라보아야 할 정도로 발전하는 법이라네."

즉 잠시 만나지 못한 사이에 놀라운 발전을 한 것을 보고 '오하이몽이 아니다.'라고 말하고, 반대로 언제 만나도 늘 그 타령인 것을 보고 '오하이몽'이라고 한다. 여기서 '아몽(阿蒙)'의 아(阿)는 애칭이다.

출전: 「삼국지(三國志)」의 「오지」

烏合之衆
오합지중

까마귀 떼가 모인 것처럼 질서 없는 모임이라는 뜻으로, 갑자기 모인 훈련 안 된 군사, 또는 규율도 통일성도 없는 군중을 이르는 말이다.

烏 까마귀 오 | 合 모일 합 | 之 갈 지 | 衆 무리 중

전한(前漢)의 말, 나중에 후한(後漢)의 광무제(光武帝)가 된 유수(劉秀)가 한나라 왕실의 재건을 위해 많은 무리들을 상대로 싸움을 되풀이할 때의 일이다.

유수는 각지에서 왕망(王莽)과 도적 떼들을 격파하고, 마침내 경제(景帝)의 자손인 유현(劉玄)을 황제로 삼아 다시 한나라의 세상으로 되돌려 놓았다. 그러나 세상은 조용해지지 않고, 적미(赤眉)를 비롯한 도적 떼가 여전히 극성을 떨었다. 특히 한단(邯鄲) 지방을 중심으로 한 적미의 우두머리인 왕랑(王郞)이란 자는 자기가 상제의 아들인 유자여(劉子輿)라고 엉뚱한 거짓말을 하며 천자로 행세했다.

당시 충성을 다 바쳐 유수를 섬기던 경감 장군은 부하 중 손창과 위포가 왕랑의 편을 들자, 다음과 같이 꾸짖었다.

"왕랑은 도둑일 뿐이다. 그런 자가 상제의 아들임을 사칭하여 난을 일으켰지만, 내가 장안에 들어가 상곡, 어양의 군대를 이끌고 태원, 대군 방면으로 나아가 오합지중인 왕랑의 군사를 친다면, 썩은 나무를 쓰러뜨리는 것과 같아 왕랑을 포로로 잡게 될 것이다. 너희들이 그런 사리(事理)도 모르고, 적과 한 패가 된다면, 곧 패망해서 일족이 멸망을 당하리라."

여기서 오합지중이란 말이 유래했으며, 흔히 '오합지중(烏合之衆)'은 '오합지졸(烏合之卒)'이라고 자주 쓰이기도 한다.

출전: 「후한서(後漢書)」의 「경감전편」

屋上架屋
옥상가옥

지붕 위에 또 지붕을 얹는다는 뜻으로, 필요 없는 것을 이중으로 하는 경우를 가리키는 말이다.

屋 집 옥 | **上** 위 상 | **架** 시렁·횃대 가

동진(東晋)의 유중초(庾仲初)는 도읍 건강(建康)의 아름다운 풍경을 묘사한 「양도부(揚都賦)」라는 시를 지었다. 그는 이 글을 당시 세도재상이며, 친척인 유양(庾亮)에게 보냈다.

유양은 친척간의 정리를 생각해서 유중초가 지은 시를 과장해서 칭찬했다.

"유중초의 「양도부」는 일찍이 좌태충이 지은 「삼도부」와 비교하여 조금도 뒤지지 않는다."

그러자 사람들은 앞 다투어 유중초의 시를 베껴 벽에 붙여놓고 감상하느라 낙양지귀(洛陽紙貴)의 효과를 올렸다. 태부인 사안석은 이와 같은 경박한 풍조를 한탄하며 이렇게 나무랐다.

"유량의 평은 너무 지나친 것이다. 저 시는 마치 지붕 밑에 또 지붕을 만든 것과 같구나. 남의 말을 되풀이한데 지나지 않는 시를 보고 잘 지었다고 떠들어 대는 사람들의 마음을 이해할 수 없구나."

결국 남의 좋은 글을 모방한 조잡한 글이라는 뜻이다. 여기서 공연한 헛수고를 하거나 필요 없는 일을 이중으로 하는 것을 가리켜 '옥하가옥(屋下架屋)'이라고 표현했는데, 언제부터인가 이 말이 '옥상가옥'이란 말로 바뀌어서 사용되고 있다.

출전: 「세설신어(世說新語)」의 「문학편」

玉石混淆
옥석혼효

옥과 돌이 뒤섞여 있다는 말로, 훌륭한 것과 보잘것없는 것, 슬기로운 것과 어리석은 것 등이 뒤섞여 있어 분간이 안 되는 경우에 사용한다.

玉 구슬 옥 | 石 돌 석 | 混 섞일 혼 | 淆 뒤섞일 효

「포박자」는 진(晋)나라의 유명한 유학자인 갈홍(葛洪)이 지은 책이다. 갈홍은 그 책에서 당시 사람들이 천박한 시나 글을 사랑하고, 깊이 있고 유익한 책은 멀리하며, 좋은 말을 듣기 싫어하는 풍조를 개탄하며 다음과 같은 말을 했다.

옛 사람들은 재주 얻기 어려움을 한탄하여, 곤산의 구슬이 아니라 하여 야광주를 버리거나, 성인의 글이 아니라 하여 수양에 도움이 되는 말을 흘려버리는 일을 하지 않았다.

그런데 오늘날에는 한나라, 위나라 이래로 우리가 본받을 만한 글이 많이 씌어졌음에도 이를 올바르게 평가할 성인은 나타나지 않았으며, 식견이 좁은 사람들은 글에 담긴 깊은 뜻을 살피지 못하고, 글자풀이에만 골몰했다. 뿐만 아니라, 오히려 불필요한 것이라 해서 배척까지 했다.

이것은 티끌이 쌓이면 산이 되고, 많은 빛깔이 모여서 눈이 부실 정도의 아름다움을 이루게 된다는 사실을 깨닫지 못한 처사이다. 천박한 시부를 감상하는가 하면, 의의 깊은 여러 책들을 가볍게 여겨 유익한 금언을 깔보기도 하고, 실이 없고 공허한 것을 그럴 듯하게 생각한다.

참과 거짓이 거꾸로 되고, 옥과 돌이 뒤섞이며, 아악과 속된 음악이 함께 다루어지고, 비단과 누더기 옷을 똑같이 생각하며, 모두들 태평하게 지내고 있으니 참으로 한심한 일이로다.

이 글은 오늘날 우리들에게도 시사(示唆)하는 바가 상당히 크다고 할 수 있다.

출전: 「포박자(抱朴子)」의 「상박편」

溫故而知新
온고이지신

옛것을 익힘으로써 그것을 통해 새로운 지식과 도리를 발견하게 된다는 말이다. 통상 '온고지신(溫故知新)'이라고 줄여서 사용한다.

溫 따뜻할 **온** | 故 옛 **고** | 而 말이을 **이** | 知 알 **지** | 新 새 **신**

「논어」에서 공자는 다음과 같이 말하고 있다.

옛것을 익혀 새것을 알면 남의 스승이 될 수 있다. (溫故而知新 可以爲師矣)

또 이 말은 「중용」에도 나오는데, 정현(鄭玄)은 다음과 같이 주석을 달았다.
'온(溫)은 옛것을 익힌다는 뜻이다. 처음 배운 것을 익힌 뒤에 거듭 반복해서 익히는 것을 온고(溫故)라고 한다.'
또한 주자는 다음과 같이 해석하고 있다.
'배움에 있어서 예전에 들은 것을 기회 있을 때마다 익히고, 언제나 새로 터득함이 있으면 배움에 대한 응용이 끝이 없게 된다. 따라서 다른 사람의 스승이 될 수도 있다는 것이다. 단지 입으로만 알고 묻는 학문이라면, 마음에 터득함이 없으므로 아는 데 한계가 있게 마련이다.'

옛것과 새것 사이에는 아주 밀접한 관련이 있다. 언제나 새것은 옛 것 속에서 나오며, 옛것에 대한 올바른 지식이 없으면 오늘의 새로운 사태를 정확히 파악할 수 없다. 새로운 사태를 정확하게 인식하지 못한다면, 장차 닥쳐올 사태에 올바르게 대처할 수 없다.
우리가 학교에서 배우는 것은 거의 다 옛것(고전, 古典)이다. 그러나 그것을 제대로 인식하지 못하면 한 발짝도 앞으로 나갈 수 없다. 따라서 과거와 현재, 그리고 미래에 대한 관련성을 올바로 깨달아야 남의 스승이 될 수 있다는 뜻이다.

출전: 「논어(論語)」의 「위정편」

臥薪嘗膽
와신상담

장작 위에 눕고, 쓸개를 맛본다는 말로 원수를 갚거나 원하는 바를 이루기 의해 어떤 괴로움과 어려움이라도 참고 견딤을 비유한 말이다.

臥 엎드릴 **와** | 薪 섶나무 **신** | 嘗 맛볼 **상** | 膽 쓸개 **담**

춘추시대 때의 일이다. 오나라와 월나라는 대대로 내려오는 라이벌로 싸움이 그칠 날이 없었다. 월나라 왕 윤상(允常)이 죽고, 그의 아들 구천(句踐)이 왕위에 오르자, 오나라 왕 합려(闔閭)는 군사를 거느리고 월나라로 쳐들어갔다.

그러나 오히려 합려는 크게 패하고, 적의 화살에 부상한 손가락 상처를 패주하는 바람에 제때 치료하지 못해 경이라는 곳에서 죽고 말았다. 합려는 죽을 때까지 태자인 부차(夫差)에게 원수를 갚아달라고 유언했다. 아버지의 뒤를 이어 왕이 된 부차는 무슨 일이 있어도 아버지의 원한을 풀어야겠다는 굳은 결의로 편안한 방에서 잠을 자지 않고, 밤마다 '장작 위에 자리를 펴고 누워' 아버지의 원한을 새롭게 하며 복수심을 불태웠다.

월나라 왕 구천은 이 소문을 듣고, 먼저 오나라로 쳐들어왔지만 부차에게 대패하고 회계산으로 도망쳤다. 그 후 구천은 왕비와 함께 포로가 되어 온갖 고생을 다했다. 그러다가 부차에게 거짓 충성을 맹세하고 본국으로 돌아갔다. 구천은 월나라로 돌아오자마자 일부러 몸과 마음을 괴롭히며 자리 옆에 쓸개를 달아매어 놓고 수시로 그 '쓸개를 씹으며' 복수심을 불태웠다. 그로부터 몇 년 뒤, 구천은 오나라를 쳐서 승리하고, 부차로 하여금 자살하게 하는 복수를 한다.

출전: 「십팔사략(十八史略)」, 「사기(史記)」의 「월세가」

蝸牛角上之爭
와우각상지쟁

달팽이 뿔 위에서 서로 싸운다는 말로, 천하의 형세에 아무런 영향을 미치지 못하는 부질없는 싸움을 뜻한다.

蝸 달팽이 **와** | **牛** 소 **우** | **角** 뿔 **각** | **上** 위 **상** | **之** 갈 **지** | **爭** 다툴 **쟁**

전국시대 때 양(梁)나라 혜왕(惠王)과 제(齊)나라 위왕(威王)은 동맹을 맺고, 서로 침략하지 않기로 했다. 그런데 위왕이 이 약속을 어기고, 양나라를 침략하려고 하자, 이에 분개한 혜왕은 은밀히 자객을 보내 위왕을 암살하려고 했다. 혜왕의 신하인 공손연이 암살은 비겁한 수단이니 정정당당하게 군사를 일으켜 제나라를 공격하자고 주장했다. 그러나 계자는 군사를 일으키는 것은 백성들을 괴롭히는 일이라면서 그의 주장에 반대했다.

혜왕이 결정하지 못하고 망설이고 있을 때, 재상인 혜자가 현자로 알려져 있는 대진인을 왕에게 보냈다. 그가 왕에게 말했다.

"달팽이의 왼쪽 뿔에는 촉씨의 나라가, 그리고 오른쪽 뿔에는 만씨의 나라가 있는데, 서로 싸워 죽은 자가 수만 명에 이른 때도 있고, 달아나는 적을 보름 동안이나 추격한 일도 있다고 합니다."

"그런 황당무계한 일이 어디 있소?"

"그럼 이 황당무계한 말을 사실에다 비유해 보겠습니다. 이 우주는 사방과 위아래로 끝이 없습니다. 그 끝없는 세계에 마음을 두고, 실제로 오갈 수 있는 나라를 생각해 보십시오. 아마 그것은 있는 듯 없는 듯 아주 작게 보일 것입니다."

"옳은 말이오."

"그들 나라 가운데 양나라가 있고, 그 안에 왕께서 계십니다. 무수한 우주에 비할 때 왕과 달팽이 뿔 위에서 싸움을 벌이고 있는 촉씨, 만씨는 어떤 차이가 있을까요?"

출전: 「장자(莊子)」의 「즉양편」

完璧
완벽

흠이 없는 구슬, 또는 구슬을 온전히 보존한다는 뜻으로 결점을 찾아낼 수 없는 훌륭한 것이나 빌려온 물건을 온전히 되돌려주는 것을 말한다.

完 완전할 **완** | 璧 둥근옥 **벽**

전국시대 말, 조(趙)나라의 혜문왕(惠文王)은 천하에서 제일가는 보물로 알려진 '화씨의 구슬'을 가지고 있었다. 이 소문을 듣고 진(秦)나라의 소양왕(昭襄王)이 15개의 성(城)과 이 구슬을 맞바꾸자고 제의했다.

진나라보다도 약소국인 조나라로서는 그 제의를 거절하기가 난처했다. 신하들과 의논한 끝에 혜문왕은 이 제의를 받아들이기로 하고 인상여(藺相如)를 진나라로 보냈다. 이윽고 인상여가 진나라에 도착하여 소양왕에게 이 구슬을 바치자, 그는 크게 기뻐했다.

그러나 약속한 15개의 성에 대해서는 한마디도 하지 않았다. 인상여는 소양왕이 성을 줄 생각이 없는 것을 눈치 채고 말했다.

"그 구슬에는 아주 작은 흠이 있습니다. 저에게 주시면 가르쳐 드리겠습니다."

소양왕이 별다른 의심 없이 구슬을 건네주자, 인상여는 얼른 그것을 받아들고 뒷걸음쳐서 궁궐 기둥 옆에 섰다.

"대왕께서 애초에 약속한 대로 진나라 성 15개를 넘겨주실 때까지 이 구슬은 제가 가지고 있겠습니다. 만약 안 된다면 이 구슬을 제머리와 함께 이 기둥에 부딪쳐 깨뜨려 버리겠습니다."

구슬이 깨어질까봐 겁이 난 소양왕은 곧 자신의 행동을 사과하고 15개의 성을 주겠다고 약속했다. 그러나 인상여는 소양왕의 말이 거짓임을 알고 부하에게 구슬을 주어 귀국시켰다. 이렇게 인상여는 화씨의 구슬을 완벽하게 지켜냈던 것이다.

출전: 「사기(史記)」의 「인상여열전」

龍頭蛇尾
용두사미

용의 머리에 뱀의 꼬리라는 뜻, 즉 처음 시작은 거창하지만 끝에 가서는 완결 짓지 못하고 흐지부지하는 경우를 말한다.

龍 용 용 | **頭** 머리 두 | **蛇** 뱀 사 | **尾** 꼬리 미

용흥사(龍興寺)라는 절에 진손숙(陳孫宿)이라는 유명한 승려가 있었다. 그가 늙었을 때의 일인데, 어느 날 우연히 한 행려승과 마주하게 되었다. 진손숙이 어디서 왔느냐고 묻자, 그 행려승은 갑자기 "에잇!" 하고 호령을 했다.

"허허, 이거 일갈(一喝)을 당했군."

진손숙이 이렇게 중얼거리자, 그는 다시 "에잇!" 하고 호령을 하는 것이었다.

진손숙은 행려승을 유심히 살펴보았다. 재치 있는 태도와 말재간으로 보아 제법 도를 닦은 것 같았으나, 그는 내심 고개를 저었다.

'이 중이 보기에는 그럴 듯하지만 참으로 도를 깨치지는 못한 것 같다. 한갓 용의 머리에 뱀의 꼬리인 것 같구나.' 하고 생각했다.

진손숙이 다시 물었다.

"그대는 '에잇!' 하며 호령하는 위세는 좋은데, 세 번 네 번 에잇 소리를 외친 뒤에는 어떻게 그 마무리를 지을 생각인가?"

허세뿐인 인물, 곧 머리는 용과 같으나 꼬리는 뱀과 같은 사람으로 보았다는 뜻이다. 그러자 그 행려승은 자기 본모습이 드러난 것을 알고 입을 다물었다. 그 뒤 처음에는 거창하지만 마지막은 흐지부지하는 일이나 상황을 용두사미라고 부른다.

출전: 「벽암록(碧巖錄)」

愚公移山
우공이산

어리석은 노인이 산을 옮긴다는 뜻으로, 아무리 어렵고 엄청난 일이라도 끊임없이 노력하면 언젠가는 목적을 이룰 수 있다는 말이다.

愚 어리석을 우 | 公 공변될 공 | 移 옮길 이 | 山 뫼 산

옛날에 우공(愚公)이란 아흔 살이나 된 노인이 있었다. 그가 사는 집은 사방 700리, 높이가 만 길이나 되는 태행산과 왕옥산이 막혀 있어 왕래에 불편했다.

어느 날, 우공은 가족들에게 산을 깎아 평평하게 만들어 길을 만드는 것이 어떠냐고 물었다. 모두 그 말에 찬성했으나 그의 아내만은 도저히 이룰 수 없는 일이라고 반대했다. 그러나 우공은 아들, 손자들을 데리고 바로 착수했다. 돌을 깨고, 흙을 파서 삼태기에 담아 발해까지 갖다 버리고 오는 일은 한 번 갔다 오는데 1년이나 걸렸다.

이 광경을 지켜보고 있던 이웃에 사는 지수(智叟)라는 영감이 웃으면서 말했다.

"죽을 날이 멀지 않은 노인이 그런 식으로 일을 해서 어느 세월에 산을 깎아 평평하게 만들겠다는 것인가?"

그러자 우공이 길게 탄식하며 말했다.

"자네처럼 생각이 얕은 사람이 어떻게 내 깊은 속을 헤아릴 수 있겠나. 가령 앞날이 얼마 남지 않은 내가 이 일을 하다가 죽더라도 그 자식은 또 자식을 낳겠지. 이와 같이 대대손손 이 일을 계속해 나간다면, 언젠가는 끝이 날 게 아닌가? 사람은 한없이 대를 이어가지만, 산은 결코 더 이상 높아질 수 없으니 언젠가는 반드시 평평해질 때가 오지 않겠나."

우공의 정성에 감동한 하느님이 그 산을 옮겨 주었다.

출전: 「열자(列子)」의 「탕문편」

運籌帷幄
운주유악

'운주'란 산가지를 놀린다는 뜻이고, '유악'이란 장막 속을 뜻하는 말로, 가만히 들어앉아서 계획을 꾸민다는 뜻이다.

運 돌 **운** | **籌** 투호살·산가지 **주** | **帷** 휘장 **유** | **幄** 휘장 **악**

천하를 통일한 한(漢)나라의 고조가 어느 날 낙양의 남궁에서 잔치를 베풀었다. 그 자리에서 고조는 이렇게 말했다.

"경들은 내가 천하를 얻고 항우가 잃은 까닭이 무엇인지 숨김없이 말하라."

그러자 고기(高起)와 왕릉(王陵)이 대답했다.

"폐하께서는 성을 공략하게 되면 공을 세운 사람에게 그 땅을 주어 천하 사람들과 이익을 함께 하셨습니다. 그러나 항우는 싸움에 이겨도 상을 주지 않고, 땅을 얻어도 나눠 주지 않았습니다. 이것이 폐하께서 천하를 얻고 항우가 천하를 잃은 이유인줄 아옵니다."

고조가 그 말을 듣고, 고개를 저으면서 말했다.

"경은 하나만 알고 둘은 모르오. 대체로 산가지를 장막 안에서 움직여 천리 밖의 승리를 얻게 하는 것은 내가 자방만 못하고, 나라를 편안히 하고 백성을 어루만져 군대의 보급을 끊어지지 않게 하는 것은 내가 소하만 못하다. 백만의 군사를 움직여 싸우면 이기고, 치면 빼앗는 것은 내가 한신만 못하다. 그들은 모두 뛰어난 인물인데, 나는 그들을 제대로 쓸 수 있었다. 이것이 내가 천하를 차지할 수 있었던 이유이다. 그러나 항우는 범증뿐이었는데 그마저도 제대로 쓰지 못했다. 이것이 항우가 나에게 패한 이유이다."

이상이 「사기」의 「고조본기」에 실린 내용으로 「한서」에 나와 있는 것과 거의 비슷하다.

출전: 「사기(史記)」의 「고조본기」, 「한서(漢書)」의 「고제기」

遠交近攻
원교근공

멀리 떨어진 나라와는 친교를 맺고, 가까이 있는 나라는 공격한다는 뜻이다.

遠 멀 **원** | **交** 사귈 **교** | **近** 가까울 **근** | **攻** 칠 **공**

원교근공책은 전국시대 때 위(魏)나라의 종횡가인 범저(范雎)가 진(秦)나라 소양왕(昭襄王)에게 제시한 정책이다. 범저는 이 정책으로 하루아침에 진나라의 재상이 되었다. 범저는 원래 위나라 왕의 총애를 받는 가수(賈須)의 문객으로 있었다. 가수가 제나라에 사신으로 가게 되자, 범저는 그 수행원으로 따라갔는데, 엉뚱하게 제나라와 내통했다는 혐의를 받는 바람에 하마터면 목숨을 잃을 뻔했다.

진나라 사신으로 마침 제나라에 와 있던 왕계의 도움으로 진나라로 도망한 범저는 이름을 장록(張祿)으로 바꾸었다. 범저는 왕계의 알선으로 소양양을 알현할 수 있었다. 당시 진나라의 실권은 소양왕의 모후(母后)인 선태후가 쥐고 있었는데, 그 일족이 사유지를 늘리기 위해 멀리 있는 제나라를 공략하려는 계획을 세운 것을 알고 범저는 소양왕에게 다음과 같이 진언했다.

"한(韓)나라와 위(魏)나라를 지나 멀리 있는 강국인 제나라를 치는 것은 좋은 계책이 못 됩니다. 지금 전하께서는 멀리 있는 나라와 친하게 지내고 가까이 있는 나라를 치는 원교근공 정책을 써야 합니다. 가까운 나라를 공격하면 한 치를 얻더라도 바로 대왕의 땅이 되고, 한 자를 얻더라도 역시 대왕의 땅이 됩니다. 이런 이익을 버리고 구태여 멀리 있는 나라를 친다면 어찌 잘못된 정책이라고 아니할 수 있겠습니까?"

소양왕은 범저의 말을 받아들여 먼 나라를 공격하지 않고, 이웃에 있는 한, 조, 위나라를 공격했다.

출전: 「사기(史記)」의 「범저, 채택열전」

月下氷人
월하빙인

월하노인(月下老人)과 빙상인(氷上人)이 합쳐진 말로, 중매쟁이를 이렇게 말한다.

月 달 월 | 下 아래 하 | 氷 얼음 빙 | 人 사람 인

당나라 때 위고(韋固)라는 젊은이가 있었다. 그는 홀로 여기저기를 다니면서 견문을 넓히다가 송성이라는 곳에 이르러 한 노인을 만났다. 노인은 보따리에 몸을 기댄 채 달빛 아래 책장을 뒤적이고 있었다. 위고가 무슨 책이냐고 묻자, 노인은 웃으며, 이 세상의 혼사에 관한 책이라고 대답했다.

"그 보따리에는 무엇이 들어 있습니까?"

"붉은 끈이 가득 들어 있네. 이 끈으로 남녀의 발을 매면 아무리 멀리 떨어져 있어도, 또한 원수지간이라도 결국 부부로 맺어진다네."

"그럼, 제 아내가 될 사람이 어디 있습니까?"

"자네 아내감은 북쪽에서 채소를 팔고 있는 진이라는 할머니가 안고 있는 젖먹이일세."

위고는 별로 믿어지지도 않아, 흘려버렸다. 그로부터 14년이 지난 뒤, 상주에서 벼슬을 하게 된 위고는 그곳 태수의 17살 된 딸과 재혼했다. 어느 날, 위고가 월하노인이 말한 것이 생각나서 아내에게 이야기하자, 아내가 말했다.

"사실 저는 태수의 양녀입니다. 아버지가 벼슬을 하다가 돌아가셨는데, 유모가 젖먹이이던 나를 채소장사를 하며 길러 주었답니다."

위고는 월하노인이 말한 것이 딱 들어맞자 깜짝 놀라고 말았다.

「진서」의 「예술전」에는 호책이라는 사람이 꿈에서 얼음 위에 선 채 얼음 밑에 있는 사람과 이야기를 한 것이 결혼하는 꿈이라고 점쟁이가 풀어 주었는데, 사실 그대로 되었다.

출전: 「속유괴록(續幽怪錄)」, 「진서(晉書)」, 「예술전(藝術傳)」

泣斬馬謖
읍참마속

눈물을 흘리며 마속을 벤다는 뜻으로, 공정한 일의 처리를 위해 사사로운 정을 버리는 것을 비유한 말이다.

泣 울 **읍** | 斬 벨 **참** | 馬 말 **마** | 謖 일어날 **속**

　삼국시대 초기, 제갈량의 1차 북벌 때의 일이다. 제갈량은 조조의 위나라 군사를 무찌를 계획을 다 세워 놓았는데, 한 가지 문제는 군량 수송로인 가정(街亭)지역을 방비하는 일이었다. 그때 제갈량의 절친한 친구인 마량(馬良)의 동생 마속(馬謖)이 그 일을 맡겠다고 자원했다. 마속은 우수한 장수였으나, 조조군의 장수는 지략이 뛰어난 사마의(司馬懿)였다. 제갈량이 망설이자 마속이 말했다.

　"만일 패하면 제 목을 벤다 해도 원망하지 않겠습니다."

　이에 제갈량은 마속에게 중책을 맡겼다. 그런데 이 싸움에서 마속은 제갈량의 지시를 어기고, 자기 생각대로 산꼭대기에 진을 쳤다가 참패를 당하고 말았다.

　마속이 한중으로 돌아오자, 제갈량이 목을 치겠다고 했다.

　"지금은 천하통일을 눈앞에 두고 있는 중요한 때입니다. 이러한 때 마속 같은 훌륭한 장수를 처형한다는 것은 참으로 아까운 일입니다."

　이런 말로 주위에서 마속의 처형을 반대했으나 제갈량은 눈물을 흘리며 말했다.

　"손무가 싸웠다 하면 승리를 거둔 것은 군율을 분명히 했기 때문이다. 전쟁터에서 개인적인 정 때문에 군율을 어긴다면, 어떻게 적을 평정할 수 있겠는가?"

　제갈량은 울면서 마속의 목을 베어 군율을 세웠다.

출전: 「삼국지(三國志)」의 「촉지」, 「십팔사략(十八史略)」

疑心生暗鬼
의 심 생 암 기

의심은 암귀(暗鬼)를 낳게 한다는 말로, 선입관은 때로 판단의 정확성을 흐리게 한다는 뜻이다.

疑 의심할 의 | 心 마음 심 | 生 날 생 | 暗 어두울 암 | 鬼 귀신 귀

어떤 사람이 평소 아끼던 도끼를 잃어버렸다. 아무리 찾아도 보이지 않고, 어디서 잃어버렸는지 생각이 나지 않았다. 그러자 문득 누가 훔쳐간 것이 아닌가 하는 의심이 들었다. 그러고 보니 아무래도 이웃집 아이가 수상했다. 걸음걸이를 보아도 도끼를 훔친 사람처럼 보였고, 얼굴빛을 보아도 어쩐지 그런 것만 같았고, 말하는 모습 역시 수상한 점이 있었다. 그래서 도끼를 훔친 사람은 바로 그 아이라고 생각을 굳혔다.

'그 녀석이 틀림없이 내 도끼를 훔쳐간 거야.'

그러던 어느 날, 그는 우연히 산에 올라갔다가 잃어버린 도끼를 발견했다. 먼젓번에 나무를 하러 갔다가 그곳에 놓아두고 왔던 것이다. 도끼를 가지고 돌아와 다시 이웃집 아이를 보니, 이번에는 그 태도가 조금도 수상하게 보이지 않았다. 결코 도끼를 훔칠 사람으로는 보이지 않았다.

이것이 바로 '의심이 암귀를 낳는다'는 것이다. '암귀'는 어둠을 지배하는 귀신인데, 여기서는 사람의 마음을 어둡게 만드는 마귀라는 뜻으로 쓰였다.

출전: 「열자(列子)」의 「설부편」

二桃殺三士
이도살삼사

복숭아 두 개로 세 사람을 죽인다는 뜻으로, 교묘한 술책으로 상대방을 자멸하도록 하는 일을 비유한 것이다.

二 둘 **이** | 桃 복숭아나무 **도** | 殺 죽일 **살** | 三 석 **삼** | 士 선비 **사**

춘추시대 제(齊)나라의 재상 안영(晏嬰)은 뛰어난 정치가로 제나라를 강대국으로 만드는데 큰 공을 세운 인물이다.

당시 제나라 왕인 경공(景公)은 공손첩, 전개장, 고야자 등 세 무사가 항상 곁에서 호위를 맡아보고 있었다. 그들은 모두 용맹스럽고, 힘이 장사여서 호랑이를 맨손으로 잡을 정도였고, 나라에도 많은 공을 세웠으나, 인물 됨됨이가 부족하여 왕이 신임하고 아랫사람들이 떠받들자 날이 갈수록 오만불손해져서 제멋대로 행동했다.

그들을 그대로 두면 장차 큰 화근이 될 것이 불 보듯 뻔해지자 안영은 경공에게 그들을 축출할 것을 권했다. 경공도 그러고 싶은 생각은 굴뚝같았지만 후환이 두렵고, 또 그들을 축출할 명분을 찾지 못해 망설였다. 그러자 안영은 세무사에게 복숭아 두 개를 하사해서 그들 사이를 이간질시키고 불화를 일으킬 계책을 마련했다. 즉 복숭아 두 개를 주면서 공을 따져 그중 공이 많은 두 사람이 한 개씩 먹도록 시키면 그들은 복숭아를 얻기 위해 서로 싸우다가 죽이고 죽는 지경에 이를 것이라는 계책이었다.

안영의 계략은 그대로 들어맞아서, 3무사는 서로 자기의 공이 크다고 주장하다가 싸움이 나서 결국 다 죽고 말았다. 이와 같이 경공과 안영은 어리석은 인간의 공명심을 자극함으로써 손끝 하나 대지 않고도 화근을 제거할 수 있었다.

출전: 「안자춘추(晏子春秋)」

以心傳心
이심전심

마음에서 마음으로 전한다는 뜻으로 말이나 글로써가 아니라 마음으로써 뜻을 깨닫게 한다는 말이다.

以 써 **이** | **心** 마음 **심** | **傳** 전할 **전**

원래 염화미소(拈華微笑, 말을 하지 않고도 마음과 마음이 통해 깨달음을 얻는 것.)가 상징인 이심전심이라는 말은 심오한 이치는 말로 표현할 수 없는 것이기 때문에 마음에서 마음으로 전해서 깨닫도록 한다는 뜻으로 사용된 고사성어이다.

어느 날, 세존이 설법을 하기 위해 제자들을 영산(靈山)에 불러 모았다. 그때 세존은 연꽃 한 송이를 손에 들고 그것을 말없이 들어보였다. 제자들은 그 뜻이 무엇인지 몰라 잠자코 세존의 손에 들려 있는 연꽃만 바라보았다. 그러나 오직 한 사람, 마하가섭(摩訶迦葉)만은 그 뜻을 깨닫고 얼굴을 환하게 피며 미소를 지었다.(拈華微笑)

그것을 보고 세존이 말했다.
"나에게는(正法眼藏, 사람이 원래 지니고 있는 덕), 열반묘심(涅槃妙心, 번뇌와 어둠에서 벗어나 진리를 깨우쳐 얻은 마음), 실상무상(實相無相, 변하지 않는 진리), 미묘법문(微妙法門, 진리를 아는 마음)을 글로 기록하지 않고 가르침 밖에서 따로 전하는 것이 있다. 그것을 가섭존자에게 전하노라."

글로 기록하지 않고, 가르침 밖에서 따로 전하는 것, 그것이 바로 바로 '이심전심'이다. 하지만 세월이 흐름에 따라, 그 뜻은 점차 가벼운 것으로 바뀌었다.

출전: 「전등록(傳燈錄)」과 「오등회원(五燈會元)」

李下不整冠
이하부정관

오얏나무 밑에서는 갓을 고쳐 쓰지 말라는 뜻으로, 의심받을 만한 일은 아예 근원부터 하지 말라는 말이다.

李 오얏나무 이 | 下 아래 하 | 不 아니 불(부) | 整 가지런할 정 | 冠 갓 관

전국시대 제나라 위왕(威王) 때의 일이다. 당시 주파호라는 신하가 있었는데, 그는 자기보다 유능한 인재를 시기하고, 아첨하는 무리들을 중용하여 나라를 어지럽게 했다.

위왕의 후궁인 우희(虞姬)는 이런 주파호의 횡포를 잘 알고 있었다. 그녀는 위왕에게 주파호를 몰아내고, 어질기로 이름난 북곽(北郭)을 등용하라고 권했다. 그러나 이를 눈치챈 주파호는 우희가 북곽과 서로 좋아하는 사이라고 음모했다. 위왕은 우희를 9층 누각에 감금시키고, 관원에게 그녀를 심문하여 사실을 밝히라고 지시했다. 이미 주파호에게 매수당한 관원은 주파호의 말이 사실이라고 보고했다. 그러자 왕은 사실이 믿기지 않아 우희를 직접 심문했다. 우희가 말했다.

"저는 지금까지 10년 가까이 오직 한 마음으로 왕을 모셔 왔습니다. 그런데 이제 이렇게 간신의 모함에 빠지고 말았습니다. 제가 결백한 것은 명백한 사실이지만, 굳이 죄를 따진다면 참외밭을 지날 때는 신을 고쳐 신지 말고, 오얏나무 아래서는 갓을 고쳐 쓰지 말라는 교훈을 지키지 못한 것입니다. 또 제가 감금되어 있는 동안 누구 한 사람 왕에게 사실을 고하는 사람이 없었습니다. 이는 그만큼 제가 평소에 사람들의 신뢰를 받지 못했다는 증거입니다. 왕께서 저에게 죽음을 내리신다면, 더 이상 변명하지 않고 달게 받겠습니다만, 부디 이 나라의 장래를 위해 주파호의 횡포만은 막아주십시오."

우희의 진심어린 호소를 듣고, 위왕은 정신이 번쩍 들었다. 왕은 당장 주파호를 잡아 죽이고, 부강한 나라를 만들었다.

출전: 「열녀전(列女傳)」

人生如朝露
인생여조로

인생은 아침 이슬과 같다는 뜻으로, 해가 떠오르면 곧 사라지고 마는 아침 이슬처럼 짧고 덧없는 인생을 비유하는 말이다.

人 사람 **인** | **生** 날 **생** | **如** 같을 **여** | **朝** 아침 **조** | **露** 이슬 **로**

소무(蘇武)는 전한 무제(武帝) 때의 사람이다. 그는 흉노족과의 포로교환 때 무제의 사신으로서 흉노의 땅에 들어갔다가 그곳에 억류된 적이 있었다. 흉노족의 임금 선우(單于)는 소무의 마음을 돌리기 위해 온갖 노력을 다했으나 그는 끝내 굴복하지 않고 절조를 지켰다. 회유에 지친 선우는 마침내 소무를 북해 근처의 섬으로 추방하기로 했다.

떠나기 전날, 선우의 명을 받고 이릉(李陵) 장군이 찾아와 송별잔치를 베풀어 주었다. 이릉은 소무의 친구로서 그 역시 흉노족의 군대와 싸우다가 포로로 잡혔는데, 절조를 굽혀 항복한 뒤, 빈객으로 대접받고 있었다.

이릉은 소무를 위로하며 말했다.

"선우는 자네를 꼭 자기 사람으로 만들고 싶어 하네. 자네가 이렇게 절조를 지킨다고 알아줄 사람이 있을 것 같은가? 내가 떠날 때 들으니, 자네 어머니는 돌아가시고, 아내도 재가했다고 하더군. 두 누이와 아들이 남아 있다지만, 그것도 벌써 10년 전의 일이니 생사를 알 수 없는 노릇일세. 인생은 아침 이슬처럼 참으로 덧없는 것일세. 그런데 어째서 이렇게 긴 시간을 홀로 괴로움 속에서 보내는가?"

그러나 소무는 그 말에 흔들리지 않고, 북해의 섬으로 떠났다. 그곳에서 들쥐와 풀뿌리로 굶주림을 견디고 매서운 추위와 싸우면서 버티던 소무는 19년 만에 마침내 고국 땅을 밟았다.

출전: 「한서(漢書)」의 「소무전(蘇武傳)」

一擧兩得
일거양득

한 가지 일을 하여 두 가지 이득을 얻는 것을 뜻한다.

一 한 일 | 擧 들 거 | 兩 둘 양 | 得 얻을 득

「춘추후어」에는 다음과 같은 이야기가 나온다.

춘추시대 노(魯)나라에 변장자(辯壯子)라는 용맹스럽고 힘센 장사가 있었다. 어느 날, 그가 주막에 묵고 있을 때 산에 호랑이가 나타났다는 말을 들었다. 그는 곧 칼을 뽑아들고 호랑이를 잡으러 가려고 했다. 그러자 주막에서 심부름을 하는 아이가 그를 말리며 말했다.

"서두르지 말고 때를 기다리십시오. 지금 두 마리의 호랑이가 소 한 마리를 서로 잡아먹으려고 하고 있답니다. 조금만 기다리면 두 마리 호랑이는 소를 먼저 먹으려고 싸울 것입니다. 두 마리가 싸움을 하면 힘이 약한 놈은 견디지 못해 죽을 것이고, 힘센 놈도 비록 이기기는 했지만 분명히 큰 상처를 입고 지칠 것입니다. 바로 그때 지친 놈을 때려잡는다면 한 번에 두 마리의 호랑이를 잡게 되니 일거양득이 되겠지요."

변장자는 그 아이의 말을 옳게 생각하고 그대로 했다. 그래서 아주 쉽게 두 마리의 호랑이를 잡을 수가 있었다.

또 하나의 다른 이야기가 「전국책」의 「조책」에도 나온다.

전국시대 한(韓)나라와 위(魏)나라가 1년 이상 싸우고 있었다. 진(秦)나라의 혜왕(惠王)이 그 중 어느 쪽을 도울까 신하들과 의논했으나 좀처럼 의견이 일치하지 못했다. 그때 곁에서 보고 있던 진진(陣軫)이 두 나라가 서로 싸우다 지친 다음 공격하면 두 나라를 다 멸망시킬 수 있으니 우리는 일거양득이라고 했다. 혜왕은 그의 말을 따라 두 나라를 모두 멸망시켰다.

출전: 「춘추후어(春秋後語)」, 「전국책(戰國策)」의 「초책」 등

一網打盡
일망타진

한 번 그물을 던져 물고기를 모조리 잡는다는 뜻으로 단번에 어떤 무리를 모조리 잡을 때 사용한다.

一 한 **일** | 網 그물 **망** | 打 칠 **타** | 盡 다할 **진**

송(宋)나라의 인종(仁宗) 때의 일이다. 인종은 어질고 능력 있는 왕이었지만, 조정 안은 두 개의 당파로 나뉘어 20년 동안 무려 17번이나 조정의 주도권이 바뀌었다. 마침 12년간 재상 노릇을 하던 여이간(呂夷簡)이 은퇴하게 되었다. 그러자 인종은 하송(夏疎)을 추밀사로 임명하는 한편, 부사로는 혁신파 한기(韓琦)를 임명했다. 그러자 간신으로 알려진 구양수(歐陽脩)가 반대했다.

"하송은 안무사로 서하 경략을 두려워했으며, 성품이 또한 간사하고 거짓된 자입니다."

그 말을 들은 인종은 하송을 파면시킨 대신 청렴결백하기로 유명한 두연(杜衍)을 그 자리에 기용했다. 그러자 혁신파에서는 크게 환영했다. 하지만 하송 등이 가만히 있지 않고 범중업과 두연 등이 황제 폐위를 도모한다고 모함하여 함정에 빠뜨리려고 했다. 인종은 그와 같은 모함에 대해 들은 척도 하지 않았지만, 마침 두연의 사위인 소순흠이 공금을 유용하여 제사지내고 손님을 융숭하게 대접한 일이 드러났다. 이 사실을 알고 평소부터 두연의 태도를 못마땅하게 생각하던 왕공진이 소순흠을 잡아 옥에 가두고, 그와 가까이 하던 사람까지 모조리 잡아 옥에 가둔 다음 의기양양하게 말했다.

"나는 한 그물로 한 사람도 남기지 않고, 모두 제거했다."

이 사건과 연관되어 청렴결백하던 두연은 재상이 된 지 70일 만에 그 자리에서 물러났다.

출전: 「송사(宋史)」의 「인종기(仁宗紀)」

日暮途遠
일모도원

날은 저물고 갈 길은 멀다는 뜻으로, 할 일은 많은데 시간이 없어 뜻하는 바를 쉽게 이룰 수 없다는 말이다.

日 날 **일** | **暮** 저물 **모** | **途** 길 **도** | **遠** 멀 **원**

춘추시대 말엽, 오나라 요왕(僚王) 때의 일이다. 오자서(伍子胥)는 오나라가 초나라를 누르고, 중원의 강국으로 등장하는데 큰 역할을 한 사람이다. 그는 원래 초나라 사람이었다. 그런데 초나라 평왕(平王) 때 간신 비무기(費無忌)의 참언으로 태자 건을 가르치는 태부였던 아버지 오사가 붙잡혀 갇히게 되었다.

형 오상은 아버지를 구하러 갔다가 잡혀서 아버지와 함께 죽고, 오자서는 아버지의 원수를 갚기 위해 초나라를 떠났다. 송나라를 거쳐 오나라로 간 오자서는 공자 광과 손을 잡고, 자객 전제를 시켜 요왕을 암살했다. 그리고 공자 광이 왕위에 오르니, 그가 바로 합려(闔閭)이다.

오자서는 역시 초나라로 망명해 온 백비, 손무 등과 함께 초나라도 쳐들어갔다. 평왕과 비무기는 이미 죽고 없었으나 아버지와 형의 원수를 갚겠다는 오자서의 마음은 식지 않았다. 그는 평왕의 무덤을 파헤쳐 그 시체에 300대나 매질을 했다. 그 소식을 듣고 오자서와 친분이 두터운 신포서(申包胥)는 너무 지나친 행동이 아니냐고 나무랐다. 그러자 오자서는 다음과 같이 대답했다.

"날은 저무는데, 갈 길은 멀어서 도행역시(倒行逆施)하는 것이라네."

거꾸로 행동하고 거꾸로 베푸는 것, 다시 말해서 이치와 도리에 반하는 일을 순서를 무시하고 하는 것을 '도행역시'라고 한다. 즉 나이는 많고 아직 할 일이 많으므로, 부득히 도리에 반하는 일을 할 수밖에 없다는 뜻이다.

출전: 「사기(史記)」의 「오자서열전」

一葉落天下之秋
일엽낙천하지추

잎 하나가 떨어지는 것을 보고, 온 천하가 가을임을 안다는 뜻으로, 사소한 한 가지 일을 보고, 큰일을 미루어 짐작할 수 있다는 말이다.

一 한**일** | 葉 잎**엽** | 落 떨어질**낙** | 天 하늘**천** | 下 아래**하** | 之 갈**지** | 秋 가을**추**

전한(前漢)시대의 유안이 지은 「회남자」라는 책에 다음과 같은 말이 나온다.

　냄비 속에서 요리되고 있는 고기 맛을 보려고 냄비 속의 고기를 전부 먹어볼 필요는 없다. 한 조각만 먹어보아도 냄비 속 고기 맛을 전부 알 수가 있기 때문이다.
　또 습기가 차지 않는 깃털과 습기가 잘 차는 숯을 저울에 달아 공기가 건조한지 습기가 차 있는지를 알 수도 있다. 이런 것은 작은 것을 가지고, 큰 것을 밝히는 것이다.
　또 잎이 하나 떨어지는 것을 보면 가을이 깊어져서 이 해가 저물어감을 알고, 독안의 물이 얼어 있는 것을 보면 온 세상이 추워진 것을 알 수 있다. 이것은 가까운 것을 보고 먼 것을 알아내는 이치이다.

또 이자경이 지은 「추충부」에는 다음과 같은 구절이 있다.

　잎 하나가 떨어지니 천지가 가을이로다.(一葉落天地秋)

그리고 「문록」에는 당나라 사람의 시로서 다음과 같은 구절이 있다.

　산의 중이 육갑을 헤아릴 줄 몰라도 잎 하나가 떨어지면 천하가 가을인 것을 안다.

출전: 「회남자(淮南子)」의 「설산훈」, 「추충부」 등

一以貫之
일이관지

어떤 일을 하나의 원리로 꿰뚫고 있다는 뜻, 즉 한 가지 이치로 만 가지 일을 꿰고 있는 것을 말한다.

― 한 **일** | 以 써 **이** | 貫 꿸 **관** | 之 갈 **지**

공자는 「논어」의 「이인편」에서 제자인 증자(曾子)에게 다음과 같이 말했다.

"나의 도(道)는 하나로서 꿰뚫고 있다.(吾道―以貫之)"

공자가 나가자 다른 제자들이 증자에게 그게 무슨 말이냐고 물었다. 증자가 대답했다.

"우리 선생님의 도는 충성과 용서일 뿐이다."

또 「위영공편」에는 다음과 같은 말이 있다.

공자가 자공(子貢)에게 물었다.

"너는 내가 많이 배워서 모든 이치를 다 아는 사람이라고 생각하느냐?"

자공이 대답했다.

"그렇습니다. 그런데 그렇지 않다는 말씀입니까?"

"그렇지 않다. 나는 하나의 이치로 모든 사물을 꿰뚫고 있는 것뿐이다."(予一以貫之)

'일관(一貫)'은 여기서 나온 말로 줄임말이다. 보통 '초지일관(初志一貫, 처음에 세운 뜻을 끝까지 꿰뚫는다.)'이란 식으로 자주 쓰인다.

출전: 「논어(論語)」의 「이인편」, 「위영공편」

一字千金
일자천금

글자 한 자에 천금의 가치가 있다는 뜻으로, 아주 뛰어난 글자나 훌륭한 문장을 비유할 때 사용한다.

一 한 일 | 字 글자 자 | 千 일천 천 | 金 쇠 금

전국시대 말엽, 국경을 넘나들며 장사를 하여 엄청난 부를 쌓은 진(秦)나라의 여불위(呂不韋)는 제나라의 맹상군(孟嘗君)을 흉내내어 3천 명의 천하의 인재를 식객으로 불러들였다. 나중에는 진나라 상국의 자리에까지 올라, 후에 진시황이 된 어린 왕 정(政)으로부터 중부(仲父)라고까지 불리며 위세를 떨쳤다.

그 당시는 제자백가(諸子百家)의 저서가 널리 세상에 전파되던 시기였다. 여기에 자극을 받아 자기 이름을 후세에 남기기를 원했던 여불위는 식객들에게 그들이 보고 듣고 알고 있는 것을 모조리 글로 쓰게 했다. 그리고 그것을 한데 모아, 정리한 결과 「팔람(八覽)」, 「육론(六論)」, 「십이기(十二紀)」 등 20만 자가 넘는 방대한 책이 되었다. 이 세상의 모든 지식이 총수록되어 있는 책이라고 생각한 여불위는 자기 성을 따서 그 책의 이름을 「여씨춘추(呂氏春秋)」라고 지었다. 그리고 그 책을 진나라 서울인 함양성 문 앞에 진열하고, 그 위에 천금을 걸어놓고 다음과 같은 글을 써 붙였다.

'누구든지 이 책에서 보태거나 뺄 만한 내용을 발견하는 사람에게는 이 천금을 주겠노라.'

이것은 사실 유능한 식객을 끌어들이기 위한 방법이었다. 여기에서 글자 한 자에 천금의 값어치가 있다는 뜻의 '일차천금'이란 말이 생겼다.

출전: 「사기(史記)」의 「여불위열전」

一敗塗地
일패도지

한 번 패하여 간과 뇌가 진창에서 뒹굴게 된다는 뜻으로, 여지없이 패하여 도저히 다시 일어설 수 없음을 비유한 것이다.

一 한 **일** | 敗 깨뜨릴 **패** | 塗 진흙 **도** | 地 땅 **지**

진시황이 죽고 2세 황제가 즉위하자, 진승과 오광이 반란을 일으키는 등 진나라의 기반이 흔들리기 시작했다. 학정에 지친 백성들이 반란군에 가담한 것이다. 패현의 현령도 고을 백성들을 이끌고 진승에게 호응할 생각으로 부하인 소하와 조참을 불러 상의했다.

"그러기 위해서는 먼저 백성들의 신뢰를 얻어야 하는데, 우선 진나라에 반대해 도망친 무리부터 부르시는 것이 좋을 것 같습니다."

그 말을 따라 패현 현령은 번쾌에게 신망이 두터운 유방을 불러오게 했다. 그때 유방은 망산 근처에 몸을 숨긴 채 수백 명 도망자들의 지도자가 되어 있었다. 그런데 막상 유방이 무리들을 이끌고 오자, 현령은 혹시 유방에게 성을 빼앗기지 않을까 하여 성문을 굳게 닫고, 들어오지 못하게 했다. 나중에는 조참과 소하마저 유방과 한 패로 의심하여 죽이려고 했다.

사정을 알아차린 유방은 군중들을 선동하는 편지를 써서 화살에 매달아 성 안으로 날렸다. 그러자 성 안의 군중들이 현령의 목을 맨 다음 성문을 열고 유방을 맞아들여 현령으로 추대하려고 했다. 그러자 그는 그 제의를 사양하면서 다음과 같이 말했다.

"제후들이 다투어 일어나는 등 천하가 한창 시끄러운 이때, 훌륭한 장수를 모시지 못하면 여지없이 패하여 다시는 일어서기 힘들게 될 것이오. 나는 재주가 모자라 그대들의 목숨을 보장하기 어려우니 잘 생각해서 더 훌륭한 장수를 택하십시오."

출전: 「시기(史記)」의 「고조본기」

自暴自棄
자포자기

스스로 자신을 해치고, 스스로 자신을 버린다는 뜻으로 실망이나 타락으로 말미암아 자신을 돌보지 않고 마구 행동하는 것을 가리킨다.

自 스스로 **자** | **暴** 사나울 **폭(포)** | **棄** 버릴 **기**

맹자는 다음과 같이 말했다.

"자포(自暴), 즉 스스로 자신을 해치는 사람과는 더불어 말을 할 수가 없고, 자기(自棄), 즉 스스로 자신을 버리는 사람과는 더불어 행동할 수가 없다. 입만 열면 예의나 도덕을 헐뜯는 것을 자포라 하고, 도덕의 가치는 인정하면서도 인(仁)이나 의(義)라는 것은 자기와 아무 관계도 없는 것이라고 포기하는 것을 자기라고 한다. 사람의 본성은 착하다. 따라서 사람에게 도덕의 근본 이념인 인은 편안한 집과 같고, 올바른 도리인 의는 사람이 걸어가야 할 바른 길이다. 편안한 집을 지키려 하지 않고, 올바른 길을 걸어가려 하지 않는다는 것은 참으로 안타깝고 한심스러운 일이다."

맹자의 말대로 하면 '자포'는 말을 함부로 하는 것이며, '자기'는 행동을 되는 대로 하는 것이다. 곧 말을 함부로 하는 것은 어질고 바른 것을 멀리하는 적극적인 태도이고, 행동을 제멋대로 하는 것은 희망을 잃은 소극적인 태도라고 볼 수 있다.

'자포자기'란 이와 같이 착하고 올바른 일을 행하지 않고, 될 대로 되라는 식으로 생각하고 행동하는 경우를 일컫는 말이다.

출전: 「맹자(孟子)」의 「이루편」

賊反荷杖
적반하장

잘못한 사람이 도리어 잘한 사람을 나무라는 경우에 빗대어 쓰는 말이다.

賊 도둑 **적** | 反 되돌릴 **반** | 荷 연·책망할 **하** | 杖 지팡이 **장**

「순오지」에는 "적반하장은 도리를 어긴 사람이 오히려 스스로 성내면서 업신여기는 것을 비유한 말(賊反荷杖以比理屈者反自陵轢)"로 풀이되어 있다. 이처럼 적반하장은 잘못한 사람이 잘못을 빌거나 미안해하기는커녕 오히려 성을 내면서 잘한 사람을 나무라는 어처구니없는 경우에 기가 차다는 뜻으로 쓰는 말이다.

"적반하장도 유분수지 누구한테 큰소리냐?", "사람을 때린 놈이 되레 맞았다고 큰소리니 적반하장도 정도가 있지." 등의 꼴로 쓰인다.

주인과 손님이 서로 바뀌어 손님이 도리어 주인 행세를 한다는 뜻의 '주객전도(主客顚倒)', '객반위주(客反爲主)'와 뜻이 통한다. 또 내가 부를 노래를 사돈이 부른다는 뜻으로, 나에게 책망을 들어야 할 사람이 오히려 나를 책망할 때 쓰는 '아가사창(我歌査唱)'도 같은 뜻이다.

적반하장과 비슷한 뜻의 우리말 속담도 여럿 있다. 제가 잘못하고서 도리어 성을 낸다는 속담 '방귀 뀐 놈이 성낸다.', 자기가 잘못해 놓고 오히려 남을 나무란다는 뜻의 '문비(門裨)를 거꾸로 붙이고 환쟁이만 나무란다.', '소경이 개천 나무란다.', 남의 은혜를 갚기는커녕 도리어 배신한다는 뜻의 '물에 빠진 놈 건져 놓으니까 내 봇짐 내라 한다.' 등이 그 예이다.

출전: 홍만종의 「순오지(旬五志)」, 「송남잡지(宋南雜識)」 등

戰戰兢兢
전전긍긍

두려워 떨면서 몸을 움츠리고 조심하는 것, 어떤 위기가 닥치지 않을까 두려워 쩔쩔매는 모습을 나타낸다.

戰 싸울 **전** | 兢 삼갈 **긍**

다음은 「시경」의 「소아편」에 나오는 '소민(小旻)'이라는 시의 마지막 구절이다.

> 맨손으로 호랑이를 잡지 못하고
> 걸어서는 황하를 건널 수 없네.
> 사람들은 그 하나를 알면서
> 다른 건 전혀 알지 못하는구나.
> 무서워 벌벌 떨며 삼가기를
> 깊은 못에 임한 것처럼 하고,
> 살얼음 위를 걷는 것처럼 하네.

서주(西周) 말년에 유왕(幽王)이 간사한 계교에 속아서 단호하게 선을 행하지 못하는 것을 대부가 비방한 시라고 전한다. 악정 속에서는 두려움을 갖고 조심해야 한다는 뜻이 담겨 있다.

또 「논어」의 「태백편」에는 다음과 같은 말이 나온다.

> 증자가 병에 들자, 제자들을 불러서 말했다.
> "내 발을 펴고 내 손을 펴라. 「시경」에 '두려워 떨며 삼가기를 깊은 못에 임한 것처럼 하고, 살얼음 위를 걷는 것처럼 하라'는 말이 있다. 이제 나는 그것을 면했음을 알겠노라."

이 말은 자식된 자는 부모가 살아계실 때 자기 몸을 온전히 보존하는 것이 효도이니 조심하라는 뜻이다.

출전: 「시경(詩經)」의 「소아편」, 「논어(論語)」의 「태백편」

輾轉反側
전전반측

밤새도록 뒤척이며 잠 못 이루는 모습을 비유한 것이다.

輾 구를 전 | 轉 구를 전 | 反 되돌릴 반 | 側 곁 측

「시경」 첫 편인 '관저(關雎)'에 다음과 같은 구절이 있다.

징경이 우는 소리가
강가 모래톱에서 들리네.
아리따운 아가씨는
군자의 좋은 배필이로다.

들쭉날쭉 마름풀을
이리저리 찾노라.
아리따운 아가씨를
자나 깨나 그리네.
구해도 얻을 수 없어
자나 깨나 그 생각뿐
끝없는 이 마음
잠 못 이뤄 뒤척이네.

關關雎鳩/ 在河之洲/ 窈窕淑女/ 君子好逑
參差荇菜/ 左右流之/ 窈窕淑女/ 寤寐求之
求之不得/ 寤寐思服/ 悠哉悠哉/ 輾轉反側

징경이라는 물새가 우는 모습을 보면서 아름답고 정숙한 숙녀를 연상하며 쓴 시이다. '전전반측'이란 원래 이처럼 짝을 그리는 마음에 밤새도록 이리저리 뒤척이며 잠 못 이루는 모습을 말하는 것이다. 그러나 오늘날에는 근심이나 걱정으로 잠을 이루지 못하는 모든 경우에도 두루 쓰인다.

출전: 「시경(詩經)」의 「국풍」

轉禍爲福
전화위복

화가 바뀌어 오히려 복이 된다는 말이다.

轉 구를 전 | 禍 재화·불행 화 | 爲 할 위 | 福 복 복

「사기(史記)」「열전편(列傳篇)」'관안(管晏)열전'에서 관중(管仲)은 다음과 같이 말하고 있다.

정치의 실재면에 있어, 번번이 화를 전환시켜 복으로 하고 실패를 전환시켜 성공으로 이끌었다. 어떤 사물에 있어서도 그 경중을 잘 파악하여 그 균형을 잃지 않도록 신중하게 처리했다.

또 전국시대 합종책(合從策)으로 한(韓), 위(魏), 조(趙), 연(燕), 제(齊), 초(楚)의 여섯 나라 재상을 겸임했던 소진(蘇秦)도 「전국책(戰國策)」의 「연책(燕策)」에서 다음과 같은 말을 했다고 한다.

옛날, 일을 잘 처리했던 사람은 화를 바꾸어 복이 되게 했고, 실패한 것을 바꾸어 공이 되게 했다.(轉禍爲福/ 因敗爲功)

어떤 불행한 일이라도 끊임없이 노력하며, 강인한 정신력과 불굴의 의지로 힘쓰면 불행도 행복으로 바꾸어 놓을 수 있다는 말이다. 그러나 현대에는 이와 같은 의지력보다는 "전화위복이 될지 누가 알랴."라는 말로 요행을 강조하는 뜻으로 자주 쓰인다. 뜻하지 않은 불행을 당했으나, 그것을 극복하고 오히려 이전보다 형편이 나아지거나 나아지기를 바랄 때 흔히 인용된다.

출전: 「사기(史記)」의 「관안열전(管晏列傳)」, 「전국책(戰國策)」의 「연책」

切磋琢磨
절차탁마

옥이나 돌 등을 갈고 다듬어 모양과 빛을 낸다는 뜻으로, 학문이나 자기 수양에 끊임없이 노력하는 모습을 비유하는 말이다.

切 끊을 **절** | **磋** 갈 **차** | **琢** 쫄 **탁** | **磨** 갈 **마**

「논어」에는 다음과 같은 대화가 나온다.

어느 날 자공(子貢)이 공자에게 물었다.
"가난하여도 다른 사람에게 아첨하지 않고, 부유하여도 교만하지 않는 사람이 있다면, 그는 어떤 사람일까요?"
공자가 대답했다.
"그보다는 가난하면서도 도를 즐기고, 부유하면서도 예를 좋아하는 사람이 더 낫다."
자공이 다시 물었다.
"「시경」에 '아름다운 군자여, 뼈를 자른 듯, 상아를 깎은 듯, 옥을 쪼는 듯, 돌을 간 듯하구나.'라는 시가 있는데, 그 시의 주인공이 바로 스승님께서 방금 말씀하신 그런 사람인가요?"
자공이 말한 시는 군자가 수양을 쌓고, 학문을 연마하는 태도를 칭송한 것이다. 그 대답 대신 공자는 다음과 같은 말로 자공을 칭찬했다
"비로소 너와 함께 「시경」을 말할 수 있게 되었구나. 과거의 것을 알려주면, 미래의 것을 안다고 했는데, 너는 그야말로 하나를 들으면 둘을 아는구나."

출전: 「논어(論語)」의 「학이편」, 「시경(詩經)」의 「위풍편」

井中之蝸
정중지와

우리 속담에 '우물 안 개구리'라는 말과 같은 뜻으로, 식견이 매우 좁은 것을 비유한다.

井 우물 정 | 中 가운데 중 | 之 갈 지 | 蛙 개구리 와

어느 날, 황하의 신인 하백(河伯)이 물의 흐름을 따라 처음으로 바다로 내려왔다. 그는 끝없이 펼쳐진 동해를 바라보면서 북해의 신인 약(若)에게 말했다.

"나는 이제까지 이 세상에서 황하가 가장 넓은 줄만 알고 있었는데, 지금 저 바다를 보고서야 넓은 것 위에 더 넓은 것이 있다는 사실을 깨달았소. 내가 만약 이곳에 와 보지 않았다면, 세상 사람들의 비웃음을 받을 뻔 했소."

그러자 북해의 신이 말했다.

"우물 안의 개구리에게 바다를 말할 수 없는 것은 그가 사는 곳만 구애받고 있기 때문이라오. 여름 벌레에게 얼음에 대해 말할 수 없는 것은 그들이 여름 한철밖에 모르기 때문이오. 학식이 없는 선비에게 도를 말할 수 없는 것은 그들이 알고 있는 상식에만 매여 있기 때문이오. 그런데 그대는 큰 바다를 구경하고, 자기 부족함을 깨달았으니 함께 진리를 말할 수 있을 것 같구려."

또 「후한서」의 「마원전」에도 공손술을 두고 '우물 안 개구리'라고 한 대목이 나온다.

외효의 명을 받은 마원은 친구인 공손술을 자기 편으로 만들기 위해 찾아갔다. 그 무렵 공손술은 촉 땅에 성(成)이라는 나라를 세우고, 왕을 자처하며 거드름을 피우고 있었다. 그 모습에 실망하여 돌아오며 마원이 말했다.

"천하의 승패는 아직 결정되지도 않았는데, 그는 교만한 '우물 안 개구리'마냥 잔뜩 허세만 부리고 있다. 그런 자와 함께 천하를 도모할 수 없다."

출전: 「장자(莊子)」의 「추수」, 「후한서(後漢書)」의 「마원전」

糟糠之妻
조강지처

지게미와 쌀겨로 끼니를 이으며 고생을 함께 한 아내를 말한다. 지금은 아내를 가리키는 말로 자주 쓰인다.

糟 전국·지게미 **조** | 糠 겨 **강** | 之 갈 **지** | 妻 아내 **처**

후한의 광무제(光武帝) 때, 송홍(宋弘)은 정직하고 덕망이 높은 사람으로, 광무제가 왕위에 오른 다음해에 대사공이란 대신이 되었다. 당시 광무제의 손위 누이인 호양공주는 남편을 잃고 과부가 되었다. 광무제는 누이가 혼자 된 것을 안타깝게 여겨 은밀하게 알맞은 배필을 물색하는 한편, 호양공주의 마음을 떠보았다. 그러자 그녀는 송홍 같은 사람이 아니면, 재혼하지 않겠다고 말했다.

어느 날, 광무제는 송홍이 마침 공무로 편전에 들어오자, 공주를 병풍 뒤에 숨겨 두고 송홍과 자신이 하는 이야기를 엿듣게 했다. 이런저런 이야기를 하다가 광무제는 송홍에게 넌지시 다음과 같이 말을 건넸다.

"옛 말에 지위가 높아지면 친구를 바꾸고, 집이 부자유해지면 아내를 바꾼다고 하는데, 그럴 수 있는 일이오?"

그러자 송홍은 정색을 하고 대답했다.

"신은 어려울 때 사귄 친구는 결코 잊지 말아야 하고, 지게미와 쌀겨를 먹으며, 고생을 함께 한 아내는 집에서 내보내지 않는다고 들었습니다."

그 대답에 광무제는 고개를 끄덕였다. 아무리 왕이라 해도 송홍의 뜻을 꺾을 수는 없었던 것이다.

출전: 「후한서(後漢書)」의 「송홍전」

朝三暮四
조삼모사

아침에 세 개, 저녁에 네 개, 즉 간사한 잔꾀로 남을 속여 희롱함을 일컫는다.

朝 아침 **조** | **三** 석 **삼** | **暮** 저물 **모** | **四** 넉 **사**

송나라에 저공(狙公)이라는 사람이 살았다. 저(狙)는 원숭이를 뜻하는 한자로, 그 이름과 같이 저공은 원숭이를 매우 좋아해 집안에서 많은 원숭이를 길렀다. 저공은 원숭이의 마음을 잘 알고 원숭이 또한 저공의 마음을 잘 이해했다. 그러나 워낙 많은 원숭이를 기르다보니 먹이를 주는 것도 보통 일이 아니었다. 점점 살림이 어려워지자 원숭이에게 주는 먹이를 줄일 수밖에 없었다.

하지만 자기를 따르는 원숭이의 기분을 상하게 해서는 안 된다고 생각하여 원숭이들을 불러 모으고 물었다.

"앞으로는 너희들에게 도토리를 아침에 세 개, 저녁에 네 개를 주려고 하는데 어떠냐?"

그러자 원숭이들은 불만스러워 화를 냈다. 저공은 원숭이들의 마음을 알아차리고 다시 말했다.

"그렇다면 아침에 네 개, 저녁에 세 개로 하면 어떠냐? 그게 좋겠지?"

그제야 원숭이들은 얌전해졌다.

이 이야기는 교묘한 술수로 남을 우롱한다는 뜻으로 쓰이고 있는데, 시비선악에 집착하면 모든 것이 이렇게 된다는 것이다. 성인이 밝은 지혜로 여러 어리석은 사람들을 설복하는 것도 저공이 간사한 잔꾀로 원숭이들을 교묘하게 속이는 것과 다름없다.

출전: 「열자(列子)」의 「황제편」, 「장자(莊子)」의 「제물편」

朝聞道夕死可矣
조문도석사가의

아침에 도를 들으면 저녁에 죽어도 한이 없다는 말로, 사람이 참된 이치를 듣고 깨달으면 당장 죽어도 한이 될 것이 없다는 뜻이다.

朝 아침 조 | 聞 들을 문 | 道 길 도 | 夕 저녁 석 | 死 죽을 사 | 可 옳을 가 | 矣 어조사 의

전국시대 제(齊)나라의 경공(景公)이 정치의 핵심에 대해 묻자, 공자는 다음과 같이 대답했다.

"임금은 어진 마음과 위엄으로 신하를 대하고, 신하는 굳은 절개와 충성심으로 임금을 섬겨야 하며, 아비는 자애로운 마음과 위엄으로 자식을 대해야 하고, 자식은 어버이에게 효를 다해야 합니다. 이것이 하늘의 가르침이요, 인간의 도리입니다."

공자는 이것을 도(道), 곧 인간의 의지를 초월한 하늘의 가르침이라고 생각하고 있었던 것이다.

당시 중국사회는 도덕이 땅에 떨어지고, 힘과 권력이 세상을 지배하고 있었다. 그런 소용돌이 속에서 공자는 어지러운 세상을 바로잡고, 질서가 바로 서기를 바라며, 옛 시대의 도덕과 질서를 그리워했다. 그래서 이 나라 저 나라로 찾아다니며 수많은 왕들에게 올바른 정치로 사회를 바로잡고, 잃어버린 민심을 되찾으라고 간곡히 권유했다.

그러나 온갖 제도와 도덕을 무시하고, 제멋대로 권력을 휘두르던 왕들이 공자의 말을 귀담아 들을 리가 없었다. 이에 공자는 '조문도이면 석사가의하도다.'라고 한탄했다. 곧 아침에 천하가 올바른 정도로 행해지고 있는 사회가 된다면 저녁에 죽은들 무슨 여한이 있겠느냐 하는 뜻이다.

출전: 「논어(論語)」의 「이인편」

酒池肉林
주지육림

술로 못을 만들고, 고기로 숲을 이루게 했다는 뜻으로 사치스럽고, 방탕하기를 이를 데 없는 경우를 말한다.

酒 술 **주** | 池 연못 **지** | 肉 고기 **육** | 林 수풀 **림**

하(夏)나라의 걸왕(桀王)과 은(殷)나라의 주왕(紂王)은 중국 폭군의 대명사로 알려진 인물들이다. 걸왕은 탐욕스럽고 성격이 몹시 포악했다. 그는 유시씨(有施氏)의 나라를 정벌하여 공물로 바쳐진 말희(妹喜)라는 미녀에게 빠져 그녀가 원하는 일이라면 무슨 짓이든 다했다.

백성들한테 긁어모은 재물인 보석과 상아로 꾸민 호화스런 궁전을 짓고, 침대는 옥으로 만들었다. 그리고 말희가 원하는 대로 전국을 뒤져 3천명이나 되는 아름다운 소녀들을 뽑아 그들로 하여금 날마다 춤과 노래를 부르게 했다. 그것도 싫증이 나자, 큰 못을 파고 거기에 향기로운 술을 가득 채우고, 그 둘레에 고기를 산처럼 쌓아놓고, 말린 고기를 나무마다 걸어 고기의 숲을 이루게 했다. 걸왕과 말희는 그 술못에서 뱃놀이를 하며 놀았다.

주왕도 걸왕 못지않게 호사스럽고 방탕한 생활을 했다. 손으로 맹수를 때려잡을 정도로 장사였던 그 역시 술과 여자를 좋아했다. 유소씨(有蘇氏)의 나라에서 주왕에게 달기(妲己)라는 미녀를 공물로 바쳤는데, 그녀는 음탕하고, 탐욕스런 여자였다. 그런 달기의 마음을 기쁘게 하기 위해 주왕은 가렴주구(苛斂誅求)를 일삼았다.

백성들은 가난에 허덕이는데, 큰 유원지와 별궁을 짓고 온갖 들짐승과 새들을 놓아길렀다. 그 역시 술로 못을 만들고 고기를 걸어 숲을 만들어 밤낮없이 술을 마셨다고 한다.

출전: 「사기(史記)」의 「은본기」

竹馬故友
죽마고우

함께 대나무말을 타고 놀던 어린 시절의 친구, 즉 어릴 때부터 같이 놀며 자란 친한 벗을 말한다.

竹 대나무 죽 | 馬 말 마 | 故 옛 고 | 友 벗 우

진(晋)나라 간문제(簡文帝) 때 환온(桓溫)과 은호(殷浩)라는 사람이 살았다. 두 사람은 어릴 때 함께 대나무로 만든 말을 타고 놀던 친한 친구였다. 환온은 일찍이 세상에 나가 벼슬을 하며 이름을 날렸으나, 은호는 고향에서 조상들의 무덤을 지키며 조용히 살았다.

촉(蜀)나라를 무찌르고 돌아온 환온의 세력이 커지자, 간문제는 그를 견제하기 위해 은호를 양주(楊州) 자사로 임명했다. 그리고 이때부터 환호와 은호는 서로 질시하기 시작하여 날이 갈수록 사이가 나빠졌다.

그 무렵 오호십육국 중의 하나인 후조(後趙)에 내분이 일어났다. 간문제는 중원을 회복할 좋은 기회라고 여겨 은호를 총대장으로 임명하고 많은 군사를 주어 출동하게 했다. 그러나 은호는 제대로 싸워보지도 못하고 패했다. 환혼은 이 일을 구실로 은호를 모함하여 평민으로 되돌리고 신안현으로 귀향을 보냈다.

그런 뒤, 환온이 사람들에게 "나는 어릴 때 은호와 함께 죽가를 타고 놀았는데, 내가 그것을 버리면 은호가 그것을 가졌다. 그러니 그가 내 밑에 앉는 것은 너무도 당연하다."고 말했다. 그 뒤 환온은 마음을 고쳐먹고 은호에게 벼슬을 내리기 위해 편지를 보냈는데, 은호는 크게 기뻐하여 승낙하는 답장을 썼다. 그런데 잘못이 없도록 검토하기 위해 여러 번 꺼내보다가 그만 잘못하여 빈 봉투만 보냈다. 그 일로 화가 난 환호는 친구관계를 끊고 말았다.

출전 : 「세설신어(世說新語)」의 「품조편」

衆寡不敵
중과부적

적은 수로는 많은 수를 대적하지 못한다는 뜻, 즉 애초에 차이가 나면 상대해서는 안 된다는 것이다.

衆 무리 **중** | 寡 적을 **과** | 不 아니 **불(부)** | 敵 원수 **적**

전국시대 때, 왕도정치(王道政治)의 이상을 외치면서 천하를 순행하던 길에 맹자가 제(齊)나라에 이르러 선왕(宣王)을 만났다. 선왕은 맹자에게 패왕(覇王)이 되는 방법을 물었다. 그러자 맹자는 천하를 경영하기 위해서는 오직 왕도정치만이 옳은 길이라고 하면서 다음과 같이 말했다.

"무력을 이용하여 천하의 패권을 쥐겠다는 것은 마치 나무에 올라 물고기를 구하는 것(緣木求魚)과 같습니다."

이 말에 선왕이 놀라서 물었다.

"내 생각이 그토록 어리석단 말인가?"

"나무에 올라 물고기를 구하는 것은 실패해도 크게 해로울 것이 없지만, 전하의 정책은 실패하면 나라를 망치는 것입니다. 예를 들어, 작은 나라인 추(鄒)와 큰 나라인 초(楚)가 서로 싸운다면 어느 쪽이 이기겠습니까?"

"그야 물론 초나라가 이기겠지."

"그것 보십시오. 작은 나라가 큰 나라를 대적할 수 없고, 작은 사람으로는 많은 사람들을 이길 수 없으며, 약자는 강자를 이길 수 없습니다. 지금 사방 일천 리를 가진 나라가 아홉이 있는데, 제나라 또한 온 영토를 통틀어 하나를 만들려고 합니다. 하나로서 여덟을 복종시키려고 하니 연목구어와 무엇이 다를까요? 따라서 왕도를 따르는 자만이 천하를 지배할 수 있습니다."

맹자는 무력으로 천하를 잡으려는 선왕의 욕심에 이렇게 쐐기를 박았다.

출전: 「맹자(孟子)」의 「양혜왕편」

指鹿爲馬
지록위마

사슴을 말이라고 우긴다는 말로, 자기 권세를 믿고 뭇사람을 농락한다는 뜻이다.

指 손가락 **지** | **鹿** 사슴 **록** | **爲** 할 **위** | **馬** 말 **마**

진나라 말엽, 시황제가 병으로 죽자 내시인 조고(趙高)는 거짓조서를 발표하여 태자 부소(扶蘇)를 자결하게 하고, 후궁의 소생인 나이 어린 흐해(胡亥)를 황제로 추대했다. 그가 바로 2대 황제이다.

조고는 어린 임금을 정치에서 멀어지게 하고, 스스로 승상의 자리에 앉아 나라의 실권을 장악했다. 그러나 조고의 야심은 그것에 만족하지 않고, 자신이 황제가 되고 싶어 했다. 하지만 만일 2대 황제를 제거하고 자신이 황제가 되었을 때 혹시라도 조정 대신들이 반발하지 않을까 염려가 되어 그는 먼저 대신들의 마음을 떠보고 싶어 꾀를 냈다.

어느 날, 조고는 황제에게 사슴을 바치며 말했다.

"폐하, 이 말을 받아주십시오."

황제는 웃으며 말했다.

"승상, 아니 사슴을 말이라고 하다니요?"

"아닙니다. 이것은 말입니다."

조고가 계속 말이라고 우기자, 황제는 주위에 있는 신하들에게 물었다.

"여러 대신들, 이게 말입니까? 사슴입니까?"

그러자 어떤 신하는 조고의 편을 들어 말이라고 하고, 또 정직하게 사슴이라고 말하는 사람도 있었다. 이에 조고는 사슴이라고 말한 사람들을 기억해 두었다가 엉뚱한 죄를 뒤집어 씌워 죽여 버렸다.

출전: 「사기(史記)」의 「진시황본기」

知彼知己百戰不敗
지피지기백전불패

자기와 상대의 정황을 잘 알면 백 번 싸워도 위태롭지 않다는 뜻이다.

知 알 지 | 彼 저 피 | 己 몸 기 | 百 일백 백 | 戰 싸울 전 | 不 아니 불 | 敗 깨뜨릴 패

춘추시대에 뛰어난 병법가로 활약한 손무(孫武)는 제나라의 병법가로서 전국시대에 활약한 오기(吳起)와 더불어 병법의 창시자로 잘 알려져 있다.

손무는 오나라 왕 합려(闔閭)가 발탁하여 천하를 평정하는 일을 도왔는데, 그런 실제의 경험과 해박한 군사이론을 결부시켜 쓴 책이 바로 병법서인「손자」또는「손자병법」이라고 하는 책이다. 그 책에 다음과 같은 구절이 나온다.

적을 알고 나를 아는 것은 전쟁에서 이기는 중요한 열쇠로, 백 번을 싸워도 결코 위태롭지 않다. 적은 모르고 나를 알고 싸운다면 일승일패(一勝一敗)할 것이요, 적도 모르고 나도 모른 채 싸운다면 싸움마다 패배할 것이다.

즉 상대편이 갖추고 있는 조건과 강약을 잘 알고, 이쪽 실력을 충분히 파악한 뒤 싸운다면 백전백승(百戰百勝)하여 조금도 위태롭지 않다. 이에 비해 자기 실력은 알고 있으나 상대의 실력에 대해 모르고 있다면 어느 때는 이기고, 어느 때는 질 수도 있다. 그러나 상대편에 대해 아무것도 모르고, 또한 자신에 대한 실력도 모른다면 싸울 때마다 지고, 나설 때마다 두들겨 맞는다는 것이다.

출전:「손자(孫子)」의「모공편」

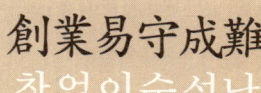
創業易守成難
창업이수성난

사업을 일으키는 것은 쉬우나, 그 이룩한 사업을 지켜 나가기는 어렵다는 말이다.

創 비롯할 **창** | 業 업 **업** | 易 쉬울 **이** | 守 지킬 **수** | 成 이룰 **성** | 難 어려울 **난**

'정관(貞觀)'의 다스림을 기치로 세웠던 당나라의 태종이 신하들에게 물었다.
"창업과 수성 중 어느 쪽이 더 어려운가?"
그러자 방현령(房玄齡)이 대답했다.
"난세에 여러 영웅들이 서로 다투어 일어나 공격해서 항복시키고 싸워서 승리를 거두는 것이므로, 그런 점에서 보면 창업이 어렵다고 하겠습니다."
그러나 위징(魏徵)은 이렇게 대답했다.
"처음에 제왕이 일어날 때는 필연적으로 먼저 조정이 썩어 있고, 천하가 혼란에 빠져 있으므로 백성들도 기쁜 마음으로 새로운 천자를 받들게 됩니다. 그러나 일단 천하를 얻고 나면, 교만과 안일함에 빠져 백성은 조용하기를 바라나 부역이 그칠 날이 없고, 백성은 가난한데 고관들은 사치하고, 그러자니 힘에 벅찬 세금을 거둘 수밖에 없습니다. 이렇게 되면 백성의 마음을 잃게 되므로 수성이 더 어렵다고 말할 수 있습니다."
이 말에 태종이 크게 고개를 끄덕였다.
"현령은 천하를 평정할 때 나와 같이 창업의 어려움을 겪은 사람이고, 위징은 천하를 얻은 다음 나를 도와 백성들의 마음을 안정시키면서 수성이 힘들다는 것을 몸소 체험한 사람이오. 창업의 어려움은 이미 지나갔으니 앞으로 공들은 나와 함께 수성에 힘쓰기를 바라오."

출전: 「정관정요(貞觀政要)」의 「군도편」

天高馬肥
천고마비

하늘은 높고 말은 살찐다는 뜻으로, 아름답고 풍성한 계절인 가을을 비유하는 말이다.

天 하늘 천 | 高 높을 고 | 馬 말 마 | 肥 살찔 비

기마민족(騎馬民族)인 흉노(匈奴)는 주(周)나라, 진(秦)나라, 한(漢)나라를 거쳐 육조(六朝)에 이르기까지 끊임없이 약탈과 침략으로 고대 중국의 군주들을 괴롭혔다.

당나라 때 소미도(蘇味道)라고 하는 사람이 흉노의 침입에 대비하기 위해 변경으로 떠나게 되었다. 유명한 시인 두보(杜甫)의 할아버지인 두심언은 소미도와 친한 사이였는데, 길 떠나는 그를 전송하며 다음과 같은 시를 읊었다.

> 구름은 개고 요성(妖星)은 사라졌으며,
> 가을 하늘은 높고 변방의 말은 살찌도다.
> 안장에 오르면 영웅의 칼이 움직이고,
> 붓을 휘두르면 깃 꽂은 글이 날도다.

구름이 갰다는 것은 세상이 평온해졌다는 뜻이다. 요성은 전쟁이 일어날 때마다 어김없이 나타나는 혜성인데, 그 별이 사라졌다는 것은 이제 변방 또한 조용해질 것이라는 뜻이다. 또 깃을 꽂은 글이라는 것은 싸움에서 이겼을 때 빨리 그 소식을 전하기 위해 깃털을 꽂아 보내는 데서 유래된 말이다.

원래 '천고마비'는 이와 같이 전쟁과 관련된 말이었으나 지금은 풍성하고 여유로운 가을이 되면 식욕이 왕성해져서 살이 찐다는 뜻으로 쓰이기도 한다.

출전: 당나라 시인 두심언(杜審言)의 시(詩)

千里眼
천리안

천리 밖을 내다볼 수 있는 눈이라는 뜻으로 곧 먼 일을 환히 꿰뚫어보는 통찰력을 말한다.

千 일천 **천** | 里 마을 **리** | 眼 눈 **안**

북위(北魏) 말엽, 장제(壯帝) 때 양일(楊逸)이라는 사람이 19세 나이로 광주(光州)의 장관으로 부임했다. 그는 명문귀족이었음에도 조금도 교만하지 않고, 밤낮없이 침식을 잊을 정도로 고을 백성들을 위해 노력했다. 병사들이 전장에 나갈 때에는 어떤 악조건에도 불구하고 반드시 전송을 나가 주었다. 그와 같이 다정한 성품임에도 죄를 저지른 사람은 지위 고하를 막론하고 용서 없이 처벌했다.

한번은 흉년이 들어 굶주리는 백성들이 늘어나자 양일은 곡식창고를 열어 백성들에게 나누어 주려고 했다. 그러자 창고를 지키는 부하가 조정의 처벌을 받을까 두려워 주저했다. 그러자 양일이 이렇게 말했다.

"나라의 근본은 사람이다. 사람은 먹지 않고는 살 수 없다. 만약 굶주리는 백성들에게 식량을 나누어주는 게 죄가 된다면 달게 받겠다."

양일은 백성들에게 골고루 곡식을 나누어 준 뒤, 직접 임금께 상소했다. 상소를 받은 조정에서는 극력 반대하는 대신들이 있었으나 장제가 오히려 그를 칭찬했다.

양일의 이러한 정치로 관리들은 어떤 비리도 행하지 못했다. 또한 양일은 관리가 끼치는 민폐를 가장 싫어했으며, 하급관리가 지방으로 갈 때는 꼭 자기가 먹을 식량을 가져가도록 했다. 백성들이 식사나 그 이외의 대접을 하겠다고 하면 관리들은 "우리 양 장관은 천리 밖을 내다보는 눈을 가지고 계시는데 어찌 속일 수 있습니까?" 하며 한결같이 거절했다고 한다.

출전: 「위서(魏書)」의 「양일전」

天衣無縫
천의무봉

선녀의 옷은 꿰맨 바느질 자국이 없다는 뜻으로, 시문이나 서화 등이 기교 없이 완벽하고 자연스러운 아름다움을 지녔을 때 사용한다.

天 하늘 천 | 衣 옷 의 | 無 없을 무 | 縫 꿰맬 봉

어느 무더운 여름 날, 곽한(郭翰)이라는 사람이 더위를 피해 뜰로 나와서 시원한 바람을 쐬이며 낮잠을 자려고 하는데, 하늘에서 뭔가가 훨훨 날아 내려왔다. 자세히 보니 아름다운 여자였다. 그 모습이 황홀할 정도로 아름다워 넋을 잃고 쳐다보다가 물었다.

"대체 당신은 누구요?"

그 여인이 조용히 웃음을 머금고 말했다.

"저는 하늘에 사는 직녀(織女)입니다."

놀란 곽한이 가까이 다가가 그녀를 살펴보았다. 그런데 그녀가 입고 있는 옷에 바느질 자국이 전혀 없었다. 그렇다면 옷을 만들 때 가위질이나 바느질을 하지 않도록 옷 모양 그대로 천을 짠다는 말이 된다. 곽한이 그 이유를 물었다.

"아니, 당신이 입은 옷은 바느질 자국이 전혀 없는데, 어떻게 옷을 만들었소."

그러자 그녀는 당연하다는 듯이 대답했다.

"저희들이 사는 하늘에서 입는 옷은 원래 바느질이나 실을 쓰지 않는답니다."

이 이야기에서 유래하여 오늘날에도 시나 글이나 그림 같은 것이 기교를 부린 흔적 없이 자연스럽고 완벽한 아름다움을 보일 때 '천의무봉'이라는 말로 감탄을 표현한다.

출전: 우교(牛嶠)가 지은 「영괴록」

千載一遇
천재일우

천년 만에 한 번 만나게 되는 것으로 평생에 한 번 있을까 말까한, 좀처럼 얻기 어려운 좋은 기회를 뜻한다.

千 일천 **천** | **載** 실을 **재** | **一** 한 **일** | **遇** 만날 **우**

동진(東晋)에 원굉이라는 학자가 있었다. 그는 재주가 많은 사람이었지만, 아버지를 일찍 여의고 몹시 가난한 생활을 했다. 그러던 어느 날 밤, 자작시를 낭송하고 있는 것을 지나가던 사상(謝尙)이 보고 발탁하여, 그뒤 환온(桓溫)의 휘하에 들어가 동양(東陽)태수까지 벼슬이 올랐다.

훌륭한 저술가였던 원굉은 「후한기」, 「죽림명신전」 등을 지었고, 그 밖에도 많은 시문을 남겼는데, 그중에서도 「삼국명신서찬」이 가장 유명하다. 「삼국명신서찬」이란 위(魏), 촉(蜀), 오(吳)의 삼국을 건국하는데 공헌한 명신 20명을 뽑아 그들 한 사람 한 사람의 업적을 찬양하고, 거기에 서문을 붙인 것인데, 그 서문의 첫머리에 다음과 같은 말이 있다.

> 백락을 만나지 못하면 천 년을 가도 천리마 하나 생겨나지 않는다. 무릇 만 년에 한 번 기회가 온다는 것은 사람이 살고 있는 이 세상의 공통된 원칙이요, 천 년에 한 번 만나게 된다는 것은 어진 사람과 지혜로운 사람이 용케 만나는 것이다. 이런 기회를 만나면 그 누가 기뻐하지 않으며, 그 기회를 잃는다면 그 누가 슬퍼하지 않겠는가?

어진 군주와 슬기로운 신하의 만남이 결코 쉽지 않다는 것을 비유한 말이다.

출전: 원굉(袁宏)이 지은 「삼국명신서찬(三國名臣序贊)」

鐵面皮
철면피

얼굴에 소로 된 가면을 썼다는 뜻으로 얼굴에 철판을 깐 것처럼 부끄러움을 모르고 뻔뻔스러운 사람이라고 할 때 사용한다.

鐵 쇠 **철** | 面 얼굴 **면** | 皮 가죽 **피**

옛날에 왕광원(王光遠)이라는 사람이 있었다. 그는 학문과 재주가 남달리 뛰어나 진사시험에 어렵지 않게 합격했다. 그런데 그는 출세욕이 지나쳐서 권세를 가진 사람에게 체면도 없이 온갖 수단을 가리지 않고 아첨을 하는 바람에 세상 사람들로부터 손가락질을 받았다.

"정말 훌륭한 시입니다. 저 같이 재주가 없는 사람은 아무리 애를 써도 이런 시를 지을 수가 없습니다. 참으로 나으리의 재능과 인품이 돋보이는 걸작입니다."

이처럼 낯간지러운 아첨을 예사로 하는 사람이었으므로 상대가 혹시 무례한 짓을 한다고 해도 화를 내기는커녕 그냥 웃고 넘기곤 했다. 언젠가는 한 관리가 술에 취해 채찍을 들고 말했다.

"내가 자네를 한 대 때리려고 하는데, 어떤가?"

그러자 원광원은 웃으면서 등을 돌려대었다.

"나으리가 때리는 매라면 기꺼이 맞겠습니다."

그리고 관리가 진짜로 채찍으로 때렸는데도 화를 내지 않고 기분을 맞추어 주었다. 그 광경을 보고 친구가 나무랐다.

"자네는 수치심도 없나? 많은 사람들이 있는 가운데서 그런 창피를 당해도 괜찮은가?"

그러자 그는 아무렇지도 않다는 듯이 말했다.

"출세만 할 수 있다면 그보다 더한 일이라도 하겠네."

당시 사람들은 왕광원을 두고 "저 사람의 얼굴은 두껍기가 철갑을 열 겹이나 두른 것 같다."라고 말했다고 한다.

출전: 「북몽쇄언(北夢瑣言)」

青雲之志
청운지지

'청운(靑雲, 푸른 구름)의 뜻'이란 말로 남보다 훌륭하게 출세하고 싶은 마음을 비유할 때 사용한다.

靑 푸를 청 | 雲 구름 운 | 之 갈 지 | 志 뜻 지

장구령은 당나라 현종(玄宗) 때의 어진 제상으로 간신의 모략 때문에 파직되어 초야에 묻혀 여생을 보냈다. 그는 재상의 자리에서 물러날 때 다음과 같은 시를 읊어 감회를 표현했다.

옛날 청운의 뜻을 품었던 젊은이가
다 늙은 지금에 와서 차질을 빚었다.
누가 알리요, 밝은 거울 속의 그림자와
그것을 보고 있는 내가 측은히 여기고 있는 것을.

옛날에는 청운(靑雲)이란 말이 출세의 뜻으로만 쓰이지 않았던 모양이다. 「사기」의 「백이열전」에서 태사공은 또 이렇게 말하고 있다.

벼슬을 하지 않고, 초야에 묻혀 있는 사람들이 행실을 닦아 이름을 후세에 남기려 해도 청운의 선비의 힘이 아니고서야 어찌 그것이 가능하겠는가?

즉 백이 같은 사람도 공자와 같은 성인이 그를 위대하게 평해 주지 않았으면 그 이름이 세상에 전해질 수 있었겠느냐는 말로, 여기서는 공자가 바로 청운지사(靑雲之士)로 표현되고 있다.

출전: 장구령이 쓴 「조경견백발」, 「사기(史記)」의 「백이열전」

青天白日
청천백일

푸른 하늘에 떠 있는 밝게 비추는 해라는 말로, 세상에 죄가 없이 결백하거나 억울한 누명을 벗게 되는 경우를 비유할 때 사용한다.

青 푸를 청 | 天 하늘 천 | 白 흰 백 | 日 날 일

한유(韓愈)는 당나라 때의 시인이자 정치가로 당송팔대가(唐宋八大家) 중 한 사람이다. 그가 국자감의 사문박사로 있을 때 친구인 최군(崔群)이 선주 판관으로 가게 되었다. 그때 한유가 최군에게 보낸 글이 바로 「여최군서」이다.

그 글은 돈독한 우정을 담고 있는데, 한유는 최군의 훌륭한 인품에 대해서 칭송하고 있다. 그중에 다음과 같은 내용이 있다.

사람마다 좋아하고 싫어하는 것이 다를 텐데, 현명한 사람이든 어리석은 사람이든 모두 그대를 좋아하는 까닭은 무엇인가? 그렇다. 봉황과 지초(芝草)가 상서롭다는 것을 모두가 알고 있듯이 청천백일이 맑고 밝다는 사실 또한 노비들까지도 다 알고 있기 때문이다. 음식에 비유하자면, 먼 지방의 특별한 맛이 있는 것이라면 좋아하는 사람도 있을 것이고, 싫어하는 사람도 있을 테지만 쌀이나 수수나 날고기나 구운 고기 따위는 싫어하는 사람이 있다는 말을 들어보지 못했다.

여기서 한유가 청천백일을 비유로 하여 말하고자 한 것은 최군의 인품이 청명하다는 것이 아니라, 그처럼 훌륭한 인물은 누구나 다 인정하게 된다는 뜻이다.

출전: 한유(韓愈)가 지은 「여최군서」

靑天霹靂
청천벽력

맑은 하늘에서 갑자기 일어나는 우레라는 뜻으로 뜻밖에 일어난 돌발적인 어떤 사고나 급격한 변화의 발생 등을 말한다.

靑 푸를 **청** | 天 하늘 **천** | 霹 벼락 **벽** | 靂 벼락 **력**

남송(南宋)의 유명한 시인 육유가 지은 오언고시(五言故詩) 가운데 「9월 4일 닭은 아직 울지도 않았는데, 일어나서 지었음」이라는 시에서 유래했다.

> 방옹(放翁)은 가을 동안을 병으로 지내다가
> 홀연히 일어나 술 취한 먹 글씨로 짓는다.
> 정히 오래도록 구멍에 머무를 용처럼,
> 푸른 하늘에 벽력을 날린다.
> 비록 사람들이 기괴하게 떨어졌다고 말하지만,
> 오랫동안 침묵하며 찾아온 것이다.
> 이 늙은이 하루아침에 죽으면
> 천금으로 구할 수 없다.

방옹이란 육유가 52세부터 즐겨 사용했던 자신의 칭호이다. 청천벽력이라는 것은 어떤 경우에 붓을 움직이는 형세의 놀라움을 비유하는 말이며, 또는 병든 사람의 느닷없는 행동을 나타낸 것이기도 하다.

원래는 육유가 오래도록 병들어 누워 있던 자신이 어느 날, 아직 닭이 울기도 전에 벌떡 일어나 부들부들 떨면서 놀라운 힘으로 글씨를 쓰기 시작한 데서 비롯된 말이다. 하지만 오늘날에는 뜻밖의 일을 당한 것을 나타내는 말로 전이되었다.

출전: 육우(陸游)가 지은 시(詩)

青出於藍
청출어람

쪽이라는 풀에서 나온 푸른 물감이 쪽보다 더 푸르다는 말로, 열심히 학문에 정진하면 스승보다 더 뛰어날 수 있다는 뜻이다.

青 푸를 **청** | 出 날 **출** | 於 어조사 **어** | 藍 쪽 **람**

전국시대의 사상가인 순자(荀子)는 다음과 같이 말했다.

'학문이란 잠시도 쉬어서는 안 된다. 푸른색은 쪽에서 나오지만, 그 근본인 쪽보다 더 푸르고, 얼음은 물이 얼어서 만들어지지만, 그 근본인 물보다 더 차다.'

학문에 뜻을 둔 사람은 잠시도 게을러서는 안 된다. 그 예로 쪽이란 풀에 사람의 노력이 가해짐으로써 그 쪽 자체보다 더 깨끗하고 진한 푸른색을 낼 수 있다. 얼음은 물이 얼어서 되지만, 얼음이 어는 과정을 거치기 때문에 물보다 더 차갑게 된다. 그러므로 스승보다 더 훌륭한 사람이 될 수 있다는 뜻이다.

본래 이 말은 '청출어람 청어람(青出於藍 青於藍)'까지의 뜻이 되어야 맞지만 일반적으로 '청출어람'까지만 쓰는 경우가 많다.

또한 「북사」의 「이밀전」에는 다음과 같은 이야기가 나온다.

후위 때 이밀(李謐)이라는 사람이 있었는데, 어려서부터 공부를 열심히 하여 나중에는 스승인 공번을 능가할 정도가 되었다. 이 일을 가리켜 당시 사람들은 청출어람 청어람이라고 했다.

오늘날에는 줄여서 '출람(出藍)'이라고도 하고 또 스승보다 더 나은 제자를 가리켜 '출람지예(出藍之藝)'라고도 한다.

출전: 「순자」의 「권학편」

寸鐵殺人
촌철살인

단 한 치밖에 되지 않는 쇠로 사람을 죽인다는 말로, 간단한 한마디 말로 상대의 급소를 찔러 당황하게 하거나 감동시키는 경우에 사용한다.

寸 마디 촌 | 鐵 쇠 철 | 殺 죽일 살 | 人 사람 인

「학림옥로」는 나대경이 찾아오는 손님들과 주고 받은 재미있는 말들을 기록한 것으로 천(天), 지(地), 인(人)의 셋으로 나뉘어 엮은 전체 18권의 책이다. 그중 지부(地部)의 제7권 '살인수단(殺人手段)'이란 제목 아래 다음과 같은 글이 있다.

종고선사(宗杲禪師)가 선(禪)에 대해서 말했다.
"비유하면 수레에 무기를 싣고 와서 이것도 꺼내 써보고, 저것도 꺼내 써보는 것은 올바른 살인수단이 되지 못한다. 나는 오직 촌철이 있을 뿐, 그것으로 사람을 당장 죽일 수 있다."

종고는 북송(北宋) 임제종의 선승으로 대혜선사라 불렸다. 그가 여기서 말한 살인은 사람의 마음속에 있는 속된 생각, 부정한 생각을 완전히 쫓아 없애는 것을 말한 것이다.

'그 속되고 부정한 생각을 성급하게 없애려고 이런 방법 저런 방법을 써보는 것은 모두 서툰 수작이다. 나는 오직 한 가지만을 깊이 생각하다가 번쩍 하며 깨치는 순간 모든 잡념이 사라졌다.'고 말한 것이다.

출전: 나대경(羅大經)이 지은 「학림옥로」

痴人說夢
치인설몽

어리석은 사람이 꿈 이야기를 한다는 뜻으로, 종잡을 수 없이 횡설수설 지껄이는 경우에 사용한다.

痴 어리석을 **치** | 人 사람 **인** | 說 말씀 **설** | 夢 꿈 **몽**

당나라 때 서역의 고승이었던 승가(僧伽)가 지금의 안휘성 부근을 여행하고 있을 때였다.
그가 하는 행동거지가 남다른 점이 많아 어떤 사람이 물었다.
"당신은 성이 무엇(何)이오?"
"내 성은 무엇(何)이오."
"어느 나라 사람(何國人)이오?
"어느 나라 사람입니다.(何國人)"
그러자 묻는 사람이 오히려 당황했다.
훗날 당나라의 학자인 이옹(李邕)이 승가를 위해 비문을 썼을 때 그는 승가가 농담으로 받아넘긴 대답인 줄은 까맣게 모르고, 비문에 이렇게 썼다.
'대사의 성은 하(何)씨이고, 하국 사람(何國人)이었다.'

석혜홍은 이와 같은 이야기를 쓴 다음, 이옹에 대해 다음과 같은 평을 덧붙였다.
'이것이 바로 이른바 어리석은 사람이 꿈 이야기를 하는 것과 같다. 결국 이옹은 꿈을 참인 줄로 믿고 말았으니 정말로 어리석은 자가 아니겠는가?'

여기서 이 말이 유래되어, 종잡을 수 없이 횡설수설하는 것을 보고, '치인설몽'이라고 한다.

출전: 송나라 석혜홍이 편찬한 「냉제야화(冷濟夜話)」

他山之石
타산지석

다른 산의 하잘것없는 돌이라도 옥을 가는데 소용이 된다는 뜻이다.

他 다를 타 | 山 메 산 | 之 갈 지 | 石 돌 석

「시경」「소아편」에는 초야에 묻혀 있는 어진 사람들을 데려다가 왕의 수양과 덕을 닦는 재료로 삼으라는 뜻의 '학명(鶴鳴)'이라는 시가 나온다.

> 학이 깊은 산 못에서 울어도
> 그 소리는 하늘까지 울려퍼진다.
> 물가에 나와 노는 물고기라도
> 때로는 연못 깊이 숨기도 한다.
> 즐거운 저기 저 동산 위에는
> 의지하고 쉴 한 그루의 향목은 있어도
> 그 밑에 나쁜 나무만 있어 그렇게 안 된다.
> 다른 산의 몹쓸 돌이라지만
> 구슬은 그것으로 갈아서 빛이 난다.

옥돌을 곱게 갈기 위해서는 같은 옥돌로는 잘 갈아지지 않는다. 강도(强度)가 서로 다른 돌에다 갈아야 한다. 다른 산에서 나온 쓸모없는 돌이라도 이쪽 산에서 나온 옥돌을 가는데 긴히 쓰일 경우가 있는 법이다.

다른 산의 몹쓸 돌은 평범한 사람, 자신보다 못한 사람, 옥돌은 비범한 사람을 비유한 것이다. 즉 비범한 사람이라도 보통사람으로부터 배울 것이 있다는 말이다.

출전 「시경(詩經)」의 「소아」

泰山北斗
태산북두

태산이나 북두처럼 모든 사람들이 우러러보는 존재라는 말로, 모든 사람이 존경하는 뛰어난 인물을 가리킨다.

泰 클 태 | 山 뫼 산 | 北 북녘 북 | 斗 말 두

한유(韓愈)는 당송팔대가(唐宋八大家) 중의 한 사람으로, 시와 산문에 다 능했지만, 특히 산문에 뛰어난 재주를 가졌다. 친한 친구인 유종원(柳宗元)과 함께 고문부흥(古文復興) 운동에 앞장서기도 했다.

그는 학문적으로 당시 널리 유행하고 있던 도교와 불교를 배척하고, 침체되었던 유교의 부활을 도모했다. 헌종이 불골(佛骨)을 궁중에 안치하는 것에 반대하다가 조주 자사로 좌천된 적도 있었다.

이와 같은 한유에 대하여 당시 학자들은 모두 존경하는 마음을 가지고 있었는데, 「당서」의 「한유전」의 찬(贊)에 다음과 같은 기록이 있다.

한유가 죽은 다음 그의 학설이 세상에 널리 퍼지자 학자들은 그를 태산북두처럼 우러러 보았다.

태산은 중국의 오악(五嶽) 가운데 하나로 산동성에 있는데, 예로부터 중국인들이 성산(聖山)으로 받들어왔다. 그리고 북두칠성은 모든 별들의 중심적인 위치를 차지하는 별자리로, 학자들의 한유에 대한 존경심이 그와 같이 대단하다는 것을 나타낸 말이다. 종종 '태산북두'를 줄여서 '태두(泰斗)'라고 쓰기도 한다.

출전: 「당서(唐書)」의 「한유전」

推敲
퇴고

문장을 지을 때 여러 번 생각하여 다듬고 고치는 일을 말한다.

推 밀 **퇴** | 敲 두드릴 **고**

당나라 때의 시인 가도(賈島)가 장안으로 과거를 보러 갈 때의 일이다. 나귀를 타고, 천천히 거리를 지나가는데, 문득 옛날 일이 생각나며 멋진 시상(詩想)이 떠올랐다.

> 인적 드문 곳에 한가한 집이 있어
> 잡초 무성하나 길이 거친 정원과 통하네.
> 새는 연못가 나무 위에서 자고
> 중은 달 아래 문을 두드린다.
> (鳥宿池邊樹/ 僧推月下門)

그런데 마지막 구절의 '문을 두드린다'가 마음에 걸렸다. '두드린다(敲)'보다는 '민다(推)'로 하는 편이 좋지 않을까 하는 생각이 들었던 것이다. 나귀를 탄 채 '두드린다'와 '민다' 두 단어를 놓고 깊이 생각하며 가던 가도는 그만 당시 최고의 문장가이자 고관인 한유(韓愈)의 행차를 방해하고 말았다. 행차를 방해한 죄로 한유 앞에 끌려간 가도는 사실대로 말한 다음 용서를 빌었다. 그러자 한유는 가도를 벌주기는커녕 잠시 동안 아무 말도 않고 생각하더니 이렇게 말했다.

"내 생각에는 '민다'보다는 '두드린다'가 좋겠네."

이에 가도는 '두드린다'로 쓰기로 했고, 이를 계기로 두 사람은 아주 가까운 글 친구가 되었다.

출전: 「당시기사(唐詩紀事)」

破鏡
파경

깨어진 거울이라는 뜻으로 부부사이의 금슬이 좋지 않아 헤어지게 되는 경우를 가리킨다.

破 깨뜨릴 **파** | 鏡 거울 **경**

남북조 시대 말엽, 남조(南朝)의 마지막 왕조인 진(陳)나라가 후에 수(隋)나라를 세운 북주의 승상 양견(楊堅)에게 멸망했을 때의 이야기이다.

진나라 조정에서 시종을 지내던 서덕언(徐德言)이라는 사람이 있었다. 그는 수나라 대군이 양자강 북쪽 기슭에 도착하자, 손거울을 반으로 쪼개 한쪽을 아내인 낙창공주(樂昌公主)에게 건네주며 말했다.

"이 나라가 망하면 당신은 분명히 포로가 되어 누군가의 집으로 들어갈 것이오. 그렇게 되면 서로 만나기가 어렵겠지만, 이것을 잘 지니고 있다가 나라가 망한 뒤, 첫 정월 보름날 수나라 도읍지의 시장에서 파시오. 만일 내가 살아남는다면, 반드시 당신을 찾을 것이오."

두 사람은 이렇게 깨진 거울 한쪽씩을 나눠 가진 채 눈물로 이별했다.

얼마 뒤, 진나라는 멸망하고, 낙창공주는 수나라 건국공신인 양소(楊素)의 집에서 일하게 되었다.

한편 서덕언은 난리 속에서 겨우 목숨을 건져 이리저리 떠돌다가 수나라 도읍인 장안에 도착했다. 첫 정월 보름날이 되자, 서덕언은 시장으로 갔다. 한 장사꾼이 그 깨진 거울을 팔러 나온 것이 보였다. 서덕언은 아내가 살아 있음을 확인하고, 나머지 반쪽을 맞추었다. 그런 다음 거울 뒤에다가 시를 적어 돌려보냈다.

'거울은 사람과 함께 갔는데, 거울은 돌아오되 사람은 오지 않는구나. 항아의 그림자는 어디에도 없고, 헛되이 밝은 달빛만 멈추네.'

두 사람의 애절한 사랑을 안 양소는 두 부부를 함께 고향으로 돌려보냈다.

출전: 「태평광기(太平廣記)」

破竹之勢
파죽지세

대나무를 쪼개는 듯한 기세, 즉 강한 기세를 늦추지 않고 계속해서 거침없이 쳐들어가는 형세를 비유한 말이다.

破 깨뜨릴 **파** | 竹 대나무 **죽** | 之 갈 **지** | 勢 기세 **세**

중국의 삼국시대, 즉 위(魏), 오(吳), 촉(蜀), 세 나라가 서로 패권을 다투던 시대는 진(晋)나라 건국으로 막을 내렸으나, 삼국 중 하나인 오나라는 15년 동안이나 그 명맥을 유지했다.

20만 대군을 이끌고 무창(武昌)을 점령한 진나라의 총대장 두예(杜預)는 오나라를 치기 위해 마지막 작전회의를 열었다. 이때 한 참모가 건의했다.

"지금 오나라를 공격하는 것은 무리입니다. 봄철이라 비가 자주 오고 전염병까지 번지기 쉽습니다. 그러니 일단 철군했다가 겨울철에 다시 공격하는 것이 좋다고 생각합니다."

그러나 두예는 고개를 가로저었다.

"아니, 그렇지 않다. 지금 우리 병사들의 사기는 하늘을 찌를 듯 높아서 마치 대나무를 쪼개는 것 같은 기세다. 대나무는 처음 두세 마디만 쪼개면 그 다음부터는 칼날을 대기만 해도 저절로 쪼개진다. 힘을 들일 필요도 없으리만큼 왕성한 지금 이 기세를 그대로 몰고 나가면 어렵지 않게 승리할 수 있을 것이다."

두예는 군사들에게 곧장 오나라 도읍 건업(建業)을 향해 진격할 것을 명했다. 진나라 군사의 기세에 눌려 오나라 군사들은 싸우기도 전에 전의를 잃고 항복하고 말았다.

문자 그대로 '파죽지세'를 이용하여 두예는 단숨에 건업을 몰락시키고, 천하통일의 위업을 달성한 것이다.

출전: 「진서(晋書)」의 「두예전」

暴虎馮河
포호빙하

맨주먹으로 호랑이를 때려잡고, 맨몸으로 강을 건넌다는 뜻으로, 무모한 용기를 가리키는 말이다.

暴 사나울 **폭(포)** | 虎 범 **호** | 馮 탈 **빙**·성 **풍** | 河 물 **하**

공자에게는 많은 제자가 있는데, 그 가운데 자로(子路)는 우람한 체구에다 힘이 세고, 용맹스럽기로 잘 알려진 사람이었다. 뿐만 아니라 체구가 큰 만큼 행동에 조심성도 없고, 거친 데가 있어 가끔 공자의 훈계를 듣곤 했다. 반면에 안연(顔淵)은 학문을 물론, 덕행도 뛰어나 스승인 공자의 사랑을 듬뿍 받은 사람이었다.

어느 날, 공자가 자로의 경솔한 태도에 대해 주의를 주면서 안연의 학문과 덕행을 칭찬했다. 은근히 샘이 난 자로가 공자에게 물었다.

"만약 스승님께서 군대의 총대장이 되어 싸움을 해야 된다면 누구와 행동을 함께 하시겠습니까?"

자로는 용맹스러움으로는 누구한테도 지지 않을 자신이 있었기 때문에 그렇게 물은 것이다. 틀림없이 자기와 함께 행동을 할 것이라는 말을 기대하고 있던 자로에게 공자는 의외의 대답을 했다.

"맨손으로 호랑이를 잡고, 맨몸으로 강을 건너려다 당하는 무모한 죽음에 후회가 없는 사람과는 함께 할 수가 없다. 일을 하는데 있어서 반드시 두려움을 가지고 꾀를 써서 일을 성공시키는 사람과 함께 할 것이다."

무모한 용기로 자신을 망치는 경우가 있음을 경계하고, 꾀하지 않으면 이룰 수 없고, 조심하지 않으면 반드시 패한다는 교훈을 주려 한 것이다.

출전: 「논어(論語)」의 「술이편」

風聲鶴唳
풍성학려

바람소리와 학의 울음소리라는 뜻으로, 무엇에 크게 놀란 사람이 아무것도 아닌 일에 겁을 먹고 놀라는 것을 가리킨다.

風 바람 **풍** | **聲** 소리 **성** | **鶴** 학 **학** | **唳** 울 **려**

　동진(東晋)의 효무제(孝武帝) 때, 진(秦)나라 왕 부견(符堅)이 백만 대군을 이끌고 쳐들어오자, 동진의 명장인 사현(謝玄)은 불과 8만 명의 군사로 그들과 맞아 싸웠다. 강을 사이에 두고 잠시 싸움이 주춤했을 때 사현은 적의 진지로 사람을 보내 청했다.

　"군대를 조금만 후퇴하여 주시오. 그러면 우리가 강을 건너갈 테니, 그때 단판 승부를 합시다."

　상대를 무시하고 있던 부견은 적이 강을 반쯤 건넜을 때 기습할 속셈으로 그 제의를 수락했다. 이리하여 진나라 군사는 후퇴하고, 동진의 군사는 강을 건너기 시작했다. 그런데 이때 진나라 군사들 사이에 큰 혼란이 일어났다. 후퇴하라는 명령을 받은 진나라 군사들은 동진의 군사들이 강을 건너는 것을 보고, 싸움에 져서 물러나라고 한 것으로 잘못 알고, 앞 다투어 도망치기 시작한 것이다. 뒤쪽에 있던 군사들은 앞에 있던 군사들이 도망치자, 덩달아 겁을 먹고 정신없이 달아났다. 적과 아군의 구별도 없이 혼란의 와중에 휩싸인 진나라 군사들은 많은 사상자를 냈다.

　잔뜩 겁을 먹은 군사들은 바람소리와 학의 울음소리만 들어도 동진의 군사들이 뒤따라오는 줄 알고 소스라치게 놀라 한데서 밤을 지새웠다. 피로와 굶주림, 더구나 추위까지 겹쳐 죽은 사람이 열에 일곱은 되었다.

출전: 「진서(晉書)」의 「사현전」

匹夫之勇
필부지용

좁은 소견을 갖고 깊은 생각 없이 혈기만 믿고 날뛰는 소인의 용기를 이르는 말이다.

匹 필필 | 夫 지아비 부 | 之 갈 지 | 勇 날쌜 용

맹자가 제(齊)나라를 찾아갔을 때 선왕(宣王)이 물었다.
"이웃나라와 사귀는데도 도(道)가 있습니까?"
"있지요. 큰 나라는 작은 나라를 섬긴다는 기분으로 겸허하게 사귀어야 합니다. 이것은 어진 마음을 갖지 않고는 취하기가 어렵지요. 또 작은 나라 역시 큰 나라를 섬기지 않으면 안 됩니다. 이것도 쉬운 일이 아니어서, 지혜로운 사람이라야만 가능한 일입니다. 큰 나라가 작은 나라를 섬기는 것은 천리(天理)를 즐기는 것이요, 작은 나라가 큰 나라를 섬기는 것은 천리를 두려워하는 것입니다. 천리를 즐기는 자는 천하를 보전할 수 있고, 천리를 두려워하는 자는 나라를 보전할 수 있습니다."
선왕은 맹자의 말에 공감하면서도 자신으로서는 큰 나라를 섬기는 것도, 작은 나라를 달래는 것도 힘든 일이었다.
"좋은 말씀입니다만, 나는 용(勇)을 좋아해서……."
이에 맹자가 말했다.
"왕께서는 소용(小勇)을 좋아해서는 안 됩니다. 칼을 휘두르며 눈을 부릅뜬 채 네가 감히 나를 당하겠느냐 하는 따위의 행동은 필부의 용기로, 기껏해야 고작 한 사람밖에 상대할 수 있을 뿐입니다. 부디 큰 용기를 가지도록 하십시오."

맹자가 말한 필부의 용기란 혈기로 다른 사람을 억누르려는 데서 나오는 용기이다. 그 반면, 선왕에게 권한 큰 용기는 의리에서 나오는 것으로서, 도탄에 빠진 백성을 구해 내기 위해 떨치고 일어서는 용기를 말한다.

출전: 「맹자(孟子)」의 「양혜왕편」

涸轍鮒魚
학철부어

수레바퀴 자국에 괸 물 속의 붕어라는 뜻으로, 몹시 위급한 지경에 빠져 있는 것을 가리키는 말이다.

涸 물마를 **학** | 轍 바퀴자국 **철** | 鮒 붕어 **부** | 魚 물고기 **어**

전국시대 사상가로 도가(道家)의 대표적인 사상가인 장자(莊子)는 송나라 몽현 사람이다. 그는 집안 형편이 몹시 가난해서 하루하루 끼니를 잇기 어려울 정도였다고 한다.

어느 날, 벼슬을 하고 있는 친구 감하후(監河侯)를 찾아가 식량을 좀 꾸어 달라고 했다. 속으로는 그 부탁을 들어주고 싶지 않았지만, 매정하게 거절할 수가 없었던 감하후는 이렇게 핑계를 댔다.

"그러지. 내게 세금이 들어올 것이 있는데, 그것이 들어오면 300금을 꾸어 주겠네."

당장 끼니거리가 없어서 찾아간 장자는 벌컥 화를 내며 얼굴빛을 바꿔 다음과 같이 말했다.

"내가 어제 여기 올 때 길에서 누군가 부르는 소리가 들렸네. 주위를 둘러보니 수레바퀴 자국에 괸 물 속에 붕어 한 마리가 거의 말라죽게 되어 있었네. 붕어가 나를 보고, '물을 좀 가져다가 나를 살려주오.'라고 애원하더군. 그래서 내가 뭐라고 했는지 아나? '그렇게 하지. 그런데 나는 지금 오나라와 월나라 임금을 만나러 가는 길인데, 돌아오는 길에 서강의 맑은 물을 길어다 줄 테니 그때까지 기다려보게.' 하고 말했지. 그랬더니 붕어가 몹시 화를 내며, '나는 지금 몇 잔의 물만 있으면 목숨을 건질 수 있는데, 그렇게 말하니 아예 나중에 건어물 파는 곳으로 오시오.' 하더니 그만 죽고 말더군."

출전: 「장자(莊子)」의 「외물편」

邯鄲之夢
한단지몽

한단에서 꾼 꿈이라는 뜻으로, 인생과 영화가 덧없음을 비유한 말이다.

邯 고을이름 **한** | 鄲 조나라 서울 **단** | 之 갈 **지** | 夢 꿈 **몽**

당나라 현종 때 도사(道士)인 여옹(呂翁)이 한단(邯鄲)의 한 주막에서 산동 출신의 노생(盧生)이라는 젊은이를 만났다. 노생은 자기의 고생스러운 처지를 하소연하다가 걸어오느라 피곤했는지 꾸벅꾸벅 졸기 시작했다. 이에 여옹은 베고 자라고 노생에게 베개를 주었다.

그런데 갑자기 그 베개에서 구멍이 생기더니 사람 하나가 드나들 정도로 커졌다. 노생은 일어나서 그 구멍 속으로 들어가 보았다. 그곳에는 대궐 같은 집이 있었는데, 그 집은 최씨 성을 가진 명문가였다. 노생은 그 집 딸과 결혼을 하고, 과거에 급제하여 벼슬길에 올랐다. 그는 순탄하게 출세하여 고을 원을 거쳐 어사대부 겸 어부시랑이 되고, 드디어 재상의 자리에까지 오른다.

그러나 얼마 뒤 간신의 모함으로 누명을 쓰고 포박을 당하는 신세가 되었다. 분함을 이기지 못한 노생은 자결하려고 했으나 아내가 말리는 바람에 뜻을 이루지 못했다. 가까스로 사형을 면하고 변방으로 유배되었으나 몇 해 뒤, 모함을 받은 사실이 밝혀져 다시 재상이 된다. 그때 노생의 슬하에는 아들 다섯에 손자가 십여 명이 있었는데, 며느리도 다 명문가 출신으로 얻었다. 이렇게 노생은 50년 동안 영화를 누리다가 80세에 세상을 떠났다.

노생이 기지개를 켜며 잠을 깨고 보니, 한단의 그 주막집이었고, 앞에는 여전히 여옹이 앉아 있었다. 여옹이 웃으며 말했다.
"인생이란 원래 다 그런 걸세."

출전: 심기제가 쓴 「침중기(枕中記)」

邯鄲之步
한단지보

조나라의 서울인 한단의 걸음걸이를 배운다는 말로, 자기 분수를 잊고 무턱대고 남의 흉내를 내면 이도 저도 아닌 것이 된다는 뜻이다.

邯 고을이름 **한** | 鄲 조나라서울 **단** | 之 갈 **지** | 步 걸음 **보**

「장자」의 「추수편」은 궤변론자인 공손룡(公孫龍)과 장자의 선배인 위(魏)나라의 공자 위모(衛牟)와의 문답형식으로 구성되어 있다.

장자의 사상을 이해하기 힘들다는 공손룡의 말에 위모가 대답한다.
"우물 안 개구리는 밖의 세상을 알 수 없고, 수릉의 젊은이는 한단의 걸음걸이를 배울 수 없는 법이오."
수릉은 연나라의 도읍이고, 한단은 조나라의 도읍이다. 수릉에 사는 한 젊은이가 작은 나라에 살고 있는 자신의 처지를 한탄하며 항상 큰 나라인 조나라를 동경했다. 그러던 어느 날, 마침내 그 젊은이에게 한단을 구경할 기회가 왔다. 그런데 한단 사람들의 걸음걸이는 수릉 사람들과는 달리 우아하기 이를 데 없었다. 젊은이는 한단 사람들의 걸음걸이를 유심히 관찰하며 흉내를 내려고 애썼으나, 끝내 그것을 배우지 못하고, 나중에는 본래의 걸음걸이까지 잃어버려 엉금엉금 기는 시늉을 하며 고향으로 돌아왔다고 한다.

여기서 공연히 남의 흉내를 내다가 이것도 저것도 되지 않는 경우에 '한단지보'라는 말을 사용하게 되었다.

출전: 「장자(莊子)」의 「추수편」

偕老同穴
해로동혈

살아서는 같이 늙고, 죽어서는 같은 무덤에 묻힌다는 말로, 늙어 죽을 때까지 생사를 함께 하자는 부부의 굳은 사랑의 맹세를 가리킨다.

偕 함께 **해** | **老** 늙을 **로** | **同** 한가지 **동** | **穴** 구멍 **혈**

'해로(偕老)'는 「시경」의 「패풍」의 '격고(擊鼓)', 「용풍」의 '군자해로(君子偕老)', 「위풍」의 '맹(氓)'에 나오고, '동혈(同穴)'은 「왕풍(王風)」의 '대거(大車)'에 나온다.

> 죽어도 살아도 함께 하자고
> 당신과 언약했었네.
> 당신의 손을 잡고
> 죽기까지 함께 늙고자 했네. ('격고')

전쟁에 나간 병사가 고향으로 돌아갈 희망이 없는 가운데 두고 온 아내를 생각하며 지은 시이다.

> 당신과 함께 늙도록 같이 살자고
> 쪽찌고 구슬 박은 비녀를 꽂고
> 얌전한 걸음걸이와 기품은
> 산처럼 무겁고 강처럼 넓다. ('군자해로')

남편을 섬길 도리를 잃은 부인을 풍자한 것이다.

> 그대와 함께 늙자고 했더니
> 늙어서 원망하게 만드네. ('맹')

출전: 「시경(詩經)」

解語之花
해어지화

말을 알아듣는 꽃이라는 뜻으로, 미인을 비유하는 말이다.

解 풀 해 | **語** 말씀 어 | **之** 갈 지 | **花** 꽃 화

당나라 때 태액지(太液池)에 하얀 연꽃이 가득 피었다는 말을 들은 현종(玄宗)은 양귀비(楊貴妃)와 궁녀들, 그리고 여러 대신들과 함께 꽃구경을 하러 못가로 갔다. 맑은 아침공기 속에 피어난 청초한 연꽃의 아름다움에 사람들은 모두 감탄을 절로 했다. 그러자 현종이 말했다.

"아무리 연꽃이 아름답다고 해도 말을 알아듣는 이 꽃에는 미치지 못하리라."
현종이 말한 말을 알아듣는 이 꽃이란 물론 양귀비를 가리킨 것이다.

꽃같이 아름다운 여인을 가리키는 이 말의 의미가 변하여 오늘날에는 화류계 여인을 뜻하기도 한다.

출전: 「개원천보유사(開元天寶遺事)」

懸梁刺股
현량자고

머리카락을 대들보에 묶고, 허벅다리를 송곳으로 찌른다는 말로, 분발하여 학업에 정진하는 것을 뜻한다.

懸 매달 **현** | 梁 대들보 **량** | 刺 찌를 **자** | 股 넓적다리 **고**

손경과 소진 두 사람의 일화에서 유래된 고사성어로 '현량'은 손경의 고사에서 비롯되었다.

손경은 학문을 좋아하여 사람들이 찾아와도 만나지 않고 밤낮으로 학문에 몰두했다. 그는 졸음을 몰아내기 위해 노끈으로 머리카락을 대들보에 묶기까지 했다. 깜빡 졸아 고개를 떨구면 노끈이 머리카락을 당겨 정신이 번쩍 들게 했던 것이다. 이러한 노력으로 손경은 대유학자가 되었고, 여기서 '현량(懸梁)'이 유래되었다.

'자고'는 소진의 고사에서 유래되었는데 소진은 전국시대 6국의 재상으로, 종횡가로 이름을 떨친 인물이다. 그는 젊은 시절, 태공(太公)이 지은 「음부(陰符)」를 송곳으로 넓적다리를 찔러 잠을 쫓으며 공부했고, 여기서 '자고(刺股)'가 유래되었다.

출전: 「몽구(蒙求)」, 「태평광기(太平廣記)」, 「전국책(戰國策)」의 「진책(秦策)」

螢雪之功
형설지공

반딧불이나 눈빛으로 공부하여 얻은 성공이라는 뜻으로, 어려운 환경 속에서 열심히 공부하여 성공을 이루는 것을 말한다.

螢 개똥벌레 **형** | **雪** 눈 **설** | **之** 갈 **지** | **功** 공 **공**

「손씨세록」에 보면 다음과 같은 글이 나와 있다.

　손강(孫康)은 집이 가난해서 기름을 살 돈이 없었기 때문에 항상 눈(雪)에 비쳐 책을 읽었다. 또한 젊을 때부터 청렴결백했기 때문에 노는 것이 잡되지 않았다. 후에 그는 어사대부(御使大夫)에까지 이르렀다.
　진나라의 차윤(車胤)은 자를 무자(武子)라 했으며, 남평(南平) 사람으로서 항상 노력하며 게을리 하지 않았다. 또한 널리 보고 많이 통했으나 집이 가난해서 기름을 얻지 못했다. 여름철 달밤에는 얇은 비단주머니에 수십 마리의 반딧불을 넣고, 그것으로 비추어 책을 읽으며 밤을 새우고, 낮에까지 계속했다.
　같은 때 무자가 오은지와 함께 고학과 박학으로 세상에 그 이름이 알려졌으며, 회합을 좋아했다. 당시 성대한 좌석이 마련될 때마다 무자가 끼어 있지 않으면 사람들이 말하기를 '차공이 없으니 즐겁지 않다.'라고 했는데, 뒤에 가서 그는 이부상서(吏部尚書)가 되었다.

이처럼 여름이면 반딧불로, 겨울이면 눈빛으로 책을 읽으며 공부한 차윤과 손강의 고사에서 '형설지공'이 탄생하여, 후세 수험생들의 표본이 되고 있다. 여기서 자신의 힘으로 고학하거나 어렵게 공부하여 성공한 사람을 비유하게 되었다. 졸업식 때 자주 듣는 말 중의 하나이다.

출전: 「손씨세록(孫氏世錄)」, 「소화집(笑話集)」

狐假虎威
호가호위

여우가 호랑이의 위세를 빌린다는 뜻으로, 실력이나 재능도 없으면서 배경만 믿고, 날뛰는 사람을 비꼬는 말이다.

狐 여우 **호** | 假 거짓 **가** | 虎 호랑이 **호** | 威 위엄 **위**

전국시대 초(楚)나라의 선왕(宣王)이 신하들에게 물었다.
"북쪽의 여러 나라들이 우리나라의 소해휼 장군을 두려워한다는데 그게 사실이오?"
소해휼은 왕족으로 명망 있는 어진 장군이었다. 그러나 위나라에서 사신으로 왔다가 선왕의 신하가 된 강을(江乙)은 그가 못마땅했다.
강을은 다음과 같은 이야기를 선왕에게 했다.
"옛날에 잔뜩 굶주린 호랑이가 여우를 붙잡았는데, 호랑이를 보고 여우가 꾀를 내어 이렇게 말했습니다. '너는 나를 잡아먹지 못할 것이다. 천제께서 나를 뭇짐승의 왕으로 삼으셨으니, 만일 나를 잡아먹었다간 천제의 노여움을 사게 될 것이다. 내 말을 믿지 못하겠거든 내가 앞서서 갈 테니 뒤를 따라와 봐라. 뭇짐승들이 나를 보면 무서워서 달아날 것이다.' 그래서 여우가 앞서고, 호랑이가 그 뒤를 따라가니 과연 모든 짐승들이 부리나케 도망쳤습니다. 이를 본 호랑이는 과연 여우의 말이 맞는다고 생각했습니다. 호랑이는 숲속의 짐승들이 여우가 무서워서가 아니라 실은 호랑이가 무서워서 도망치는 줄 깨닫지 못한 것이지요."
이 이야기에서 호랑이는 선왕을, 여우는 소해휼을 가리킨다. 강을은 많은 나라들이 소해휼을 두려워하는 것이 아니라, 실제는 막강한 초나라의 국력 때문으로, 소해휼은 선왕을 등에 업고, 선왕보다 더 큰 위세를 부리고 있으니 조심하라는 뜻으로 강을이 비유적으로 말한 것이다.

출전: 「전국책(戰國策)」의 「초책」

浩然之氣
호연지기

어떤 일에 구애받지 않는 넓고 풍부한 마음이라는 뜻으로, 꺾이지 않고 흔들리지 않는 도덕적인 용기를 말한다.

浩 클 호 | 然 그러할 연 | 之 갈 지 | 氣 기운 기

이 말은 맹자가 공손추(孔孫丑)와 대담하면서, 공자가 제자인 증자(曾子)에게 했던 말을 인용하여 진정한 용기에 대한 것을 문답식으로 설명한 부분에 나온다.

맹자가 말했다.

"스스로 반성할 때 옳지 못하다고 생각되면, 낡은 옷차림의 천민에 대해서도 두려워할 것이며, 만일 스스로 반성해서 내가 옳다고 생각되면, 나는 가서 그들과 대적할 것이다. 그러므로 맹시사가 용기를 지킨 것은 증자가 용기를 가진 것만 못하다."

그 말을 듣고 공손추가 물었다.

"선생님께서는 특히 어떤 것에 특출하십니까?"

"나는 남의 말을 잘 알며, 나의 호연지기를 잘 기르고 있다."

"호연지기란 무엇입니까?"

"말로 설명하기는 어렵다. 그 기운은 몹시 크고 굳센 것으로, 그것을 올바로 길러 해가 되지 않도록 한다면 하늘과 땅 사이에 그것이 가득 차게 된다. 이 기운은 내부에 있는 옳음이 모여서 생긴 것이며, 밖으로부터 옳음이 들어와 얻어지는 것은 아니다. 행동과 마음에 만족스럽지 못한 것이 있다고 한다면, 그것은 곧 굶주리게 되는 것과 마찬가지이다."

즉 호연지기는 온 천지에 옳음을 모두 모아 가슴에 간직한 기운이라는 것으로 온갖 불의와 부정에 꺾이지 않는 굳센 정의감을 말한다.

출전: 「맹자(孟子)」의 「공손추(孔孫丑)」

胡蝶之夢
호접지몽

나비가 되어서 훨훨 날아다니는 꿈이라는 말로, 자연과 내가 한 몸이 되는 경지나 인생의 무상함을 비유해서 말한다.

胡 턱밑살 호 | 蝶 나비 접 | 之 갈 지 | 夢 꿈 몽

장자는 사물의 옳고 그름, 선과 악, 참과 거짓, 아름다움과 추함 등을 초월한 만물제동(萬物齊同), 즉 만물은 모두 자연 그대로 같은 것이라고 했다. 이 '호접몽(胡蝶夢)'도 그와 같은 절대자유의 경지를 말한다.

어느 날, 장자는 꿈속에서 나비가 되어 훨훨 날아다녔다. 꽃들 사이를 자유롭게 날아다니는 것이 영락없는 나비였다. 너무 즐거워서 자신이 장자라는 것도 느끼지 못했다. 그러다 문득 깨어보니 자신은 장자라는 인간이었다. 장자는 알 수가 없었다. 자기가 꿈속에서 나비가 된 것인지, 아니면 자기는 본래 나비인데, 나비가 자기의 꿈속에서 장자가 된 것인지. 내가 나비인지, 나비가 나인지. 장자와 나비는 반드시 구분이 있을 것이니 이를 사물의 변화라고 한다.

장자는 도(道)의 세계에서는 꿈과 현실, 삶과 죽음과 같은 구별이 무의미하다고 주장한다. 도의 세계를 거니는 사람에게는 눈으로 보고, 생각하고, 느끼고 하는 세상의 모든 것은 소위 만물의 변화인 물화(物化) 속에 녹아 있다는 것이다. 이런 경지에서만 참다운 우주의 신비, 실존의 진리, 참된 도리를 터득할 수 있다고 생각한다.

출전: 「장자(莊子)」의 「제물론편」

紅一點
홍일점

여러 개의 푸른 것 가운데 붉은 것이 하나, 즉 여럿 가운데 유난히 이채(異彩)를 띠고 있는 하나를 가리킨다.

紅 붉을 홍 | 一 한 일 | 點 점 점

북송(北宋) 신종(神宗) 때 사람인 왕안석(王安石)은 뛰어난 정치가이자 시인이다. 정치가로서는 재상의 자리에까지 올라 부국강병(富國强兵)을 위해 청묘법(青苗法), 보갑법(保甲法) 등의 신법(新法)을 시행하는 등 개역을 주도했다. 그러나 그가 주도했던 개혁정치는 사마광 등 보수파의 반대로 성공을 거두지 못한 채 막을 내리고 만다.

또한 왕안석은 당송팔대가(唐宋八大家)의 한 사람으로 일컬어지며, 시문(詩文)에도 대단한 재능을 보였다. 그가 쓴 「석류시」에 다음과 같은 구절이 있다.

푸른 빛 일색인 한 가운데 단 하나의 붉은 빛
사람들의 마음에 봄의 정취를 일으키게 하는데 꼭 그것이 많을 필요는 없으리.

'홍일점'이란 말은 이 시에서 비롯된 것인데, 이 시에서처럼 본래는 특별히 이채로운 것을 가리킬 때 사용되었으나, 요즘은 많은 남자들 가운데 여자가 하나 있을 때 사용한다. 그리고 그 말에서 비유하여, 많은 여자들 가운데 남자 하나가 끼여 있는 경우에는 '청일점(青一點)'이라고 하기도 한다.

출전: 왕안석(王安石)이 지은 「석류시(石榴詩)」

畵龍點睛
화룡점정

용을 그리는 데 맨 마지막으로 눈동자를 그려 그림을 완성시킨다는 말로, 가장 중요한 부분을 마지막으로 마쳐 일을 완성시킴을 뜻한다.

畵 그림 화 | 龍 용 용 | 點 점 점 | 睛 눈동자 정

남북조시대 양(梁)나라의 무제(武帝) 때 장승요(張僧繇)라는 유명한 화가가 살고 있었다. 고개지(顧愷之), 육탐미(陸探微)와 함께 남조의 3대 화가로 꼽히는 그는 산수화, 불화(佛畵) 등에 특히 재주가 뛰어났는데, 실물과 똑같은 그림을 그리는 것으로 유명하다.

어느 날, 그는 도읍인 금릉에 있는 안락사 벽에 용을 그려 달라는 부탁을 받고 그림을 그리기 시작했다. 그는 절의 벽에 막 하늘로 날아올라가는 용을 두 마리 그렸는데, 이상하게도 눈동자를 그리지 않았다. 사람들이 이유를 묻자, 장승요가 대답했다.

"만약 눈동자를 그려 넣으면 용이 벽을 박차고 하늘로 날아가 버릴 것이오."

하지만 사람들이 그 말을 믿지 않았다. 아무리 뛰어난 화가의 그림이라지만 그런 일이 일어나겠느냐는 생각으로 장승요에게 어서 용의 그림에 눈동자를 그려 넣으라고 재촉했다. 할 수 없이 장승요는 두 마리 중 한 마리의 용에 눈동자를 그렸다. 그러자 갑자기 천둥이 울리더니 그 용이 벽을 박차고 나와 눈 깜짝할 사이에 하늘로 올라갔다.

이 일에서 유래하여 어떤 일을 마지막으로 마무리짓는 경우에 이 말을 사용하게 되었다.

출전: 「수형기(水衡記)」

華胥之夢
화서지몽

화서에서 꾼 꿈이라는 뜻으로 좋은 꿈을 이르는 말이다.

華 꽃·빛날 **화** | 胥 서로 **서** | 之 갈 **지** | 夢 꿈 **몽**

중국 최고의 성군인 황제(黃帝)는 천하를 잘 다스리기 위해 최선을 다하여 지혜를 짜냈다. 그 결과 어느 정도 목적은 이루었으나 그의 몸과 마음은 지칠 대로 지쳤다. 그래서 황제는 만사 제쳐놓고 한가하게 쉬면서 몸과 마음을 닦는 데만 몰두했다. 그렇게 석 달이 지난 어느 날, 황제는 낮잠을 자다가 꿈을 꾸었다.

꿈속에서 황제는 태고시절의 임금인 화서씨의 나라에 놀러갔다. 그 나라는 평화롭고, 아름다운 이상향이었다. 다스리는 사람도, 윗사람도 없고, 명령을 내리는 사람도, 명령에 따르는 사람도 없었다. 백성들은 욕심도 없었고, 그저 자연 그대로였다. 자신을 소중하게 여길 줄도 모르고, 남을 멀리 할 줄도 몰랐다. 애증도 없었다. 등을 돌려 거스를 줄도 모르고, 온순하게 향할 줄도 몰라 이익이나 손해도 없었다.

물에 들어가도 빠지지 않고 불에 들어가도 뜨겁지 않았다. 채찍으로 때려도 상하지 않았고, 찌르고 할퀴어도 아프거나 간지럽지 않았다. 하늘을 떠다녀도 마치 땅을 밟는 것 같았고, 허공에 자리를 깔아도 마치 숲속에 있는 것 같았다. 구름이나 안개도 시야를 가리지 않았고, 우렛소리가 귀를 아프게 하지도 않았다. 그야말로 형체도 감정도 초월한 절대 자유의 경지였다.

황제는 화서의 꿈에서 깨어나 분명한 깨달음을 얻었다. 그는 신하들에게 말했다.

"지극한 도는 감정에 치우쳐서 구하는 것이 아니라는 것을 오늘에야 깨달았소."

출전: 「열자(列子)」의 「황제편」

畵虎類狗
화호유구

범을 그리려다가 강아지를 그린다는 뜻으로, 능력이 없는 사람이 큰일을 도모하다가 도리어 잘못됨을 비유하는 말이다.

畵 그림 화 | 虎 호랑이 호 | 類 무리 유 | 狗 개 구

후한 광무제 때 사람인 복파장군(伏波將軍) 마원(馬援)은 용맹이 뛰어난 사람으로 많은 무공을 세웠다. 그에게는 마엄과 마돈이라는 조카가 있었는데, 그들은 남의 흉보기를 좋아하고, 협객으로 자처하며 건달들과 어울리는 등 인물됨이 치졸했다.

징측과 징이의 난을 토벌하러 나간 마원의 귀에 조카들에 대한 좋지 않은 이야기가 들려왔다. 마원은 틈을 내서 조카들에게 편지를 보냈다.

남의 약점을 들었을 때, 부모님의 이름을 들었을 때와 같이 귀로 들을지라도 입 밖에 내지 않기를 바란다. 나의 흉을 보는 것은 내가 가장 싫어하는 일이다. 용백고는 사람됨이 중후하여 불필요한 말을 입 밖에 내지 않으니, 너희들이 그를 좇아 배우기를 바란다. 두계량은 호협하여 남과 동고동락할 수 있는 사람이다. 나도 그를 존경하지만, 너희들이 그를 좇아 배우기를 원하지 않는다. 용백고를 좇아 배운다면 비록 그와 같이 되지는 못할지라도 착실하고, 정직한 인물은 될 것이니 이른바 고니를 그리려다가 오리를 그린 격이 되어 그럭저럭 새라는 것은 알 수 있다. 그런데 두계량을 제대로 좇아 배우지 못하면 세상에 둘도 없는 경박한 인물로 그칠 것이니, 이른바 호랑이를 그리려다가 강아지를 그린 격이 될 것이기 때문이다.

출전: 「후한서(後漢書)」의 「마원전」

반드시 알아야 할

고사성어

편집부 엮음

발행처 | 시간과공간사
발행인 | 최석두

신고번호 | 제2015-000085호
신고연월일 | 2009년 12월 01일

초판 1쇄 발행 | 2007년 11월 20일
초판 4쇄 발행 | 2018년 03월 10일

우편번호 | 10594
주소 | 경기도 고양시 덕양구 통일로 140(동산동 376)
　　　　삼송테크노밸리 A동 351호
전화번호 | (02) 325-8144(代)
팩스번호 | (02) 325-8143
이메일 | pyongdan@daum.net
블로그 | http://blog.naver.com/pyongdan

값 · 7,000원

ISBN | 978-89-7142-208-3 02700

* 잘못된 책은 구입하신 곳에서 바꾸어 드립니다.